本书为国家社科基金项目"知识产权法律全球化的国际政治经济学分析及对策研究"的研究成果（项目批准号：16BFX138）

ZHISHI CHANQUAN FALÜ QUANQIUHUA DE
ZHENGZHI JINGJI FENXI

徐 元 | 著

知识产权法律全球化的政治经济分析

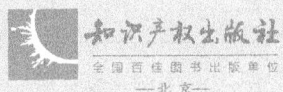
知识产权出版社
全国百佳图书出版单位
—北京—

图书在版编目（CIP）数据

知识产权法律全球化的政治经济分析/徐元著. —北京：知识产权出版社，2023.5
ISBN 978－7－5130－8744－5

Ⅰ.①知… Ⅱ.①徐… Ⅲ.①知识产权法—政治经济学—研究 Ⅳ.①D913.404

中国国家版本馆 CIP 数据核字（2023）第 076177 号

内容提要

本书介绍了知识产权法律全球化的内涵、表现和发展趋势，并对知识产权法律全球化的经济基础、政治动因、机制机理、政治经济效应进行了深入分析，提出我国参与知识产权全球治理的立场选择与战略对策。本书有助于我们深刻认识知识产权法律全球化的实质，正确把握知识产权法律全球化的基本规律和发展趋势，有利于我国参与知识产权全球治理构建，推进国家知识产权战略实施，建设知识产权强国。

本书可作为相关研究者和从业者的参考用书，也可作为普通高校知识产权专业学生的课外读物。

责任编辑：李小娟　　　　　　　　责任印制：孙婷婷

知识产权法律全球化的政治经济分析
ZHISHI CHANQUAN FALÜ QUANQIUHUA DE ZHENGZHI JINGJI FENXI

徐　元　著

出版发行：	知识产权出版社有限责任公司	网　　址：	http://www.ipph.cn
电　　话：	010－82004826		http://www.laichushu.com
社　　址：	北京市海淀区气象路50号院	邮　　编：	100081
责编电话：	010－82000860 转 8531	责编邮箱：	laichushu@cnipr.com
发行电话：	010－82000860 转 8101	发行传真：	010－82000893
印　　刷：	北京中献拓方科技发展有限公司	经　　销：	新华书店、各大网上书店及相关专业书店
开　　本：	720mm×1000mm　1/16	印　　张：	12.75
版　　次：	2023年5月第1版	印　　次：	2023年5月第1次印刷
字　　数：	196千字	定　　价：	88.00元

ISBN 978－7－5130－8744－5

出版权专有　侵权必究
如有印装质量问题，本社负责调换。

序 言

目前,我国正处于从知识产权大国向知识产权强国转变的关键时期,积极参与全球知识产权治理是我国面临的一项时代命题。2020年中共中央政治局第二十五次集体学习时,习近平指出要深度参与世界知识产权组织框架下的全球知识产权治理。2021年颁布的《知识产权强国建设纲要(2021—2035年)》和《"十四五"国家知识产权保护和运用规划》则分别提出要深度和主动参与知识产权全球治理。

与积极参与国际知识产权规则制定以维护国家利益的强烈需求相比,我国参与制定国际经贸规则的能力尚显不足,一个重要原因是对有关重大国际现实问题的理论和政策缺乏深入研究,导致我国无法掌握话语权。知识产权法律全球化是当今国际社会的一个重大现实问题。由于国际知识产权保护的新规则,是国际政治经济力量博弈的结果。国外对知识产权法律全球化的政治经济研究已经成为学术热点,而这一问题尚未引起国内学者的应有关注。

徐元的新著《知识产权法律全球化的政治经济分析》是其主持的国家社科基金项目的最终成果。该专著运用跨学科的研究方法,从知识产权法律全球化的内涵、表现和发展趋势出发,对知识产权法律全球化的经济基础、政治动因、机制机理,以及政治经济效应进行了深入分析,在此基础上,提出了我国参与知识产权全球治理的战略对策。

该研究选题新颖、内容丰富、逻辑严谨、论证合理,不乏作者的独到见解。比如,作者运用"利益集团"理论、"霸权稳定"理论和"国际经济秩序斗争"理论对知识产权法律全球化政治动因的分析,运用"双层博弈"和"三层博弈"理论对国际知识产权规则形成机制的分析,从政治经济互动角度对我国参与知识产权全球治理的分析都闪烁着思想和智慧的火花。该研究不仅可以促进知识产权研究的理论创新，有重要的理论价值；而且可以为我国参与知识产权全球治理和建设知识产权强国提供决策依据，具有重要的应用价值。

徐元学习横跨多个学科，知识结构合理，学术视野开阔，具有较强的科研创新能力和学术探索精神。多年来一直致力于知识产权问题的跨学科研究，在知识产权与经济学、知识产权与政治学、知识产权与国际关系学等领域不断探索，取得了一系列较有影响的学术成果，充实和丰富了我国的知识产权理论研究。

徐元是我指导的博士后，其新作即将问世，邀我作序，我欣然同意。希望他以此专著出版为新的起点，在知识产权跨学科领域不断开拓进取，为中国知识产权理论研究的百花园增添新的芬芳。

2023 年 5 月 5 日

目 录

第一章 知识产权法律全球化的内涵、表现与发展趋势 …………… 1
  第一节 全球化与法律全球化 ……………………………………… 1
  第二节 知识产权法律全球化的演进 ……………………………… 5
  第三节 后 TRIPS 时代知识产权法律全球化的新发展 ………… 10
  第四节 当代知识产权法律全球化的特征与趋势 ……………… 21

第二章 知识产权法律全球化的经济基础 ……………………………… 26
  第一节 科技革命与世界经济结构变化 ………………………… 26
  第二节 经济结构变化与利益结构变化 ………………………… 31
  第三节 利益结构变化与知识产权法律全球化 ………………… 50

第三章 知识产权法律全球化的政治动因 ……………………………… 60
  第一节 利益集团与知识产权法律全球化——自由主义视角 …… 60
  第二节 美国霸权与知识产权法律全球化——现实主义视角 …… 70
  第三节 国际经济秩序斗争与知识产权法律全球化
       ——马克思主义视角 ………………………………………… 79

第四章 知识产权法律全球化的机制机理 ……………………………… 91
  第一节 知识产权国际谈判的"双层博弈"分析
       ——以 ACTA 为例 ………………………………………… 92
  第二节 知识产权全球标准形成的"三层博弈" ……………… 110
  第三节 启示与思考 ……………………………………………… 123

第五章　知识产权法律全球化的政治和经济效应 …… 129
　第一节　全球化背景下知识产权保护水平的变化 …… 130
　第二节　知识产权法律全球化的政治效应 …… 134
　第三节　知识产权法律全球化的经济效应 …… 150

第六章　我国参与知识产权全球治理的战略对策 …… 175

后　记 …… 196

第一章 知识产权法律全球化的内涵、表现与发展趋势

第一节 全球化与法律全球化

一、全球化

全球化是一个涉及多领域、多层次的概念。不仅涉及经济领域，而且涉及政治、军事、科技、文化等其他多个领域；不仅发生在国家之间，而且发生在地区之间。尽管不同领域的人们对全球化的理解并不完全一致，但大多数人理解的全球化首先是经济领域的全球化，即经济全球化，其基本含义是指世界各国和各地区之间在经济上的相互联系、相互依存关系。经济全球化对人类社会的影响是极为深刻的，不仅改变了人们的生产生活方式，而且改变了人们的思维和行为方式，使世界的经济结构、政治结构和权力结构都产生了深刻的变革。

由于世界各国经济发展水平和模式不同，全球化对各国的影响也大相径庭，人们对全球化的利弊得失也褒贬不一。有的人认为全球化只对发达国家和富人有利，使富者愈富、穷者更穷；有的人则认为，如果政策适当，发展中国家也可以从全球化中获益。客观而言，全球化是一把双刃剑。一方面，它促进资金、技术、思想理论、价值观念在全世界流动，使整个世界形成"你中有我、我中有你"的局面，各个国家、各个民族空前紧密地联系在一起。这给落后国家提供了奋起直追、迅速摆脱落后面貌的机遇，一批发展中

国家抓住机遇，经济起飞，成为新兴工业化国家；另一方面，全球化使一些国家沦为"失败的国家"，在全球化大潮中处处被动，与其他国家的差距不断拉大，甚至被边缘化。❶目前的全球化过程正在国与国之间及国家内部制造出不平衡，虽然世界的财富总量在增长，但是这些增加的财富在不同的国家和不同的人群之间分配并不公平，有的国家和人群的财富不仅没有增加，反而还有降低的趋势，并且这些国家和人群也缺乏话语权，他们没有能力来改变这种局面。因此，越来越多的人都在质疑全球化是否真正带来了某些人所承诺的种种好处，至少是否为较贫穷国家的人们带来了好处。

笔者认为，全球化是一个历史发展的客观趋势，全球化使世界各国人民的联系日益紧密，本身并没有什么不好。如果说全球化扩大了贫富差距，造成了各国之间利益的不平衡，这并非全球化本身的过错，而是全球化的模式所造成的。美国著名经济学家、诺贝尔经济学奖得主约瑟夫·E. 斯蒂格利茨在《让全球化造福全球》一书中指出："我本人深信全球化必将有潜力为发展中国家和发达国家带来巨大收益。然而，摆在眼前的是不可争辩的事实：全球化本身面对自己这一潜能已经无计可施。本书将会告诉大家，其实这一问题是由全球化管理的方式方法造成的，而不是全球化自身带来的。经济上的进步一直推动着全球化的发展，特别是通过降低交通和运输成本；但是，塑造全球化的却是政治。"

在全球化"游戏"规则制定过程中，发达国家及其利益集团发挥了主导作用。由于规则的制定者必然是规则的受益者，它们当然能够从全球化规则中获取更大的利益，这也是发达国家及其利益集团推动全球化的初衷；它们不会费心去建立一套公平合理的规则，更不用说去制定一套制度来促进世界最贫穷地区的发展。❷

二、法律全球化

（一）法律全球化的内涵

尽管人们对全球化或者经济全球化对谁更有利即"谁之全球化"的问题存在较大争议，但对于全球化或者经济全球化本身，人们是基本认同的

---

❶ 和平，等，2008. 全球化与国际政治 [M]. 北京：中央编译出版社：12.
❷ 约瑟夫·E. 斯蒂格利茨，2011. 让全球化造福全球 [M]. 雷达，等译. 北京：中国人民大学出版社：2.

或者存在共识的。而关于法律全球化问题，人们争论的问题就不仅在于法律全球化的效果，对法律全球化本身就存在较大的争议。目前，人们不仅对什么是法律全球化问题意见不一，甚至对存不存在法律全球化这一基本问题都存在激烈的争论。

目前，我国对法律全球化的认识可以分为赞成派、反对派和折中派。赞同法律全球化的学者认为，经济全球化是法律全球化的经济基础，法律全球化是在经济全球化基础上形成的法律趋同化、统一化和跨国化的一种客观现象，是对经济全球化的制度回应，经济全球化离不开法律全球化的保障。归纳起来，赞成派大致是从这样几个层面理解法律全球化。

一是法律的趋同化。持这种观点的学者认为，法律全球化实际上是通过多边公约的方式使国际规则进入国家社会，进而引导法律制度、执法标准、法律理念、法律价值观在全球范围内的趋同，经济一体化是法律全球化的背景与动力。❶ 有学者指出，法律全球化使人们不断跨越各种障碍，通过交流、沟通、相互吸收和借鉴，从而在法律理念与价值观，以及执行标准和原则等方面不断取得更多的共识并向趋同的方向发展。❷ 另有学者指出法律全球化就是国内法和国际法不断趋于一致、相互联结的现象。❸

二是法律的统一化。持这种观点的学者指出，国际法律的统一化是世界经济全球化的必然结果。法律的全球化是把全球范围内的法律整合为一个统一的法律体系，或者说是全球处于分散的法律体系向一体化全球法律方向的运动过程，而全球法或世界法则将是这一运动过程的必然结果。

三是全球治理法治化。持这种观点的学者指出，全球化产生了各种各样的全球性问题，如气候变化、可持续发展、世界金融危机、世界贫富差距扩大等，这些全球性问题单凭一个国家的力量显然难以得到解决，甚至多个国家联合起来也无能为力，这些问题和事务可能需要诸多全球性力量，包括国家的和非国家的、公共的和私人的力量来共同解决。而解决这些全球性问题最有效的合作机制是法治。持这种观点的学者认为，法治机制在全球社会生活的一些领域已初步形成。例如，在国际贸易领域，随着

---

❶ 王贵国，2000. 经济全球化与中国法制兴革的取向［M］//陈安. 国际经济法论丛：第3卷. 北京：法律出版社：3.

❷ 郭玉军，2001. 经济全球化与法律协调化、统一化［J］. 武汉大学学报（2）.

❸ 车丕照，2001. 法律全球化：是现实？还是幻想？［J］. 国际经济法论丛（3）.

WTO的建立，在进行国际贸易的时候，WTO的成员必须遵守WTO规则，并按照WTO的规则和程序解决它们之间的贸易争端，依法处理成员间贸易关系的法治机制就这样形成了。❶

与认同法律全球化的学者的观点相反，也有不少学者根本不承认法律全球化的存在。他们认为，法律全球化不过是因西方学者宣扬而形成的一种说法而已，是"西方国家一些法学家不切实际的幻想"。"法律全球化"使有的国家根据本国国情来选择社会制度和发展道路的权利受到了限制，是对世界政治多极化发展趋势的否认。并且，"法律全球化"这一概念否定了国家主权是至高无上的绝对权力这一基本特性，"抹杀了法律的根本特征"。著名法学学者沈宗灵曾指出："法律全球化实际上不过是法律的美国化。"❷

我们不难看出，由于观察问题视角的差异，双方对法律全球化的观点完全对立。支持法律全球化的观点主要是针对法律发展的趋势而言的，而法律全球化的反对者主要是从维护国家主权的要求方面考虑。❸ 为了调和赞成派和反对派之间的矛盾，有的学者采取了折中的立场。例如，朱景文教授指出，一方面，我们看到WTO在促使国际贸易法律在世界范围内的统一所作的努力，一个国家或地区想加入WTO必须调整国内法，使国内法与WTO规则一致；但另一方面，我们也应看到法律全球化并非发生在所有领域，在许多领域，一国国内的政治、经济和文化仍然构成对法律的制约因素。由于世界发展的不平衡性，试图简单地把一种统一模式推广到全球，应用于所有国家或地区，是不现实的，也是存在风险的。

笔者认为，在全球化时代，法律全球化已经成为一种不以任何个人意志为转移的客观发展趋势。不管人们的认识如何，也不管人们对它的态度如何，法律全球化都是客观存在的。但同时，我们也认为对法律全球化提出的质疑观点并非任意和毫无道理的，反对法律全球化的观点可以使我们对法律全球化的认识更为全面，对我们把握法律全球化的方向和实质，以及正确应对法律全球化都有重要的启发意义。

（二）法律全球化与法律国际化的关系

我国学者在研究法律全球化问题的时候，为了弄清楚法律全球化这一

---

❶ 黄文艺，2006. 全球化与世界法律发展［J］. 学习与探索（1）.
❷ 宋歌，2004. 当前国内关于"法律全球化"问题研究述评［J］. 社会科学（3）.
❸ 任际，2003. 全球化与国际法律意识［J］. 法学研究（1）.

概念存在的必要性,还对法律全球化与法律国际化的关系进行了比较深入的分析,认为二者并非同一概念。二者的区别主要体现在如下几个方面。①主体不同。法律国际化的行为主体主要是民族国家,而法律全球化的行为主体除了国家之外,个人、跨国公司和政府间国际组织和非政府间国际组织都是重要的立法主体。②表征不同。法律国际化的表现形式主要是国际条约;法律全球化的主要表现则是全球法或者是跨国法,具有明显的非国家化特征。③保护的利益不同。法律国际化保护的是各个国家的国家利益,是各国为实现本国利益而采取的一种补充措施,以相关国家及其国民为主要服务对象。而"全球化"的出发点是保护人类的共同利益,以及与人类共同利益不相违背的民族国家利益,以人类命运共同体为其服务对象。④对国家主权的影响不同。法律国际化与国家主权没有实质冲突,反而被认为是实现国家主权的一种方式,对国家主权的限制较小,而法律全球化对国家主权限制较大。

笔者认为,法律国际化和法律全球化虽然存在上述差异,但二者却存在紧密的联系,二者是同一事物的不同发展阶段,不能将法律国际化与法律全球化割裂开来。事实上,法律国际化和法律全球化是法律发展的两个不同阶段,法律国际化是法律全球化发展的低级阶段,而法律全球化是法律国际化的高级阶段,就如同社会主义社会是共产主义社会的初级阶段一样。

第二节 知识产权法律全球化的演进

关于知识产权法律全球化阶段的划分,我国学者并未取得一致意见。[1]

---

[1] 有学者将知识产权国际制度发展分为三个时期:即1883—1967年:知识产权国际保护制度的产生和发展时期;1967—1994年:世界知识产权组织的成立及其作用时期;1994年以后:世界贸易组织时期。张乃根,2007. 国际贸易的知识产权法[M]. 第2版. 上海:复旦大学出版社:53-55. 吴汉东教授认同这种观点。有的学者将知识产权国际化分为四个阶段:1883年前:双边协定时期;1883—1971年:保护知识产权联合国际局(BIRPI)阶段;1971—1994年:《与贸易有关的知识产权协定》(TRIPS)阶段;1994年至现在:范式化阶段。曹新明,2010. 知识产权国际化所面临的挑战[M]//吴汉东. 知识产权国际保护制度研究. 北京:知识产权出版社:36-42. 有学者持基本相同的观点。伯阳,2005. 知识产权保护的国际化[J]. 中德法学论坛(11).

依据前述法律国际化与法律全球化的关系,以及知识产权法律全球化发展的实际情况,笔者将知识产权法律全球化的进程分为三个时期,即知识产权法律全球化的萌芽阶段;知识产权法律全球化的低级阶段(国际化阶段);知识产权法律全球化的高级阶段(全球化阶段)。

一、知识产权法律全球化的萌芽阶段

我国学者一般认为知识产权法律全球化起源于知识产权双边协定的缔结,但笔者认为,从广泛意义上来讲,知识产权法律的全球化从知识产权法律的产生就已经开始。最初表现为各国法律的移植、借鉴,以及在他国的压力下制定知识产权法律的统一化过程。知识产权法律从无到有,制定知识产权法律的国家从少到多,尤其是国家之间在知识产权法律制度方面的移植、渗透、借鉴和吸收,本身就是知识产权法律全球化的过程。

(一)法律的移植和借鉴

知识产权法律的国际化发展最初主要表现为法律的移植和借鉴。在殖民地时代,为促进本国商品的出口,西方工业化国家以法律革新的名义将本国法律强行输送到自己的殖民地,其中也包括知识产权法。例如,西班牙的第一部正式的专利法是在拿破仑入侵之后由法国强加的。❶ 现代商业秘密法起源于19世纪的英格兰,美国则从1837年维基控诉维奇案开始移植英国相关制度,至19世纪末期基本形成本国商业秘密法的基本架构,而大陆法系国家的商业秘密法律主要是通过继受英美法的商业秘密制度建立的。❷ 宗主国对殖民地的这种法律影响不仅在其殖民关系存续期间,即使这些殖民地国家获得独立之后,宗主国的法律仍然对其法律发展发挥重要影响。例如,英国的《安娜法令》不仅在殖民地时期对美国的版权法发挥了决定性的作用,即使在美国独立之后,《安娜法令》对美国的版权法影响仍然巨大,美国大多数州都使用它处理版权事务。

(二)在其他国家压力下的被动立法、修法

这个时期的知识产权法律国际化发展还表现为在其他国家压力下的被

---

❶ MAY C T, SELL S K, 2005. Intellectual property rights: a critical history [M]. Boulder: Lynne Rienner Publishers Inc: 112.

❷ 吴汉东, 2007. 知识产权国际保护制度研究 [M]. 北京: 知识产权出版社: 394.

动立法、修法。例如，尽管由于来自政治方面的压力导致荷兰于1869年废除了所有的专利法，但是贸易伙伴的拒绝和荷兰政府在国际上的孤立地位迫使荷兰1912年又恢复了专利法。❶ 1850—1907年，瑞士尽管已经有零星的特权的实施和一些行政区的早期形式的专利，其并没有一部综合的专利法，公司可以自由模仿或修改其他国家的发明，这导致瑞士像荷兰一样，在贸易伙伴中处于尴尬的地位，许多瑞士的政策制定者注意到专利法的缺乏导致他们在其他经济或政策领域遭受国际报复，在国际国内的压力下，1888年瑞士颁布了自己的专利法。但该法被称为"可能是现代立法中最不完备和选择性的专利法"。该法最关键的漏洞是不保护化合物。在德国和美国政府的持续压力下，瑞士于1907年不得不修订该专利法，将保护范围扩展至化学过程。❷

（三）单方保护或互惠保护

除了不同国家之间知识产权法律的相互影响和借鉴，有的国家还制定了单方面的优惠条款，保护外国的知识产权。例如，1852年拿破仑三世颁发了一道法令，规定在法国侵犯外国的作品将会被认为是犯罪，并受到法律的惩罚。这意味着法国将其著作权的保护扩展到外国的作品，而不管外国的法律是否保护法国的作品。❸ 这一举措被认为是国际版权保护史上的一个里程碑。虽然100多年后，法国终于取消了这种单方面的版权保护做法，但在19世纪，这种单方面对外国版权提供保护的做法确实为后来的国际版权保护制度的建立起到了积极推动作用。1873年，奥匈帝国也采纳了临时法律为外国发明者提供保护。❹ 但后来这些国家逐渐放弃了单方面的优惠条款，而采取互惠保护原则，以外国保护本国知识产权为条件对等保护该外国的知识产权。❺

（四）签订双边协定

随着国际经济贸易的进一步发展，越来越多的国家开始在知识产权领

---

❶ MAY C T, SELL S K. 2005. Intellectual property rights：a critical history［M］. Boulder：Lynne Rienner Publishers Inc：112.

❷ 同❶.

❸ 同❶120.

❹ 同❶118.

❺ 唐广良，董炳和. 2007. 知识产权的国际保护［M］. 北京：知识产权出版社：11.

域签订双边协定，并且赋予外国人以国民待遇，通过对外国人知识产权的保护，使本国获得相应的收益。例如，至1860年前后，法国同20多个国家签订了有关版权保护的双边协议。到《保护文学和艺术作品伯尔尼公约》（以下简称《伯尔尼公约》）签署前，仅欧洲保护著作权的双边条约就有30多个。

从知识产权法律产生以后，直到《保护工业产权巴黎公约》（以下简称《巴黎公约》）诞生这一时期，由于知识产权法律全球化发展比较缓慢、参与国家少、影响范围有限，还很难称得上是真正意义上的知识产权法律全球化，因此，笔者把这一时期称为知识产权法律全球化的萌芽阶段。

二、知识产权法律全球化的低级发展阶段

随着经济全球化的快速发展，知识产权地域性与经济全球化的矛盾日益突出。各国签订的双边知识产权协定尽管对知识产权国际保护发挥了一定作用，但这种方式也存在不同协定之间内容差异过大、效力不统一。为了更有效地克服经济全球化发展与知识产权地域性限制之间的矛盾，人们开始寻求效力范围更广泛的多边公约的方式为知识产权提供保护，这导致知识产权领域的两个重要国际条约的谈判和缔结：一个是1883年的《巴黎公约》，另一个是1886年的《伯尔尼公约》。这两个公约的签署，标志着知识产权法律制度的发展进入了一个新的阶段，即知识产权法律全球化的低级发展阶段——国际化阶段。

上述两个公约生效后，两个公约的缔约国分别组建了自己的联盟，即巴黎联盟和伯尔尼联盟，并分别设立了执行机构，被称为"国际局"。两个"国际局"各自管理上述国际公约，并置于瑞士政府的监督之下。1893年，这两个"国际局"被合二为一，成立了"保护知识产权联合国际局"。由于知识产权在经济发展中的重要性日益增加，"保护知识产权联合国际局"的结构和形式也发生了一定变化。1967年7月14日，世界知识产权组织在瑞典首都斯德哥尔摩成立，该组织成立的目的是促进知识产权的国际合作，在国际上加强对知识产权的保护。1974年，世界知识产权组织（World Intellectual Property Organization，WIPO）成为联合国组织系统中一个专门管理知识产权的机构。截至2020年12月，WIPO共有193个成员国。

这一时期知识产权法律全球化呈现如下几个特点。①成立了知识产权国际保护的机构，使知识产权法律全球化成为"有组织的全球化"。为了对知识产权国际公约更好地管理和对知识产权国际保护制度进行有效协调，在这一时期，建立了相应的国际知识产权组织。例如，在巴黎联盟和伯尔尼联盟时期，这两个联盟分别设立了自己的执行机构，各自管理相关的国际公约。后来这两个执行机构被世界知识产权组织取代，专门负责管理全球知识产权事务，❶这极大地推动了知识产权法律全球化有序并快速发展。②确立了知识产权国际保护的基本原则，使零散的知识产权国际规则有了共同的思想基础和法律依据。有学者将这些基本原则进行归纳总结，将其概括为国民待遇原则、最低保护标准原则和公共利益原则。❷③国际知识产权立法的重点发生变化，即从双边协定转向多边公约，使知识产权管理和保护的国际协调上升到更高的层次。④扩展了国际知识产权法律的适用范围。自 1967 年以来，WIPO 及其前身——保护知识产权联合国际局不仅大力推动知识产权领域国际公约的制定，而且促进这些公约在其成员国的实施。在它们的推动下，《巴黎公约》与《伯尔尼公约》的成员国越来越多。1967 年，这两大公约成员国分别拥有 78 个和 60 个成员国，而到 2020 年 12 月，这两个公约成员国的数量分别增加到 177 个和 179 个。❸

三、知识产权法律全球化的高级发展阶段

尽管在 WIPO 的推动下，知识产权国际法律制度不断完善和发展，知识产权法律全球化的进程不断向前推进，但是，知识产权国际法律制度还存在明显不足，尤其是难以满足发达国家保护本国知识产权的制度需求。这主要表现在两个方面：一方面，许多发展中国家知识产权制度不够完善，保护水平比较低；另一方面，有些国际知识产权公约成员国数量有限，相关条约缺乏强制实施机制，使这些条约的执行效果大打折扣。知识产权保护不力被美国等发达国家认为是影响其国际贸易竞争力的一个重要

---

❶ 吴汉东，郭寿康，2010. 知识产权制度国际化问题研究 [M]. 北京：北京大学出版社：68.
❷ 吴汉东，2007. 知识产权国际保护制度研究 [M]. 北京：知识产权出版社：2.
❸ 吴汉东，2013. 知识产权总论 [M]. 北京：中国人民大学出版社：332.

原因。因此，在以美国为首的发达国家及其跨国公司的大力推动下，通过将知识产权问题纳入国际贸易体制，达成了一部高水平的国际知识产权保护协定——《与贸易有关的知识产权协定》（*Agreement on Trade - Related Aspects of Intellectual Property Rights*，TRIPS），将知识产权法律全球化推进到一个新的发展阶段。

与之前的国际知识产权公约相比较，TRIPS 有如下几个比较明显的特征：首先，TRIPS 规定的知识产权种类比较全面，涵盖了绝大多数知识产权类型；第二，该协定不仅包含高水平的知识产权保护实体规则，而且在知识产权执法标准及执法程序方面也进行了比较全面的规定；第三，TRIPS 适用世界贸易组织（The World Trade Organization，WTO）的争端解决机制，在成员之间发生知识产权纠纷时，可以诉诸 WTO 的争端解决机构，而之前的国际知识产权公约并未规定成员国违反公约时的制裁条款。总之，WTO 的建立与 TRIPS 的制定，使国际知识产权保护制度进入了一个高水平保护、一体化保护的新的历史阶段，[1] 标志着知识产权法律真正进入全球化发展时期。

第三节 后 TRIPS 时代知识产权法律全球化的新发展

可以说，TRIPS 是 20 世纪最重要的知识产权国际公约，同时也是备受争议的知识产权国际公约。正如有学者指出的那样：由美国等发达国家为主导精心设计和制定的 TRIPS 的签订和实施并没有使发达国家和发展中国家之间关于知识产权保护问题的争论得以稍微平息，反而像点燃了火药桶一般，使发达国家和发展中国家知识产权保护的博弈更加激烈。

一方面，TRIPS 是当代知识产权法律全球化的重要发展，成为 WTO 成员方制定知识产权法的重要参照标准；另一方面，TRIPS 自身也存在先天不足，主要表现为：对发展中国家利益考虑不周全、知识产权执法措施不

---

[1] 吴汉东，2013. 知识产权总论［M］. 北京：中国人民大学出版社：333.

严格、对新技术的发展反应不灵敏。在后 TRIPS 时代，无论是发达国家还是发展中国家，都从本国利益出发，要求对知识产权利益进行协调与分享。而发生在当代的"知识革命"对法律领域产生了重要影响，知识产权法是其中影响最深、冲击最烈的领域。[1] 在此背景下，知识产权的国际立法呈现错综复杂的快速发展趋势，在 WTO、WIPO 多边论坛、复边论坛、区域经济一体化论坛和传统上不属于知识产权的国际论坛等多种机制中的多个领域都取得了许多新的重要进展。本节试图对后 TRIPS 时代知识产权法律在这些领域内的新的进展进行梳理，以期对后 TRIPS 时代的知识产权法律全球化的发展有一个总体把握。

一、WTO 框架内的新发展

TRIPS 的生效，标志着以欧美等国国内专利保护制度为参照体系的知识产权保护国际标准在全球得以推行。然而，由于这一标准更有利于发达国家而不利于发展中国家，发展中国家与发达国家在知识产权方面的利益失衡。在后 TRIPS 时代，发展中国家为了改变对自身不利的知识产权国际规则，它们团结一致，展开了激烈的斗争。一方面，最不发达国家不断要求延长实施 TRIPS 的期限；另一方面，发展中国家试图最大限度地利用 TRIPS 规定的灵活性，并且团结一致要求对 TRIPS 的不合理条款进行修改，以维护自身的利益。同时，发展中国家还试图将自己处于优势地位的传统知识、遗传资源和发展问题纳入 WTO 的议程。在发展中国家不懈努力下，在国际组织的支持下，发展中国家取得了暂时胜利。

（一）TRIPS 与公共健康问题

在 TRIPS 产生之前，由于缺乏统一的知识产权保护标准，无论是发达国家还是发展中国家，大多数情况下是根据国内法来规定药品专利的保护问题，在这种情况下，知识产权保护与公共健康之间处于一种相对平衡的状态。TRIPS 的签订和实施，不仅使知识产权保护水平在世界范围内大幅提高，而且药品也必须纳入专利保护范围，与其他商品享受同样的法律保护。高水平的知识产权保护虽然有利于大型制药公司利润的实现，但使受

---

[1] 张勤，朱雪忠，2010. 知识产权制度战略化研究 [M]. 北京：北京大学出版社：1.

专利保护的急需药品的价格大幅提高,大大超过了发展中国家和最不发达国家病人的支付能力,造成了严重的公共健康危机,也打破了知识产权保护与保障公共健康之间脆弱的平衡。

自1996年开始,发展中国家就开始要求对TRIPS进行修改,以解决国内的公共健康问题。经过发展中国家的艰苦努力,终于在2011年11月举行的WTO部长会议上通过了《TRIPS与公共健康多哈宣言》(以下简称《多哈宣言》)。《多哈宣言》认识到公共健康问题给发展中国家及最不发达国家人民带来的痛苦,同时认识到艾滋病、肺结核、痢疾和其他流行病引起的公共健康问题的严重性,要求TRIPS理事会研究并找出解决该问题的办法。❶《多哈宣言》肯定了公共健康较商业利益更为重要的地位,允许WTO成员方借助强制许可制度来解决公共健康问题。

《多哈宣言》尽管是一个巨大的进步,但仍遗留了棘手的问题没有解决,并未能为专利保护与公共健康之间存在的冲突问题找到现实的解决方案。由于TRIPS规定实施强制许可生产的药品不允许出口,那些没有药品仿制能力的国家难以获得低价的仿制药。TRIPS理事会于2002年3月、6月分别举行了两次会议,讨论《多哈宣言》第6条和第7条的实施问题。经过艰苦谈判,WTO发展中成员与发达成员最终在相关问题上达成一致,于2003年8月通过了《关于实施多哈宣言第6段的决议》(以下简称《执行决议》)。《执行决议》规定因缺乏生产能力而无法生产仿制药的落后国家,可以从其他有生产能力的成员进口通过实施强制许可才能生产的药品的低价仿制药。这一规定实质上取消了实施强制许可的成员方只能将通过实施强制许可生产的药品主要用于满足国内市场需要的限制,使落后国家能够从其他成员进口用于治疗艾滋病等重大传染性疾病的廉价仿制药品。这表明关于专利权、TRIPS和药物取得关系的遗留问题似乎最终解决了。❷

《多哈宣言》与《执行决议》是发展中成员面对因艾滋病等流行病而引发公共健康危机时,在WTO框架内通过与若干发达成员进行激烈博弈取得的重要成果,这也将使落后的发展中成员能够获得廉价仿制药品,从

---

❶ 黄玉烨,2004. 知识产权利益衡量论——兼论后TRIPS时代知识产权国际保护的新发展[J]. 法商研究(9).

❷ 田曼莉,2012. 发展中国家实施TRIPS协议研究[M]. 北京:法律出版社:147.

而使这些成员能够有效控制或者缓解公共健康问题。但《多哈宣言》和《执行决议》仍存在一定的不足。例如，《多哈宣言》和《执行决议》存在诸多的较为模糊的语言，并未提供一个有效激励竞争和降低药品价格的解决方案以刺激药品流入急需的国家。此外，《执行决议》并非是对 TRIPS 的修改，且不具有永久的法律效力。在 2005 年的继续谈判中，WTO 发展中成员在非农产品、服务贸易等领域的进一步妥协换取了发达成员在知识产权与公共健康领域的让步，于 2005 年 12 月 6 日一致通过了《关于〈与贸易有关的知识产权协定〉修正案议定书》（以下简称《议定书》）。依据《建立世界贸易组织的马拉喀什协议》第 10 条第 3 段的规定，《议定书》将在 WTO 成员 2/3 多数接受后，对接受成员生效。❶ 2017 年 1 月 23 日，列支敦士登、阿拉伯联合酋长国和越南向世贸组织提交了关于《修改〈与贸易有关的知识产权协定〉议定书》的批准文件，批准《修改 TRIPS 协议议定书》的世贸组织成员达 112 个，超过世贸成员总数的 2/3，《修改〈与贸易有关的知识产权协定〉议定书》已于 2017 年 1 月 23 日生效。

（二）TRIPS 与《生物多样性公约》的关系

1993 年 12 月生效的《生物多样性公约》（*Convention on Biological Diversity*，CBD）提出了三大目标，即生物多样性保护、基因资源的可持续利用及惠益的公平分享。有些 WTO 成员指出，TRIPS 知识产权保护的规定可能与 CBD 中的这三大目标存在冲突，因此，TRIPS 与 CBD 之间的关系问题在 2001 年的 WTO 部长会议上被列入多哈回合谈判的议题。之后，发展中国家与发达国家就这一议题展开了激烈博弈。发展中国家希望 TRIPS 也能把传统知识，以及基因资源信息作为知识产权进行保护；主张在申请专利时，如果专利申请人在其申请的专利技术中使用了某些基因资源或传统知识，其有义务披露来源；发展中国家还主张应当保证基因资源和传统知识的持有国和土著人群能分享因专利申请而获得的惠益。美国等发达国家对发展中国家的主张持反对态度，它们主张不需要建立多边规则。尽管欧盟和瑞士等成员愿意接受在专利申请中把使用的基因资源和传统知识进行披露的要求，但欧盟主张，不应当以不批准或者取消专利作为对专利申请人未进行披露的惩罚，而

---

❶ 吴汉东，郭寿康，2010. 知识产权制度国际化问题研究［M］. 北京：北京大学出版社：299－300.

瑞士则认为应当通过 WIPO 来规定披露要求。

（三）非违约之诉的问题

非违约之诉指的是如果一国认为因他国的行为而使自己预期的利益被剥夺，尽管他国没有违反 WTO 的任何规则，该国也可根据非违约之诉原则向他国提起 WTO 诉讼。非违约之诉被视为在《关税及贸易总协定》(General Agreement on Tariffs and Trade, GATT)/WTO 体制下一种特殊的国家责任确认方式。然而，乌拉圭回合谈判并未对非违约之诉是否适用于 TRIPS 的争端解决程序这一问题取得一致意见。因为非违约之诉与公共健康问题有关，发展中国家担心，非违约之诉会限制他们在 TRIPS 磋商中取得的灵活性。这种灵活性的一个例子就是强制许可的使用。目前适用于 TRIPS 的禁令阻止成员国根据 TRIPS 发起非违反之诉。

《关于与实施有关的问题和关切的部长决定》（第 11.1 段）指示 TRIPS 理事会向坎昆部长级会议提出建议。在此之前，成员国同意不根据 TRIPS 提出非违约之诉。2003 年 5 月，与贸易有关的知识产权理事会主席列举了四种可能的建议：①完全禁止 TRIPS 的非违约之诉；②允许根据适用于货物和服务案件的世贸组织争端解决规则处理申诉；③允许非违约之诉，但须遵守特殊的"方式"；④延长暂停期。对此，大多数成员赞成完全禁止非违约之诉，或延长暂停期。但是，当时没有达成共识。此后，暂停令从上一届部长级会议延长到下一届部长级会议，最近一次是将 2017 年布宜诺斯艾利斯部长级会议延长至下一次会议，部长们同意在 2019 年举行。

二、WIPO 体制中的新发展

在 WTO 成立之前，WIPO 是国际上处理知识产权保护问题的绝对主导机构。WTO 成立之后，WTO 以知识产权保护与国际贸易密切相关为借口强势介入知识产权问题，并且试图成为知识产权国际保护的主导机构。在 WTO 的强势介入之下，WIPO 一时感受到手足失措，在经历茫然和失落之后，WIPO 又重整旗鼓，利用自身在知识产权方面的专业优势，为适应新形势下的知识产权保护推动制定新的知识产权国际公约，促进了知识产权法律全球化的进一步发展。

(一) WIPO 发展议程

在联合国,发展问题一直是一个具有巨大争议的问题。早在1995年,联合国秘书长加利就正式向联合国大会递交发展议程文件,向参加联合国特别代表会议的领导人,包括世界贸易组织、国际货币基金组织及世界银行,分发了发展议程草案,但草案遭到强烈反对。在世界知识产权组织内,巴西、阿根廷在2004年8月26日递交了《关于创立世界知识产权组织发展议程的建议》。巴西、阿根廷的建议得到了玻利维亚、古巴、厄瓜多尔、伊朗、肯尼亚、委内瑞拉等13国的合署赞同,并得到其他发展中国家和最不发达国家的广泛支持。2004年9月,世界知识产权组织全体大会采纳了巴西和阿根廷的建议,创立了发展议程。2005年,在世界知识产权组织全体会议上,成员国同意建立一个临时委员会加快世界知识产权组织发展议程。2007年10月,世界知识产权组织大会同意创设新的知识产权委员会,取代之前的临时委员会。知识产权委员会在以后每年开两次会,每次会期5天。

WIPO 的发展议程的主要内容包括:①确认发展是国际社会的核心价值和共同目标;②知识产权应该用于促进知识创新、技术转移和传播;③在WIPO的标准制定活动中应当充分融入发展维度;④社会公共利益和发展应当成为实施知识产权时考虑和关注的重要因素;⑤技术援助数量要扩大,质量要改善;⑥为实施知识产权国际义务而建立起的管理体制不应当超过有关国家资源的负荷能力;⑦在知识产权公共政策制定时,应当考虑参与讨论主体的广泛性,照顾到各方面的利益相关者。

由于发达国家与发展中国家对发展议程的立场和态度存在较大的差异,知识产权发展议程的进展并不顺利。发达国家认为,发展问题不应当在 WIPO 进行讨论,WIPO 的主要任务应当是创造合理的知识产权制度。美国主张 WIPO 应当集中关注知识产权的促进问题,发展问题应当由联合国其他机构来解决,并认为其他许多联合国机构都在发展问题上取得了进展。❶ 由于在发展议程问题上发达国家与发展中国家存在严重分歧,WIPO 发展议程进展可谓是步履维艰。在2014年5月25日的日内瓦会议上,WI-

---

❶ 吴汉东,郭寿康,2010. 知识产权制度国际化问题研究 [M]. 北京:北京大学出版社:224-226.

PO 试图将发展问题纳入知识产权体系的会谈最终无果而终。世界知识产权组织发展与知识产权委员会（The Coastal Data Information Program，CDIP）第 13 届会议上，各方就若干主要议程项再度出现分歧。由于缺乏共识，与会各方观点相差"天南地北"，对一些关键问题的表决被推迟到下届会议进行。

（二）互联网条约

整个 20 世纪，大量技术进步为经济繁荣创造了史无前例的机会，同时也对法律变革提出了一系列挑战。自 20 世纪 80 年代以来，国际知识产权法便开始不断追赶互联网技术法的步伐，以适应新形势的需要。1996 年 12 月，世界知识产权组织召集 160 个成员代表团开会，缔结了两个新的条约，一个是《世界知识产权组织版权条约》（World Intellectual Property Organization Copyright Treaty，WCT），以下简称《WIPO 版权条约》，另一个是《世界知识产权组织表演和录音制品条约》（WIPO Performances and Phonograms Treaty，WPPT），以下简称《WIPO 表演和录音制品条约》。会议通过的两个条约含有适用于各种环境包括信息技术的广泛条款，同时含有旨在防止未经授权查询和使用互联网络或其他数字网络上的创作成果（如书籍、文章、音乐、歌曲、电影、图像等）的系列规定，因而这两项条约被称为"互联网条约"。

制定上述两个条约的目的是在互联网条件下，为版权和邻接权提供更充分的法律保护。事实上，两个条约进一步强化了对版权及邻接权的保护，超出了许多国家的国内立法水平，为互联网时代的知识产权保护提供了基本的制度框架。❶ "互联网条约"于 1996 年 12 月在日内瓦外交会议上通过并于 2002 年生效。截至 2020 年 9 月，加入《WIPO 版权条约》的国家共有 107 个，加入《WIPO 表演和录音制品条约》的国家共有 106 个。

（三）《马拉喀什条约》

获取能够进行阅读的图书对盲人和视力障碍者一直是个难题。为了解

---

❶ 吴汉东，郭寿康，2010. 知识产权制度国际化问题研究 [M]. 北京：北京大学出版社：203–206.

决这一问题，2013年6月27日，WIPO成员国经过谈判，缔结了《关于为盲人、视力障碍者或其他印刷品阅读障碍者获得已出版作品提供便利的马拉喀什条约》（以下简称《马拉喀什条约》）。该条约规定缔约方必须承担两项基本责任：一是缔约方应当规定对版权的限制和例外，以使"受益人"和"被授权实体"有权进行修改，使他们能够将作品制作成阅读障碍者可以接受的无障碍格式，并向阅读障碍者进行提供；二是允许根据该条约制作的无障碍格式版进行"跨境交换"。

根据规定，任何WIPO成员、欧盟或其他被自身缔约方大会授权的政府间组织都可以加入《马拉喀什条约》。该条约于2013年6月27日正式通过后，于2016年6月30日达成20个有资格方批准或加入的目标，并于2016年9月30日对这20个缔约方生效。截至2020年9月，共有72个国家或地区加入或批准该条约。

（四）《北京条约》

为了提升表演者在视听产业的地位，提高他们的收入，加强对文化、民间文学艺术和文化多样性的保护，促进各国经济发展。2012年，保护音像表演外交会议在北京举办，会议通过了《视听表演北京条约》（简称《北京条约》）。《北京条约》适应了数字化和互联网时代表演者对其表演活动应当享有的各种权利的保护，是对《保护表演者、音像制品制作者和广播组织罗马公约》（以下简称《罗马公约》）在互联网条件下的进一步更新和发展。该条约与前述的"互联网条约"一起，为在互联网上均衡、安全和有效发布有关视听内容提供了保障。《北京条约》给各国及其表演者所带来的益处将体现在诸多方面，包括经济发展、视听表演者改善的地位及文化多元性。

在30个有关方提交批准书或者加入书3个月之后，《北京条约》开始生效。随着印度尼西亚于2020年1月28日批准加入《北京条约》，该条约已于2020年4月28日生效。截至2020年9月，已有34个国家或地区批准加入该条约。

三、知识产权复边协定

尽管与其前的国际知识产权公约相比，TRIPS大幅提高了知识产权保护水平,被发达国家认为得到了他们想要的95%的东西。然而,随着TRIPS的实施,发达国家发现,由于其条款的模糊性及执法措施的欠缺,TRIPS并不能满足他们保护本国知识产权的需求。并且由于在WIPO和WTO体制下有关知识产权的谈判进展迟缓,发达国家对多边体制也逐渐失去耐心。尽管美国等发达国家通过双边贸易协定的方式制定了许多TRIPS-plus条款,但是一方面,由于参加国的局限性,双边贸易协定的影响力有限;另一方面,双边贸易协定的缔约成本也比较高昂。在这种背景下,以美国为首的发达国家开始寻求复边贸易协定的方式提高知识产权保护水平。《反假冒贸易协议》(Anti-Counterfeiting Trade Agreement,ACTA)的谈判就是在这种背景下开始的。

2005年6月,在G8峰会上,日本前首相小泉纯一郎提出了缔结ACTA的构想,后来这一构想得到美国、欧盟、加拿大和瑞士等发达国家和组织的积极响应。经过十一轮秘密磋商,2011年10月,美国、日本、欧洲等缔约方在东京签署了ACTA。但自此之后,原本进展顺利的ACTA因其被认为可能危及公民的健康权、隐私权和民主自由,以及其令人生厌的秘密谈判方式等原因,在欧洲受到了来自社会团体和民众的强烈抵制,并在欧洲议会遭到否决,该协定最终无疾而终。尽管ACTA最终失败了,但是ACTA强化知识产权执法和网络环境下的知识产权保护却代表了信息社会知识产权法律制度的基本发展方向,ACTA对当代的国际知识产权立法产生了深远影响,其在知识产权法律全球化发展史上留下了浓墨重彩的一笔。

四、区域一体化中知识产权制度的新发展

(一)《跨太平洋伙伴关系协定》和《全面与进步跨太平洋伙伴关系协定》

《跨太平洋伙伴关系协定》(Trans-Pacific Partnership Agreement,TPP)起源于文莱、智利、新西兰及新加坡4个国家发起的《自由贸易协定》(Free Trade Agreement,FTA)谈判。由于这4个国家经济和贸易规模非常有限,因此没有产生什么大的影响。但之后随着美国的强势加入,该项自由贸易协定的影响力日益增强,在2016年该协定取得了突破性进展,成员

国数量迅速增加到12个。❶ 在各方的努力下,《跨太平洋伙伴关系协定》最终文本形成且获得全部成员国签字认可。❷

TPP是一个"高标准、全面"的区域FTA。其中,由于在知识产权领域规定了许多TRIPS-plus条款,知识产权成为TPP谈判的最具争议的议题之一。然而,就在TPP即将生效的时候,美国总统特朗普宣布美国退出TPP,导致该协定濒临死亡。但之后在日本的努力协调和推动下,以TPP为基础,除了美国之外的11个成员国达成了《全面与进步跨太平洋伙伴关系协定》(Comprehensive and Progressive Agreement for Trans-Pacific Partnership,CPTPP)。CPTPP搁置了TPP中的第22项条款,其中知识产权条款共搁置了11条,占搁置条款总数的一半,使得TPP中关于知识产权保护水平大打折扣。尽管如此,与此前的国际知识产权协定相比,CPTPP知识产权规则仍然具有高标准性,许多内容属于"TRIPS-plus"条款。❸

(二)《区域全面经济伙伴关系协定》

《区域全面经济伙伴关系协定》(Regional Comprehensive Economic Partnership,RCEP)于2020年11月15日在RCEP第四次领导人峰会上正式签署,目的是促进区域经济发展,进一步削减关税及非关税壁垒。

RCEP在其第11章对知识产权问题进行了规定,第11章分为14节,共83条。与TPP的知识产权规则相比,RCEP的知识产权规则更好地考虑了各国经济发展水平之间的差异,也更具包容性。例如,RCEP第11章第1条"目标"中第一款第一项即"认识到缔约方间不同的经济发展水平和能力,以及各国法律制度的差异",并在第三项考虑了"知识产权权利持有人""知识产权使用者"以及"公共利益"之间的适当平衡。相比而言,TPP第18章第2条规定的"目标"则是"……有助于技术知识的创造者和使用者的相互利益,并有助于社会经济福利和权利义务之间的平衡"。RCEP充分考量了缔约国间不同的发展水平,并主动提及了"公共利益",试图在知识产权权利人、使用人与公共利益间寻求平衡,体现了缔

---

❶ 包括澳大利亚、文莱、加拿大、智利、日本、马来西亚、墨西哥、新西兰、秘鲁、新加坡、美国、越南。

❷ 石超,2019. 从TPP到CPTPP:知识产权条款的梳理、分析与启示——兼谈对中国开展知识产权国际保护合作的建议[J]. 石河子大学学报(哲学社会科学版)(4).

❸ 同❷.

约国对发展中国家的保护与兼容。而 TPP 在目标中更多地保护"知产权利人"与"使用者"之间的利益，显得更为功利。又如，RCEP 第 11 章第 3 条规定，若该章某一条规定与 TRIPS 的规定不一致时，以 TRIPS 为准，而 TPP 在第 18 章第 5 条则规定："每一缔约方均应实施本章的规定"，"允许提供比本章要求更为广泛的保护和措施"，体现了更高的强制性。RCEP 是在 TRIPS 的基础上进行系统性的规定，对其他协定也更加包容，旨在促进多边合作，吸引更多国家参与缔约。

五、其他国际组织的知识产权立法运动

后 TRIPS 时代，知识产权国际立法进程有加速趋势，在 WIPO 和 WTO 多边体制、复边体制及区域和双边体制之外，许多传统上与知识产权没有多大关系的其他国际组织和机构也开始关注和介入知识产权问题，并制定了一些与知识产权问题有关的国际条约、决议或文件，这也在一定程度上推动了知识产权法律全球化的发展。

例如，食品与农业基因资源委员会于 2001 年 12 月通过的《粮食和农业植物遗传资源国际条约》。在这个条约中，明确确立了农民权和农业植物遗传资源的利益分享原则，该条约取代了以遗传资源免费获取为原则的《植物遗传资源国际约定》。为了便于植物遗传资源的获取与利益分配，条约授权其领导机构进一步制定了示范性条款——《标准材料转让协定》，以尽可能确保各缔约方在利用资源方面的公平性。

又如，为协调《生物多样性公约》与 TRIPS 之间的关系，2002 年 4 月，《生物多样性公约》缔约方大会在海牙举行第六届会议，通过了《波恩准则》。该准则摒弃了免费自由使用基因遗传资源的做法，旨在协助各缔约方、改革政府和其他利益相关者制定全面的获取和惠益分享战略，并确定在基因遗传资源获取和惠益分享的过程中应采取的步骤。《波恩准则》反映了国际社会尤其是发展中国家对基因遗传资源知识产权利用问题所持的态度。尽管该准则本身没有法律约束力，但由于 180 个缔约国一致通过，因而具有明确和无可争议的权威。

再如，由于 TRIPS 是发达国家知识产权法律国际化的结果，是一种高标准保护知识产权的协定，而这一以发达国家法律为范本的国际协定却要普遍适用于广大发展中国家甚至最不发达国家。这些国家的科技经济发展

水平与发达国家存在巨大的差异，在履行 TRIPS 的过程中，导致与这些国家经济、社会、文化权利之间出现了高度的紧张，导致知识产权对这些国家的人权产生了较大的冲击，引起了联合国人权机构的密切关注。联合国人权委员会在 2000 年曾通过一个有关人权与知识产权关系的决议，强调 TRIPS 的实施与促进经济、社会和文化权利之间存在现实或潜在的冲突，该决议反映出鲜明的对抗 TRIPS 的特色。

由此可见，在后 TRIPS 时代，知识产权的国际立法已经突破了 WTO 和 WIPO 体制的束缚，知识产权成为许多其他相关国际组织的重要议题，这些国际组织也参与到知识产权的国际立法活动之中。从内容上看，这些新的国际条约或决议对 TRIPS 的高标准提出了批判，试图在知识产权保护与公共利益方面寻求相对的平衡，这对 TRIPS 提高知识产权保护标准的趋势是一种遏制，为知识产权国际立法提供了一种新的可能模式，对知识产权国际和国内立法都将产生深远影响。

第四节 当代知识产权法律全球化的特征与趋势

通过前文对后 TRIPS 时代知识产权法律全球化发展的梳理，可以看出，当代知识产权法律全球化从推动主体、立法机制、法律内容等方面均呈现一些新的特点和趋势，这些特点和趋势表明知识产权法律制度正在从其低级发展阶段即国际化阶段向其高级发展阶段即全球化阶段转变。

一、与贸易关系紧密化

在知识产权法律全球化的早期，知识产权和国际贸易几乎没有什么明显的联系。尽管后来发达国家极力主张知识产权与国际贸易密切相关，并试图把知识产权保护问题纳入多边贸易体制之中，但遭到来自发展中国家的强烈质疑和反对，这一时期知识产权保护与国际贸易的关系还比较朦胧和模糊。而 TRIPS 的达成可以认为是知识产权与国际贸易正式"联姻"，自此之后，知识产权与国际贸易的关系就合法化了，也几乎没有人再怀疑在贸易协定中纳入知识产权条款的正当性与合理性的问题了。

后 TRIPS 时期，知识产权与国际贸易之间的关系更为紧密，其中一个重要表现是在越来越多的 FTA 中纳入了知识产权保护的专门章节或者专门条款。据统计，截至 2019 年 1 月，在世界贸易组织备案的生效区域贸易协定共计 309 个，其中 209 个协定包含知识产权的规定，特别是近年来签订的各类 FTA 几乎都含有知识产权条款。❶ 在这些 FTA 中，知识产权往往作为一项单独的讨论议题，而且有完整的结构和比较详尽的规定。❷

二、保护水平高级化

在 WTO 成功地在贸易体制中纳入知识产权问题之后的 20 多年中，尽管由于发展中国家的觉醒和斗争，在某些局部领域内知识产权不断强化的势头得到一定程度的遏制，但是为了维护本国在国际竞争中的优势地位，发达国家还在不断地推动在全球范围内强化知识产权保护。一方面，发达国家在 WTO 和 WIPO 等多边体制内主张加强知识产权的执法力度，制定新的知识产权国际条约，保护自身具有优势的知识产权；另一方面，发达国家采取各种措施，以开放市场、增加投资等为诱饵，使得发展中国家与之签订包括大量超越 TRIPS 保护标准的 TRIPS-plus 条款的自由贸易协定，将自己国内的知识产权保护标准强加给发展中国家。不仅如此，发达国家还通过秘密谈判的方式，企图通过知识产权复边协定的方式，制定超越 TRIPS 标准的知识产权执法措施。

三、立法体制复杂化

在 WTO 成立之前，国际知识产权问题主要由 WIPO 管理，体制相对单一，TRIPS 的谈判和签署把知识产权问题纳入 WTO 的管理范围，打破了 WIPO 在知识产权立法中的绝对主导地位，WTO 进入知识产权国际立法的核心体制，形成了世界知识产权组织和世界贸易组织"双寡头"管理模式。之后，知识产权开始频繁与其他议题产生联系，出现在其他很多国际组织和论坛的议程上，如联合国人权委员会、世界卫生组织等，这些国际

---

❶ 褚童，2019. 巨型自由贸易协定框架下国际知识产权规则分析及中国应对方案 [J]. 国际经贸探索（9）.

❷ 余小红，2013. 自由贸易协定中的知识产权条款研究 [D]. 苏州：苏州大学.

组织也开始关注知识产权问题，制定涉及知识产权的国际规则，知识产权国际体制日益复杂。

知识产权国际立法体制的复杂化还体现为所谓的"体制情结"。考察知识产权法律全球化的发展，我们不难发现，"体制转移"已经成为推进国际知识产权立法进程的一个重要策略，TRIPS 就是发达国家运用"体制转移"策略的一个成功范例。后 TRIPS 时代，为了实现自己的立法目标，发达国家对知识产权立法体制转移的运用更加频繁，如由于在多边体制内受阻，发达国家对多边体制逐渐失去信心和耐心，将追求高水平保护的知识产权国际立法从多边体制转向复边体制和双边体制。与此同时，这种策略也逐渐被发展中国家所掌握，它们在一些非政府组织等的支持下，在生物多样性、公共健康、植物遗传资源等体制内寻求有利于自己的知识产权立法。

四、参与主体多元化

在知识产权法律全球化的早期，知识产权国际立法的主体主要是主权国家，但从乌拉圭回合开始，越来越多的私人主体开始参与到知识产权国际立法活动中，而在后 TRIPS 时代的国际知识产权立法活动中，许多非政府组织也发挥了重要作用。不仅如此，在知识产权的国际立法谈判中，发展中国家也越来越敢于在知识产权国际保护中表明自己的立场，阐述自己的利益主张，发达国家的绝对主导地位正在被动摇，知识产权国际立法的参与主体日益多元化。

首先，发展中国家成为重要的参与主体。在 TRIPS 签署之前，由于发展中国家与发达国家在知识产权实力、知识产权谈判能力等方面的巨大差异，在国际知识产权谈判中，毫无疑问发达国家居于主导地位。在后 TRIPS 时代，随着发展中国家尤其是新兴经济体的迅速崛起，知识产权国际格局发生了明显变化，其中一个重要特点是发展中国家知识产权实力明显增强，知识产权意识也大幅提高，发达国家对知识产权国际规则的主导权被削弱，发展中国家制定知识产权规则的能力越来越强，成为知识产权国际规则制定的重要参与主体。

其次，在后 TRIPS 时代，在知识产权国际规则制定过程中，跨国公司也试图通过各种途径反映自己的诉求，以制定对自己有利的国际知识产权规则,成为一支不可忽视的力量。

再次,非政府国际组织成为重要的参与主体。后 TRIPS 时代,各类非政府组织也积极参与国际知识产权规则制定,对知识产权国际规则的制定产生了重要影响。例如,非政府组织与一些发展中国家紧密配合,促使 TRIPS 理事会就药品获得问题召开特别会议,以消除发展中国家因药品专利保护对各国健康问题所产生的消极影响。又如,包括网络黑客组织、盗版党、绿党、公民权利团体、电子前沿基金会、无国界医生等非政府组织反对 ACTA 的活动导致 ACTA 最终在欧洲搁浅。[1]

五、涉及问题多样化

在 TRIPS 签署之前,知识产权的国际保护比较纯粹,基本上限于知识产权问题,与其他问题基本没有关联。TRIPS 的达成,将知识产权保护问题纳入国际贸易组织的管辖范围,使知识产权与国际贸易成为一体。后 TRIPS 时代,知识产权保护与其他议题的联系呈现迅速扩张之势。知识产权保护问题不仅与国际贸易问题挂钩,而且与生物多样性、遗传资源、文化多样性、公共健康、人权、国际投资、可持续发展等问题产生了密切关系,知识产权国际立法涉及的问题日益多样化。

六、立法博弈激烈化

后 TRIPS 时代,随着知识产权的重要性日益凸显,知识产权也越来越成为国际竞争的一个重要领域,知识产权国际立法的博弈愈加激烈。

首先,发达国家与发展中国家之间存在激烈的利益冲突。发达国家与发展中国家科技经济水平的差距,导致双方对知识产权保护水平的需求和认识存在严重分歧。一方面,发展中国家主张知识产权应当为发展服务,主张充分利用 TRIPS 的灵活性条款,并要求将自身处于优势的领域纳入知识产权保护范围,先后在 WTO 和 WIPO 框架下都提出了发展议程;另一方面,发达国家却在双边、多边、复边等贸易协定或者知识产权协定中制定 TRIPS-plus 条款,提高知识产权保护水平,加大知识产权执法力度。发达国家与发展中国家之间的利益博弈在一定程度上决定知识产权法律全球化

---

[1] 向欣,朱雪忠,2007. 我国知识产权保护的国际环境分析 [M]. 北京:中国计划出版社:10.

的走向和进程。

其次,在知识产权保护的部分领域,发达国家内部出现分化。例如,在地理标志保护问题上,欧盟、瑞士及其盟友主张在葡萄酒和烈酒地理标志确立一套具有约束力的国际注册体系,将高级别的地理标志保护延伸到其他产品,以及要求在专利申请中透露遗传资源和传统知识的来源地,而澳大利亚、阿根廷、日本和美国对此则表示反对。又如,在ACTA谈判过程中,美国极力要求将版权的保护期延长,并要求加大网络服务提供商的责任,但澳大利亚等国则反对美国的这些主张。

最后,私人部门和各类社会团体之间也存在激烈冲突和博弈。许多团体认为发展中的知识产权制度不平衡,偏袒发达国家知识产权权利人的利益。市民社会集团则十分关注基因专利的道德问题和创新药物、绿色技术的获取问题及植物多样性问题。全球的图书馆担心受版权保护的科学和教育作品的获取问题。许多创新公司则认为现有知识产权保护制度如此软弱,不能满足他们的需求,因此他们在努力推动知识产权保护的更高标准和更强有力的执法机制。[1] 私人部门和社会团体对知识产权法律全球化进程的关注和参与会使未来的知识产权国际秩序更加科学合理和公平。

---

[1] MASKUS K E, 2010. Private rights and public problems: the global economics of intellectual property in the 21st century, the peterson institute for international economics [M]. Washington: PetersonIn Stituteof International Economics.

第二章 知识产权法律全球化的经济基础

众所周知,经济基础决定上层建筑是马克思主义的一个基本原理。法律属于上层建筑的范畴,知识产权法律全球化的发展有着深厚的经济基础。在经济发展的诸因素中,科学技术扮演着重要的角色。科学技术被认为是人类社会发展中最具革命性和最活跃的因素,每一次人类社会的重大进步都离不开科学技术的变革和推动。因此,探讨知识产权法律全球化的经济基础,不可能抛开科学技术的影响,科技革命是知识产权法律全球化的根源。

考察科技史和知识产权法律发展的历史,我们可以发现,近代科技革命的时间与知识产权法律全球化的发展阶段有一定的相关性。笔者认为,这并不是偶然的巧合,而是二者自身有着深刻的内在联系。经济知识化和经济全球化是知识产权法律全球化的经济基础,而经济知识化和经济全球化的推动力量则来自科技革命。因此,我们完全可以认为,科技革命是推动知识产权法律全球化的最终推动力量。

第一节 科技革命与世界经济结构变化

一般认为,人类历史上共发生了三次科技革命,每一次科技革命都对世界的经济结构产生了深刻的影响。第一次科技革命发生在18世纪60年代,这次科技革命以蒸汽机的发明和使用为其标志。经过这次科技革命,原先以手工为主的小规模作坊生产开始被以机器为主的大规模工厂生产所取代,从而推动人类从原来的农业经济社会过渡到工业经济社会;19世纪

70年代，发生了第二次科技革命，这次科技革命以内燃机和电力的应用为其主要标志。这次科技革命使人类社会进入电气时代，促进了世界工业经济进一步深入发展；20世纪40年代，兴起了第三次科技革命，这次科技革命的主要标志是计算机技术及通信技术的广泛应用。第三次科技革命使全球规模的信息系统得以形成，在第三次科技革命推动下，人类社会从工业经济社会开始跨入知识经济时代。

科技革命是世界经济结构变动的重要推动力量，这种推动作用主要表现在两个方面。一方面，科技革命使知识在经济发展中的作用不断提高，逐渐成为经济发展中的第一位的生产要素，人类社会进入知识经济时代；另一方面，科技革命促进了国际分工，大幅度提高了交通运输的速度，降低了运输和通信服务的成本，缩短了人们之间的时空距离，改变了经济的空间结构，人类进入了经济全球化时代。

一、科技革命与经济要素结构变化——经济知识化

人类在进行经济生产活动时，离不开各种生产要素的投入和配合，人类的经济生产活动是通过各种生产要素之间的相互协同实现的。但是，在经济发展的不同阶段，不同要素在生产中所处的地位和发挥的作用是不同的。在经济发展的某一阶段，总会有一种要素居于主导地位，而其他要素尽管是必不可少的，却处于辅助地位。这种在生产中居于主导地位的生产要素对产出的贡献要远大于其他生产要素的贡献，并且拥有该种生产要素的数量和质量决定了一个经济主体的核心竞争力。但同时，这种生产要素在经济生产中的主导地位也不是一成不变的，人类生产活动所投入的生产要素的结构，以及各种生产要素在经济发展中的作用在不断发生变化。随着科学技术的发展和生产力的提高，该种生产要素的主导地位可能被新的生产要素所取代，生产要素主导地位的变迁是人类历史上经济形态变化的一个重要表现。

众所周知，从技术角度而言，人类社会大致经历了三种经济形态：即农业经济、工业经济及知识经济。如果我们对经济发展的历史进行考察，不难发现，在人类经济从农业经济向工业经济再到知识经济变迁的过程中，知识这种生产要素在经济生产活动中投入的不断增加，知识要素对经济产出的贡献所占比例不断提高，知识要素对经济主体的竞争力越来越重

要。即生产要素随着世界经济的发展一直呈现知识化的趋势和特征，这一特征在当今的知识经济时代更为凸显。

第一次科技革命之前，人类尚处于农业经济时代。在农业经济时代，主要的生产要素是土地和劳动。尽管从事农业生产活动也需要一定的知识和技能，但是在这一时期，指导人类从事农业生产活动的主要是人们在长期生产生活实践中总结出来的经验知识。例如，太阳历就是人类根据实践经验观察客观规律所得到的成果。在这一时期，人类的自然科学和社会科学知识大多与古代哲学融合在一起，如中国的阴阳学说、五行学说、易经、元气论等都蕴含着朴素的自然科学与社会科学因子。知识在人类生产活动中发挥作用主要是以对其他要素渗透的方式进行，并未成为生产中的独立要素。因此，可以说，农业经济主要依靠土地和劳动力的投入，知识和技能在生产中发挥的作用不够突出。

如前所述，人类社会在第一次科技革命的推动下从农业经济时代进入了工业经济时代，而第二次科技革命则进一步把工业经济推进到更高的发展阶段。这一时期的经济活动以机器大工业生产为主。在生产活动中，土地和劳动力这两种生产要素的作用大幅下降，资本成为生产活动中居于主导地位的生产要素。与此同时，人类对知识的运用已带有科学色彩，逐渐摆脱了经验模式，科学知识通过技术发明而进入工业生产。知识在生产活动中的作用大幅提升，并最终成为一种生产活动中独立的生产要素，以科学技术为主的知识在经济活动中开始发挥重要作用。但知识的应用伴随着大量资本的投入，没有资本的参与，任何新知识、新技术都只能停留在实验室里。❶

发生于第二次世界大战以后的第三次科技革命推动人类社会从工业经济向知识经济转变。在这一过程中，不仅经济生产活动中的土地、劳动等生产要素的地位进一步下降，而且货币与实物资本也开始退居次要地位，而知识要素在生产活动中的作用不断提升。知识不仅作为生产活动中的独立要素，而且成为经济增长中最重要的动力源，并最终取代了资本要素在工业经济当中的主导地位，成为经济发展第一位的生产要素。

---

❶ 郑秉秀，2001. 知识经济与国际经贸发展 [M]. 厦门：厦门大学出版社：8.

二、科技革命与经济空间结构变化——经济全球化

科技革命不仅提高了知识要素在经济生产活动中的地位，改变了经济生产活动的要素结构，使人类经济活动呈现知识化趋势，而且推动了经济规模的扩张、国际分工的发展和交通通信工具的改善，使经济生产活动冲破了地域范围的限制，改变了经济生产的空间结构，从而使人类经济活动呈现全球化趋势。科技革命不仅产生了经济全球化的内在需求，也为经济全球化提供了各种必要物质手段。

（一）科技革命促使国际分工深化，产生了经济全球化的内在需求

经济全球化是国际分工发展的必然结果，而科技革命则是推动国际分工发展变化的根本力量。由于科技革命的作用，人类社会的国际分工从内容到形式都发生了深刻的变化，从而推动了经济全球化的不断发展。

第一次科技革命不仅使人类社会发生了工业和农业之间的分工，工业内部分工也取得了一定的发展，自由贸易和商品国际化也快速形成。第二次科技革命则使世界经济的面貌进一步改变，自由竞争被垄断所取代，在世界范围内掀起了资本输出的浪潮，世界经济也进入了一个新的发展阶段，即从商品国际化进入资本国际化。第三次科学技术革命则使人类整个生产过程发生了巨大变革，国际分工也进入了以生产协作为基础的新阶段。这一阶段的基本特征是生产的全球化，并且正在向未来整个经济生活的全球化方向发展，经济全球化从整体上进入了一个新的历史发展阶段。

（二）科技革命改善了国际运输和通信，为经济全球化创造了客观条件

经济全球化发展的一个重要条件是运输和通信效率的提高和成本的降低，这样才能使生产和服务全球化从可能走向现实，因此，经济全球化的发展离不开运输和通信领域科学技术的革新和突破。运输和通信领域的科技革命不仅明显提高了运输和通信效率，而且大幅度降低了经济交往成本，为经济全球化的发展创造了必要的客观条件，从而大大促进了经济全球化的发展。

交通通信方式的根本性变革不仅使交通通信更加方便和快捷，而且大幅度直接促进了交易成本的降低，满足了大规模、高频率、高速度的跨国

经济交易的需要。如表 2-1 所示，平均每英里空运成本从 1930 年的 0.68 美元下降到 1990 年的 0.11 美元，而每 3 分钟的国际电话费（纽约与伦敦）则从 244.65 美元降低至 3.32 美元。交通运输技术和信息通信技术的发展大大压缩了世界各国的时空距离，使地球真正变成一个"地球村"，为经济全球化发展创造了客观条件。正如沃尔特·里斯顿（花旗银行前董事长）指出的那样："信息技术正在取消时间和空间的概念。"❶ 在这种背景下，资本家追逐利润的视野不再局限于本国境内，而是大大地拓展到全世界范围，哪里的投资环境好，就到哪里进行投资；哪里的原材料质优价廉，就到哪里采购；哪里有市场，就把产品销往哪里；哪里融资便利，成本低，就到哪里进行融资。生产全球化、贸易全球化、投资全球化、金融全球化是当代世界经济发展的滚滚洪流，它们汇聚成波澜壮阔的经济全球化发展的巨幅画卷。

表 2-1　运输和通信成本的降低（1920—1990 年）　　单位：美元

年份	海运费（平均每吨进出口货物的运费和码头费）	空运费（平均每英里乘客费）	电话费（纽约到伦敦 3 分钟通话费）
1920	95	—	
1930	60	0.68	244.65
1940	63	0.46	188.51
1950	34	0.30	53.20
1960	27	0.24	45.86
1970	27	0.16	31.58
1980	24	0.10	4.80
1990	29	0.11	3.32

资料来源：以 1990 年美元价格为基准。HUFBANER G. World economic integration: the long view, international economic insights [M] //杨雪冬, 2002. 全球化：西方理论前沿. 北京：社会科学文献出版社：6.

（三）经济知识化与经济全球化的统一性——知识经济全球化

如前所述，人类历史上科技革命的发展导致经济的要素结构和空间结构发生了重大的变化，使当代经济发展同时呈现两个重要趋势，即经济知

---

❶ 雷达, 于春海, 2001. 走近经济全球化 [M]. 北京：中国财政经济出版社：20-21.

识化和经济全球化，经济知识化和经济全球化是我们这个时代的两个最基本的特征。然而，经济发展的这两个特征并不是平行的两条铁轨，而是相互交融，彼此影响，共同推动时代车轮滚滚前行。

经济知识化与经济全球化的这种内在的统一性主要是由知识经济的特点所决定的。在知识经济中，主导性生产要素是知识和信息，而知识和信息本身就具有充分和迅速的流动性与传播性。由于知识的共享性，以及知识无国界的影响，世界各国都可以同时享有和使用人类共有的智力资源。知识生产与社会制度关系不大，基本不受社会制度的制约。一项科技成果，在资本主义国家可以使用，在社会主义国家也可以使用，在实行不同社会制度的国家间科学技术也能够实现自由流动。可以说，从本质上而言，知识的生产和交换具有更强烈的全球化力量。[1] 此外，知识经济时代标志性的技术是信息技术，信息技术同时也是推动当代经济全球化的关键技术，信息技术的发展克服了物理世界的时空障碍，压缩了世界各国之间的时空距离，可以在全球范围内达到最优配置。

第二节　经济结构变化与利益结构变化

生产力发展是社会变迁的根本动力，社会经济结构是社会利益，以及利益关系得以形成的物质基础。当社会经济结构发生变动时，人们之间的利益关系也会发生相应的变动，社会利益结构就会发生相应的变迁。

"利益结构是利益的内部构成。"[2] 利益结构的基本要素是利益主体和利益客体。经济结构变化对利益结构的影响也体现为对利益主体和利益客体的影响。如前所述，第三次科技革命导致当代社会经济结构发生了深刻变革，即要素结构上的经济知识化和空间结构上的经济全球化。经济结构的这种变化必然导致利益结构发生相应的变化。经济知识化对利益主体的影响是从事创造和创新活动的经济主体大量涌现，知识生产者成为知识经

---

[1] 李建华，2004. 知识生产的经济分析 [D]. 上海：复旦大学.
[2] 叶富春，2004. 利益结构、行政发展及其相互关系 [M]. 北京：社会科学文献出版社：46.

济时代重要的利益主体;经济知识化对利益客体的影响是知识和技术取代有形资产成为相关主体经济利益的主要来源,知识经济时代经济主体的利益增长主要来源于科技和知识要素的投入,知识产业是一国国民经济的主导产业。经济全球化对经济主体的影响是依赖于国际市场营利的经济主体大幅增加,这里面既包括通过国际投资获取利润的跨国公司,也包括通过国际贸易活动获取海外利益的各类企业;经济全球化对经济客体的影响是经济主体利益来源的地域范围由国内拓展到全球。

一、经济知识化与利益结构变化

"作为知识经济的基础性生产要素,知识信息在促进经济社会形成新的运行机理的同时,也引发了新的利益纷争与价值冲突。"[1] 笔者认为,经济知识化对利益结构的影响主要体现在如下几个方面。首先,经济知识化导致知识成为经济增长的第一要素,而经济增长是经济主体利益增长的物质基础,因此知识也可以说是经济主体利益增长的第一要素;其次,经济知识化发展使知识生产者在社会中的地位空前提高,不但逐渐成长为一个独立的社会利益集团,而且成为知识经济时代参与利益分配的主导利益集团;再次,经济知识化的发展,改变了企业的营利模式,过去的企业主要依赖于有形产品的销售来营利,现在主要通过无形知识产品的转让或许可或者知识含量占很大比重的复合知识产品来营利,知识产品成为高新技术企业营利的主要手段;最后,经济知识化的发展,使以知识产业为主要内容的第三产业取代第二产业成为国民经济的主导产业,并且成为国民经济发展和获取经济利润的主要源泉。

(一)知识要素成为利益增长的第一要素

传统经济学理论认为,经济增长主要依赖于劳动和资本要素的投入。随着知识经济的发展,知识和信息在经济增长中的贡献越来越大,逐渐成为经济增长的第一要素。根据著名的"柯布—道格拉斯生产函数",在对经济增长构成影响的各种生产要素中,劳动投入对经济增长的贡献占3/4,资本投入对经济增长的贡献占1/4,即经济增长=3/4(劳动投入增长)+

---

[1] 张文显,等,2012. 知识经济与法律制度创新[M]. 北京:北京大学出版社:序言2-3.

1/4（资本投入增长）。但有美国学者用1948—1984年的经济增长数据进行实证分析的结果与这一结论并不相符。实证研究结果显示：等式左侧的数值远远大于等式右侧的数值，即经济的实际增长要明显超过由于劳动和资本这两种生产要素投入增加应当导致的经济增长。根据"柯布—道格拉斯生产函数"，劳动和资本两种生产要素投入增加对经济增长的贡献率应当为100%，但实际只有34%，其余66%的经济增长则归因于科技和教育的增长。于是，经济学家不得不将这一传统公式修正为：经济增长＝66%（科技和教育投入增长）＋34%（劳动投入增长和资本投入增长）。这表明，知识经济时代经济增长的主要源泉是科技和教育增长，而非传统经济理论中的劳动和资本。无独有偶，在对日本1952—1961年的经济增长进行实证研究中，经济学家也得出相似的结论。众多实证研究成果表明，在知识经济时代，技术和知识的投入已经取代资本和劳动成为生产率增长和经济增长的决定性因素。❶ 1996年，美国国家科学技术委员会在其发布的一份报告中指出：在促进生产率增长的各种生产要素中，技术和知识的贡献占80%左右，决定经济能否持续增长的最主要因素是技术进步。❷ 正是基于对科技知识等智力成果在现代社会财富生产中重要作用的深刻洞察，邓小平才提出了"科技是第一生产力"的著名论断。

在知识经济时代，知识产权成为经济主体竞争力的决定因素。一个企业实力的高低不再取决于拥有多少厂房、机器和工人，而是取决于拥有多少专利及其品牌的价值。目前，无论在国家层面还是公司层面，无形资产投资越来越受到重视，其在国内生产总值中的比重不断提高，在有些发达国家，无形资产投资甚至已经超过有形资产投资。而这些无形资产已经成为价值创造和财富的首要来源。❸ 据统计，从1982—2000年不到20年时间里，有形资产在美国公司总资产中所占比重由62%缩减至30%，而无形资产所占比重则从38%增加到70%（图2-1）。在20世纪90年代初的欧洲，无形资产已占到总资产的1/3以上。1993年，在对284家日本公司开

---

❶ 高洪深，2005. 知识经济学教程［M］. 北京：中国人民大学出版社：62.
❷ 楼慧心，2006. 知识·制度·利益：知识产权制度对社会利益结构的影响研究［M］. 杭州：浙江大学出版社：13.
❸ WIPO, 2013. World intellectual property indicators［EB/OL］. http：//www.wipo.int/econ_stat/en/economics/wipr/［2021-05-15］.

展的一次抽样调查显示：知识产权在公司报表期内的累计知识中所占的比例为45.2%（包括显性知识，如有文件记载的知识，以及无法进行记载的隐性知识，如人员技能）。现在，许多国外高技术企业的无形资产已超过总资产的60%。

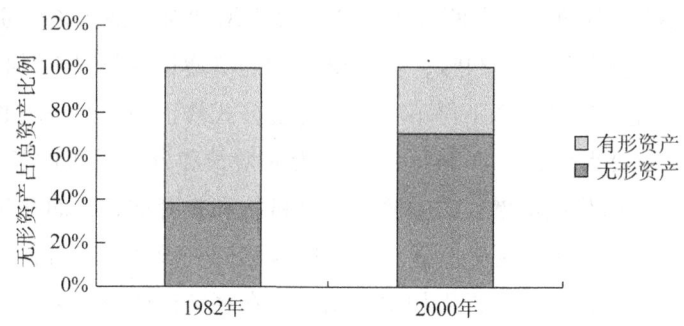

图2-1 无形资产在美国公司总资产所占比例

资料来源：卡米尔·伊德里斯，2008.知识产权：推动经济增长的有力工具[M].曾燕妮，译．北京：知识产权出版社：39-40.

（二）知识生产者成为利益分配的主导主体

在一个社会存在的多个利益集团中，往往有一个掌握这一社会最稀缺资源，处于最高利益位置的集团，人们一般将这一集团称作该社会的主导利益集团。人类经济活动的转型，使知识技术成为知识社会中的稀缺资源，掌握知识技术也就掌握了知识社会竞争中的优势，社会利益结构中逐渐开始产生一个新的利益集团，这就是一个以自己的智力成果或智力劳动作为资本而牟利的集团，人们形象地将其称作"知本家"。❶ 经济知识化的快速发展正在颠覆旧的社会利益格局，将知识生产者集团提升为社会的主导利益集团。早在1959年，管理学家彼德·德鲁克在分析了社会劳动力结构的变化趋势后，认为在未来社会，"体力劳动者"将为"知识劳动者"所取代，社会劳动力的主体将是"知识劳动者"。

任何一个稍具规模的社会都离不开知识劳动者，知识阶层在维持一个社会的正常运转中发挥着重要作用。但是，在传统社会中，知识分子从来

---

❶ 楼慧心，2006.知识·制度·利益：知识产权制度对社会利益结构的影响研究[M].杭州：浙江大学出版社：116.

没有凭借自己的力量，成为社会利益结构中的一个独立利益集团。他们往往只是统治者、有钱人的工具和附庸。例如，在中国古代，知识分子最好的出路就是——当官，或者退而求其次——当高官的门客、幕僚。即使在科学技术影响日益增强的近代西方，一些著名的科学家也往往是王公贵族的附庸。随着人类历史的发展，由于知识、智力劳动作用越来越重要，活动的种类日益增加，社会对知识分子的需求增大，知识分子的队伍也在不断扩大。[1]

在知识经济时代，不仅知识生产者的数量和在劳动者中的比重不断提高，而且由于知识要素在生产中能够创造更多的经济价值，知识生产者在分配中所获得的利益也不断增加。例如，在20世纪20年代，在一辆汽车的生产成本中，支付给从事常规生产的工人和投资者的费用约占85%，而到20世纪90年代，只有60%左右的费用是支付给这两种人的，其余部分则主要支付给了善于识别新问题和解决新问题的创新者，这些人包括战略家、职业经理人、计划人员、工程师、设计师、销售人员、律师、金融分析师、广告商等。目前，在半导体芯片创造的价值中，85%以上的费用归于技术研发人员和营销服务人员，至多3%的费用归原材料和能源的所有者，5%的费用归拥有设备和设施的人。[2]

从世界富豪排行榜我们可以看出，利益主体结构方面的这种变化。在工业经济时代，拥有工业资源的石油大王、汽车大王、钢铁大王占据财富榜的主要位置，而在知识经济时代，他们已经被软件大王、电信大王等知识生产者所取代。表2-2是2020年福布斯世界富豪排行榜，从该表我们可以看到，排在富豪榜榜首的是亚马逊创始人杰夫·贝索斯，2020年他以1130亿美元获得福布斯富豪榜首宝座，这是自2018年到现在连续3年雄踞第一名。位居第二的是微软创始人比尔·盖茨，他曾连续13年（从1995—2007年）摘取福布斯全球富豪榜榜首桂冠，2020年其财富是980亿美元。排在第三名的是伯纳德·阿诺特，他是路易·威登集团总裁兼CEO，被人们称为世界奢侈品教父，2020年其财富是760亿美元。很明

---

[1] 楼慧心，2006. 知识·制度·利益：知识产权制度对社会利益结构的影响研究[M]. 杭州：浙江大学出版社：108.
[2] 陈赤平，2000. 论知识经济中收入分配方式的变革[J]. 湘潭大学社会科学学报（6）.

显，福布斯全球富豪排行榜中，排在前列的大多数富豪不是靠专利、软件、网络信息技术发家，就是靠世界著名品牌致富。这份富豪排行榜生动地向我们展示了科技和知识产权的价值，也说明知识生产者已经成为知识经济时代最重要的利益主体。

表2-2 2020福布斯全球亿万富豪榜

排名	姓名	姓名（英文）	财富/亿美元	财富来源	国家和地区
1	杰夫·贝索斯	Jeff Bezos	1130	亚马逊	美国
2	比尔·盖茨	Bill Gates	980	微软	美国
3	伯纳德·阿尔诺及家族	Bernard Arnault & family	760	路易·威登	法国
4	沃伦·巴菲特	Warren Buffett	675	伯克希尔哈撒韦	美国
5	拉里·埃里森	Larry Ellison	590	软件	美国
6	阿曼西奥·奥特加	Amancio Ortega	551	飒拉	西班牙
7	马克·扎克伯格	Mark Zuckerberg	547	脸谱	美国
8	吉姆·沃尔顿	Jim Walton	546	沃尔玛	美国
9	艾丽斯·沃尔顿	Alice Walton	544	沃尔玛	美国
10	罗伯·沃尔顿	Rob Walton	541	沃尔玛	美国
11	史蒂夫·鲍尔默	Steve Ballmer	527	微软	美国
12	卡洛斯·斯利姆·埃卢及家族	Carlos SlimHelu & family	521	电信	墨西哥
13	拉里·佩奇	Larry Page	509	谷歌	美国
14	谢尔盖·布林	Sergey Brin	491	谷歌	美国
15	弗朗索瓦丝·贝当古·迈耶斯及家族	Francoise Bettencourt Meyers & family	489	欧莱雅	法国
16	迈克尔·布隆伯格	Michael Bloomberg	480	彭博公司	美国
17	马云	Jack Ma	388	电商	中国
18	查尔斯·科赫	Charles Koch	382	科氏工业	美国
18	茱莉亚·科赫及家族	Julia Koch & family	382	科氏工业	美国
20	马化腾	Ma Huateng	381	互联网媒体	中国

资料来源：福布斯，2020. 2020福布斯全球亿万富豪榜［EB/OL］. http：//www.forbeschina.com/lists/1733［2022-01-23］.

（三）知识产品成为利益实现的重要途径

知识产品可以分为两种类型，一种是无形的纯知识产品，如专利技术、商业秘密、作品及商标等；另一类是与有形财产相结合的知识含量较高的复合知识产品，如高新技术产品。

市场经济规律要求生产要素的所有者按照其所拥有的生产要素对产品价值的重要性程度来相应参与产品价值所带来利益的分配。在工业社会，劳动、管理、货币资本、土地对产品价值的贡献多，所以产品价值利益主要分配为劳动报酬、资本利得、地租和利息；在知识经济时代，知识和技术成为生产的决定性生产要素，对产品价值的贡献多，是产品价值的主要决定因素，因而产品的价值主要分配为知识报酬，知识就成为参与分配的主要因素。知识参与分配在客观上表现为两个方面：一方面，拥有人力资本的知识型劳动者获得应得的高报酬；另一方面，作为知识载体的专利、技术和工艺以资本得利形式获得相应的资本利润分配回报。在知识经济时代，知识成为参与分配的主要要素，知识产品成为经济主体实现经济利益的主要途径。

在知识经济时代，包括专利、商业秘密、商标等知识产品成为一些公司的主要营利来源，甚至改变了有些公司的商业模式。据高通公司发布的公司财报显示：2018年，高通公司的总营收达到227.32亿美元，其中专利授权费占近四分之一，高达55亿美元。在高通公司的净利润中，专利授权费所占的比重更是高达3/4，也就说高通公司近80%的利润来自专利授权费。一些私人机构尝试通过估计许可产品的销售来衡量品牌许可的经济重要性。在三个广泛使用的品牌价值评级机构的评价中，世界前十大品牌的平均价值在460亿~910亿美元。尽管全球经济下滑，世界前100个品牌的总价值占市场价值总额的比例从2008年的19%增加到2013年的24%。据全球前150授权者评级估计（表2-3），世界上品牌许可产品的零售额在2012年近2300亿美元。迪斯尼的消费产品是最大的许可者，2012年的收入为390亿美元，是1992年收入的两倍多。[1]

---

[1] WIPO, 2013. World intellectual property indicators [EB/OL]. http://www.wipo.int/econ_stat/en/economics/wipr/ [2021-05-15].

表2-3 企业品牌价值及其在企业市场资本价值总额的比重（2013年）

国际品牌集团			全球最有价值品牌排行			品牌金融公司		
企业名称	品牌价值/10亿美元	品牌价值占市场资本价值的比重/%	企业名称	品牌价值/10亿美元	品牌价值占市场资本价值的比重/%	企业名称	品牌价值/10亿美元	品牌价值占市场资本价值的比重/%
苹果	98.3	58.0	苹果	185.1	41.0	苹果	87.3	19
谷歌	93.3	20.7	谷歌	113.7	39.0	三星	58.8	32
可口可乐	79.2	39.3	国际商用机器公司	112.5	56.0	谷歌	52.1	18
国际商用机器公司	78.8	26.9	麦当劳	90.3	94.0	微软	45.5	18
微软	59.6	22.9	可口可乐	78.4	46.0	沃尔玛	42.3	18
通用电气	47.0	19.9	美国电报电话公司	75.5	43.0	国际商用机器公司	37.7	19
麦当劳	42.0	43.3	微软	69.8	27.0	通用电气	37.2	16
三星	39.6	35.2	万宝路	69.4	NA	亚马逊	36.8	27
英特尔	37.3	20.0	维萨	56.1	49.0	可口可乐	34.2	20
丰田	35.4	17.8	中国移动	55.4	25.0	威瑞森	30.7	23
平均	61.0	30.5		91.0	46.7		46.0	21

资料来源：WIPO, 2013. 2013 World IP Report [EB/OL]. http://www.wipo.int/econ_stat/en/economics/wipr/ [2018-10-20].

据《2017年 WIPO 报告——全球价值链中的无形资本》中的数据（表2-4）显示，2000—2014年，在全世界生产和销售的全部产品中，无形资本、有形资本和劳动力三种要素应计收入所占份额中，无形资本平均为30.4%，几乎是有形资产所占份额的两倍。它自2000年的27.8%提高至2007年的31.9%后，便一直处于停滞状态。自2000—2014年，19个制造行业的无形资本实际总收入增长了75%，2014年达到5.9万亿美元。

表2-4 2014年按制造业产品类别列报的收入份额

产品类别	无形资本/%	有形资本/%	劳动力/%	全球产值/10亿美元
食品、饮料和烟草制品	31.0	16.4	52.6	4926
机动车和拖车	29.7	19.0	51.3	2559
纺织、服装和皮革制品	29.9	17.7	52.4	1974
其他机械和设备	27.2	18.8	53.9	1834

续表

产品类别	无形资本/%	有形资本/%	劳动力/%	全球产值/10 亿美元
计算机、电子和光学产品	31.3	18.6	50.0	1452
家具和其他制造业	30.1	16.3	53.7	1094
石油产品	42.1	20.0	37.9	1024
其他运输设备	26.3	18.5	55.2	852
电气设备	29.5	20.0	50.6	838
化工产品	37.5	17.5	44.9	745
医药产品	34.7	16.5	48.8	520
金属制品	24.0	20.8	55.2	435
橡胶和塑料制品	29.2	19.7	51.1	244
碱性金属	31.4	25.6	43.0	179
机械维修和安装	23.6	13.2	63.2	150
纸制品	28.0	20.9	51.1	140
其他非金属矿产品	29.7	21.5	48.9	136
木材制品	27.5	20.0	52.5	90
印刷产品	27.1	21.2	51.7	64

资料来源：WIPO, 2017. 2017 年 WIPO 报告——全球价值链中的无形资本 [EB/OL]. https://www.wipo.int/publications/en/ [2019-09-08].

（四）知识产业成为利益创造的主导产业

经济知识化在产业上主要表现为产业软化趋势，这种产业软化趋势不仅表现为许多新兴的以知识为基础的行业和部门，而且表现为高新技术对传统部门进行调整和改造。随着经济的知识化发展，在国民经济中第一和第二产业的产值及就业人数所占的比重都呈不断下降趋势，而第三产业的产值和就业人数在国民经济中所占的比重则呈快速上升趋势。知识密集的高新技术产业成为经济新的增长点，世界经济的产业、部门、企业及产品等结构发生了以知识为主导的巨大变革。到 20 世纪 70 年代末期，在美国等发达国家的国民经济中，非物质生产部门所占的比重已经超过物质生产部门所占比重。表 2-5 是美国 1953—2015 年的 GDP 的产业构成变化情况，从中我们可以看出，从 1953—2015 年，美国 GDP 中第一产业的比重从 5.9% 下降到 1.1%，第二产业的比重从 48.4% 下降到 19.4%，而知识密集型的第三产业则从 45.7% 增加到 79.5%。知识产权密集型行业约占欧盟 GDP 的 39%、欧盟就业的 35%（包括间接就业在内）。知识产业在总体产业结构中的重要性日益提升。

表 2-5 1953—2015 年美国 GDP 的产业构成　　　　单位:%

产业类型	1953年	1970年	1980年	1987年	1994年	1996年	2000年	2005年	2010年	2015年
第一产业	5.9	3.0	2.8	2.1	1.7	1.7	1.0	1.0	1.0	1.1
第二产业	48.4	38.0	36.0	31.4	22.5	22.9	22.4	21.3	19.9	19.4
第三产业	45.7	59.0	61.2	66.5	75.9	76.1	76.6	77.7	79.1	79.5

资料来源：陈继勇，2001. 论知识经济对美国经济的影响 [J]. 世界经济（4）. 2000—2015 年数据来自 http：//www.360doc.com/content/18/0610/16/8527076_761194955.shtml，2018 年 10 月 6 日访问。

二、经济全球化与利益结构变化

经济全球化对经济结构的影响主要表现为经济空间结构的拓展。在经济全球化之前，由于交通和通信条件的限制，经济主体的经济活动主要局限于一个国家之内，其利益也主要来源于国内。但随着经济全球化的迅猛发展，经济主体的经济活动已经冲破国界藩篱，实现了生产和贸易的全球化，在这种背景下，国外也成为经济主体利益的一个重要来源。我们可以从如下三个方面对经济主体利益的空间拓展进行考察。

（一）国际贸易迅猛发展

国际贸易不仅是经济全球化本身的重要内容，也是国家和企业在全球化时代获取经济利益的重要渠道。随着经济全球化的深入发展，国际贸易迅猛增长。根据联合国贸发会议网站统计数据，世界货物出口额从 1980 年的 2.05 万亿美元增长到 2019 年的 18.93 亿美元，增长了 8.23 倍。商业服务贸易增长更快，从 1980 年的 0.40 万亿美元增长到 2019 年的 6.14 万亿美元，增长了 14.35 倍。

国际贸易的发展不仅表现在自身规模的扩张，而且表现在国际贸易的增长率远远超过世界经济增长率。从 1980 年以来，一个最明显的事实可能就是国际贸易的增长速度在大多数年份要远快于世界产出的增长速度。图 2-2 显示了世界商品贸易和世界真实 GDP 的 5 年平均增长率。贸易增长率和 GDP 增长率分别用纵轴表示。在 20 世纪 80 年代早期，全球产出和贸易的增长率比较接近，年均 3% 左右。1980—1985 年，以 GDP 计算的产出量以 3.2% 的增长速度，而商品出口贸易量年均增长 2.9%。但是，从 1985 年以后，世界贸易的增长速度几乎是世界产出的 2 倍，贸易的增长速度在 1985—2011 年年均增长 5.6%，而同期全球 GDP 的年均增长率仅为 3.1%，世界贸易的增长率是世界产出增长的 1.8 倍左右。❶ 世界贸易增长速度超过世界生产的增长速度，导致全球出口相对于全球收入不断提高，各国经济对世界贸易的依存度也在不断提高。2006 年，世界出口总额占世界 GDP 的比重为 19.9%，1950 年才达到 5.0%（图 2 – 3）。❷ 这充分表明，日益增加的全球货物和服务产品是通过国际贸易进行交易的，而不是国内交易。

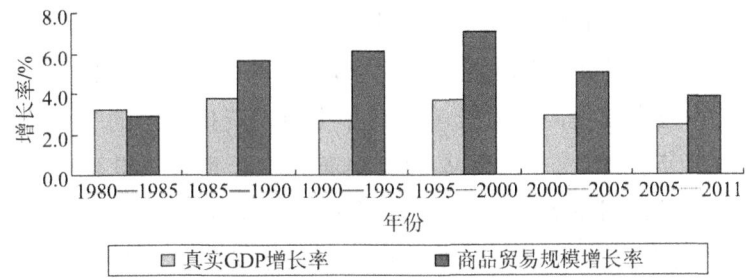

图 2 – 2　世界商品贸易规模与真实 GDP 增长率对比（1980—2011 年）
资料来源：WIPO，2013. Word trade report 2013 ［EB/OL］. https：//www.wto.org/english/res_e/reser_e/wtr_e.htm ［2018 – 03 – 20］.

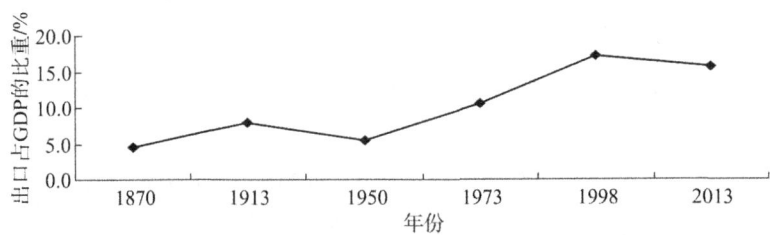

图 2 – 3　世界出口占世界 GDP 比例变化情况
资料来源：王舒健，2013. 世界经济 ［M］. 天津：天津大学出版社：30.

---

❶ WIPO，2013. World intellectual property indicators ［EB/OL］. http：//www.wipo.int/econ_stat/en/economics/wipr/ ［2021 – 05 – 15］.

❷ 王舒健，2013. 世界经济 ［M］. 天津：天津大学出版社：30.

(二) 国际直接投资快速扩张

第二次世界大战以后，由于世界政治经济比较稳定，国际直接投资（FDI）发展迅猛，在整个世界经济中所占比重不断提高。发达资本主义国家对外直接投资从 1945 年的约 200 亿美元增至 1985 年的 6933 亿美元。对外直接投资占对外投资总额的比重从第二次世界大战前的 25% 上升到 1978 年的 60.55%。进入 20 世纪 80 年代中期以后，国际直接投资规模以更快的速度扩张，FDI 的年均增长率远远超过国际贸易和 GDP 的年均增长率。1986—1990 年，世界各国 GDP 和出口贸易的年均增长率仅为 11.5% 和 15.8%，而 FDI 的年均增长率达到 24.3%。❶

尽管由于世界金融危机，近年来国际直接投资有所下降，但与 1990 年相比，国际直接投资的规模还是有较大幅度增长，国际直接投资在世界生产中的比重也大幅提高。根据《2020 年世界投资报告》的统计数据，从 1990—2019 年，FDI 的输入量从 2050 亿美元增长到 15 400 亿美元，增长 6.5 倍；FDI 的输出量从 2440 亿美元增长到 13 140 亿美元，增长 4.4 倍；FDI 输入存量从 21 960 亿美元增长到 364 700 亿美元，增长 15.6 倍，输出存量从 22 550 亿美元增长到 345 710 亿美元，增长 14.3 倍；FDI 的输入收益从 820 亿美元增长到 19 530 亿美元，增长 22.8 倍，输出收益从 1280 亿美元增长到 18 410 亿美元，增长 13.4 倍。而同期世界 GDP 从 235 220 亿美元增长到 871 270 亿美元，仅增长 2.7 倍。1990 年 FDI 输入量占 GDP 的比重仅为 0.9%，而 2019 年，FDI 输入量占 GDP 的比重为 1.8%，翻了一番；同期 FDI 的输入存量占 GDP 的比重从 9.3% 提高到 41.9%，增加 3.5 倍（表 2-6）。

表 2-6　1990—2019 年部分年份 FDI 的相关指标　单位：10 亿美元

项目	1990 年	2005—2007 年（金融危机前的平均水平）	2017 年	2018 年	2019 年
FDI 输入量	205	1 414	1 700	1 495	1 540
FDI 输出量	244	1 452	1 601	986	1 314
FDI 输入存量	2 196	14 484	33 218	32 944	36 470

---

❶ 张锡嘏，2006. 国际贸易 [M]. 北京：对外经济贸易大学出版社：159.

续表

项目	1990 年	2005—2007 年 （金融危机前的平均水平）	2017 年	2018 年	2019 年
FDI 输出存量	2 255	15 196	33 041	31 508	34 571
FDI 输入收益	82	1 027	1 747	1 946	1 953
FDI 输入收益率	5.3	9.0	6.8	7.0	6.7
FDI 输出收益	128	1 102	1 711	1 872	1 841
FDI 输出收益率	8.3	9.6	6.2	6.4	6.2
跨国并购	98	729	694	816	483
世界 GDP	23 522	52 428	80 606	85 583	87 127

资料来源：UNCTAD，2020. World investment report 2020［EB/OL］. https：//unctad. org/publications［2020－12－20］.

（三）跨国公司大量涌现

在经济全球化进程中，跨国公司扮演着重要角色。第二次世界大战以后，随着 FDI 的迅猛发展，跨国公司的数量也随之迅速增加。到 20 世纪 70 年代末，世界上主要的资本主义国家拥有的跨国公司母公司的数量已经达到 7276 家，这些跨国公司拥有国外分支机构达 27 300 家。进入 20 世纪 80 年代之后，跨国公司更是获得了充分发展和大规模扩张的动力与空间。1980 年，全球跨国公司母公司的数量为 11 000 家、子公司数量为 98 000 家，而到 2005 年，母公司和子公司的数量分别激增到的 77 000 家和 770 000 家，在 25 年时间里分别增长了 600% 和 685%。❶ 而根据联合国贸发会议公布的统计数据，全球跨国公司母公司及其子公司的数量到 2011 年已经分别超过 10 万家和 89 万家。跨国公司在全球拥有 6900 万名雇员，创造了 28 万亿美元的销售额和约 7 万亿美元的增加值，其创造的增加值几乎占世界 GDP 的 10%。❷

不仅跨国公司的数量不断增加、规模不断扩张，而且跨国公司的跨国化程度也不断提高，❸ 跨国公司正向全球性公司发展。❹ 联合国贸发会议

---

❶ 张幼文，金芳，2012. 世界经济学［M］. 第 3 版. 上海：立信会计出版社：218－219.
❷ 王舒健，2013，世界经济［M］. 天津：天津大学出版社：30.
❸ 跨国化程度一般由跨国公司在国外的资产值与其总资产值之比、国外销售额与总销售额之比以及国外雇员数与总雇员数之比这三个比例的算术平均值来衡量。
❹ 卢进勇，杜奇华，杨立强，2013. 国际投资学［M］. 北京：北京大学出版社：51.

《世界投资报告（2020）》的数据显示（表2-7），在过去10年里，全球最大的100家跨国公司平均"跨国化指数"徘徊在50%左右。如果一家公司在海外的资产超过一半，来自海外的销售超过一半，在海外就业的雇员超过一半，那么这家公司与一般跨国公司相比，在思维方式和经营模式方面就会有巨大的差异。如果一家跨国公司越来越重视海外经营，则其母国经营的地位就会相对下降，海外利益就会成为该跨国公司的主要收入来源。❶

表2-7　全球最大100家跨国公司全球化程度的变化情况　　　　单位:%

项目	1994年	1999年	2008年	2012年	2019年
海外资产占总资产比例	41.1	41.7	57	59.2	58
海外销售占总销售比例	45.6	49.2	62	65.9	60
海外雇员占总雇员比例	43.6	45.6	58	58.0	51

资料来源：根据历年联合国贸发会议《世界投资报告》整理。

三、知识经济全球化与利益结构变化

如前所述，经济知识化和经济全球化是当代世界经济发展的两大基本特征和趋势，二者共同构成当代世界经济发展巨幅画卷的主基调。如前所述，经济知识化和经济全球化并非平行的两条铁轨，而是你中有我，我中有你，水乳交融，具有内在的统一性。事实上，当代知识经济的发展，是一种全球化的知识经济；而当代的经济全球化，是一种知识经济的全球化。如果说经济知识化使经济要素结构变化从而使人们的利益来源主要从有形财产转向无形财产，经济全球化发展使经济空间结构变化从而使人们的利益来源主要从国内向国外拓展，那么知识经济全球化的发展使经济的要素结构和空间结构同时发生变化，使人们的利益来源从国内的有形财产向国外的无形财产转变。

（一）知识经济全球化的主要表现

1. 研发全球化

在20世纪80年代之前，跨国公司采取的主要是集中化的研发战略，

---

❶ 张锡嘏，2006. 国际贸易 [M]. 北京：对外经济贸易大学出版社：159.

即跨国公司把研发活动集中于母公司，海外子公司只在当地应用母公司的研发成果。但自20世纪80年代以来，跨国公司逐渐改变了这种研发布局策略，越来越多的跨国公司开始将其研发活动布局在海外，在东道国直接设立研发机构，以更好地利用当地的人才和技术资源。通过在全球建立一体化的研发系统，从而实现其利润最大化的目标，满足其参与国际竞争的需要。从1985—1995年，跨国公司海外新建研发机构的增长情况，详见表2-8。

表2-8 来自国外的资金占产业界研发资金的比例　　　　　单位：%

年份	加拿大	法国	德国	意大利	英国	日本	俄罗斯	欧盟
1981	7.4	7.0	1.2	4.3	8.7	0.1	NA	4.7
1982	10.7	4.8	1.3	4.7	NA	0.1	NA	NA
1983	16.6	4.6	1.4	4.3	6.8	0.1	NA	3.7
1984	17.1	6.5	1.5	6.2	NA	0.1	NA	NA
1985	14.3	6.9	1.4	6.1	11.1	0.1	NA	5.1
1986	13.6	8.0	1.4	7.3	12.2	0.1	NA	5.6
1987	16.8	8.7	1.5	6.9	12.0	0.1	NA	5.6
1988	18.0	9.2	2.1	6.6	12.0	0.1	NA	5.9
1989	17.1	10.9	2.7	6.5	13.4	0.1	NA	6.9
1990	17.9	11.1	2.7	7.3	15.5	0.1	NA	7.6
1991	18.5	11.4	2.6	9.6	16.0	0.1	NA	7.6
1992	17.7	12.0	2.5	6.3	15.0	0.1	NA	7.4
1993	17.7	11.3	1.9	6.8	15.4	0.1	NA	7.5
1994	19.7	11.2	2.0	9.5	16.0	0.1	1.9	8.0
1995	19.9	11.1	2.2	8.1	18.9	0.1	5.1	8.5
1996	21.3	11.4	2.2	9.6	21.5	0.1	6.1	9.1
1997	21.3	10.6	2.8	9.0	18.8	0.4	8.5	8.9
1998	21.3	9.3	2.7	8.2	22.0	0.4	11.1	8.9
1999	21.3	NA	2.5	8.2	NA	NA	NA	NA

资料来源：Science and Engineering Indicators 2002 appendix table 4-45：https：//www.doc88.com/p-9179709588456.html。

注：NA表示无此项数据。

2. 国际贸易知识化[1]

知识经济的发展对经济的各个领域、各个行业的影响表现为这些领域和行业的知识化发展。在国际贸易领域，无论是货物贸易、服务贸易还是知识贸易，都呈现知识化的发展趋势。

首先，从货物贸易来看，国际贸易的知识化主要体现在货物贸易中商品的知识含量越来越高。具体表现在两个方面：一是高新技术产品贸易高速发展；二是传统货物中的知识含量不断提高，前者是因为高新技术产业本身的高速发展，后者则是高新技术改造传统产业的结果。第二次世界大战以来，尤其是近20年来，以信息技术为核心的科技革命，促进了高新技术产业的快速发展，高新技术产业的发展改变了传统国际贸易结构。20世纪90年代以来，世界高新技术产业出口年增长率在10%以上，比中低技术和低技术产业出口年增长速度高5%~6%。不仅如此，高新技术还不断地渗透到旧的工业体系中去，对传统产业进行改造，增加传统产品的知识和技术含量，使传统产品贸易也焕发出新的生机。例如，机器人技术在汽车、重型机械、金属、电气机械等许多部门都得到推广应用，大大提高了这些传统产业的技术和知识含量。电子系统现在可以占到一辆高级轿车总成本的70%，普通轿车的1/3，这样的汽车可以称为"高技术产品"。

其次，从服务贸易来看，随着知识经济和经济知识化的发展，服务贸易结构发生了很大变化，逐渐由传统的自然资源或劳动密集型服务贸易，转向知识、智力密集型或资本密集型的现代服务贸易，技术含量、知识含量高的服务业比重持续上升，计算机与信息服务、管理咨询服务、金融服务、技术研发服务、知识产权交易服务和维修服务等日益活跃，成为各国关注并着力发展的重点领域。在全球服务贸易出口构成中，2005年，"国际运输服务"占22.4%，"国际旅游服务"占26.4%，以通信、金融、保险、计算机和信息服务为代表的"其他商业服务"占47.7%。2014年，"国际运输服务"比重下降至19.3%，"国际旅游服务"的比重下降至25.1%，"其他商业服务"的比重则上升至52.4%；在全球服务贸易进口

---

[1] 徐元，2008. 中国国际贸易应从科技兴贸战略向创新强贸战略转变[J]. 中国科技论坛（9）.

构成中，2005 年，"国际运输服务"占 27.3%，"国际旅游服务"占 25.9%，"其他商业"占 44.2%。2014 年，"国际运输服务"比重下降至 25.6%，"国际旅游服务"的比重下降至 24.4%，"其他商业"的比重则上升至 47.9%（见表 2-9）。

表 2-9 全球服务贸易部门构成及变化

	项目	价值/10亿美元	份额/%				
		2014 年	2005 年	2010 年	2012 年	2013 年	2014 年
出口	所有商业服务	4940	100.0	100.0	100.0	100.0	100.0
	与货物有关的商业服务	160	3.6	3.2	3.5	3.2	3.2
	国际运输服务	955	22.4	21.3	20.5	19.9	19.3
	国际旅游服务	1240	26.4	24.7	24.8	25.2	25.1
	其他商业服务	2585	47.7	50.7	51.2	51.7	52.4
进口	所有商业服务	4785	100.0	100.0	100.0	100.0	100.0
	与货物有关的商业服务	105	2.5	2.1	2.1	2.2	2.1
	国际运输服务	1225	27.3	26.5	26.9	26.1	25.6
	国际旅游服务	1165	25.9	23.1	23.3	23.8	24.4
	其他商业	2290	44.2	48.3	47.6	47.8	47.9

资料来源：YU P K, 2017. Intellectual property negotiations, the BRICS factor and the changing north – south debate, the BRICS – lawyers' guide to global cooperation [M]. Cambridge：Cambridge University Press：148 – 79.

最后，就知识贸易而言，随着知识经济的发展，以专利许可、商标转让、版权许可为交易内容的知识贸易正在成为国际贸易的重要组成部分，而且其增长速度远远高于一般货物贸易。根据世界贸易组织提供的统计数据，1995 年全球专有权利使用和特许服务贸易出口和进口分别为 555 亿美元和 528 亿美元，到 2008 年已迅速增加到了 1821 亿美元和 1852 亿美元（表 2-10），13 年时间出口和进口均增长了 2 倍多。其中 2000—2004 年，全球专有权利使用和特许以年均 11% 的速度递增，高于全球服务贸易 9% 的年均增长率，在服务贸易总额中所占的份额也增加到了 6%。

表 2-10 1995—2008 年全球专有权利使用和特许进出口情况对比

单位：10 亿美元

项目	1995 年	2000 年	2001 年	2002 年	2003 年	2004 年	2005 年	2008 年
进口	52.8	85.7	86.5	94.5	109.3	130	137.3	185.2
出口	55.5	81.7	79.4	86.2	97.8	116	131.5	182.1

资料来源：Statistics on trade in commercial services：https：//www.wto.org/english/res_e/statis_e/tradeserv_stat_e.htm。

3. 知识产权全球化

研发的全球化和国际贸易的知识化必然导致越来越多的知识产品走向国际市场。知识产品易于复制和传播，在国际市场对知识产品进行有效的法律保护已成为知识产品走向国际市场的一个重要前提，因此从事知识生产和知识贸易的经济主体越来越注重取得国际知识产权，知识产权呈现全球化的发展趋势。众所周知，《专利合作条约》（PCT）专利申请数量和通过马德里协定注册的商标数量是衡量知识产权全球化的重要标准。近年来，PCT 专利申请数量和通过《马德里协定》注册的商标数量都呈快速增长的趋势。根据世界知识产权组织的统计，通过 PCT 申请的专利数量从 1990 年的 19 806 件增加到 2019 年的 265 800 件，19 年间增长了 12.4 倍。通过《马德里协定》注册的国际注册商标数量也从 1996 年的约 18 566 件增加到 2019 年的约 64 400 件，13 年间增长了 2.5 倍。

（二）知识经济全球化与利益结构变化

1. 知识产品成为发达国家及其跨国公司获取海外利益的重要手段

在知识经济全球化背景下，发达国家的跨国公司利用自身在科技和知识产权方面的绝对优势地位，在全球范围内获取巨额的经济利益。一方面，通过国际直接投资和国际研发活动，从海外获取大量的投资收益；另一方面，通过知识产品（包括纯知识产品和复合知识产品）贸易，从海外获取大量的贸易利益。

美国是知识经济比较发达的国家，美国虽然在货物贸易领域长年处于逆差地位，但是在专利技术和特许权方面，每年都是顺差。据统计，美国每年从知识产权出口获得的收入从 1987 年的 100 亿美元增加到 1999 年的 365 亿美元，而 1999 年美国向外国的知识产权所有人支付的则只是 130 亿美元。❶ 美国的该项知识产权交易长期处于盈余状态,盈余额由 81 亿美元增加到 132 亿美元。作为无线通信行业的世界著名企业,高通公司拥有本行业的大量核心专利。这些领域的其他企业若想进入该行业,都必须向高通公司缴纳一定数量的专利许可费。2008 年 10 月,高通公司与诺基亚公司达成 15 年的专利授权许可协议,向诺基亚公司一次性收取 17 亿欧元(当时约合 23 亿美元)的专利使用费;2009 年 11 月,高通公司与三星公司签订了为期 15 年的专利许可协议,向后者收取了 13 亿美元的许可使用费。根据欧洲专利组织公布的数据,2000 年全球专利许可收益高达 1000 亿美元,超过 1990 年的 9 倍。

自改革开放以来,我国引进了大量的国外技术,发达国家的跨国公司借助其优势地位,也在我国获取了大量的利益。它们不仅通过协商谈判来签署技术许可或转让协议方式直接向我国企业索要并收取专有技术和专利技术使用费,而且还利用自身的垄断地位,滥用知识产权,通过价格歧视、搭售等方式收取高额的专有技术和专利技术使用费(表 2-11 和表 2-12)。

跨国公司在我国收取的许可费金额逐年增长,2008 年达 103 119 亿美元。

表 2-11　1997—2008 年我国支付的专有技术使用费和特许费

单位:亿美元

项目	1997 年	1998 年	1999 年	2000 年	2001 年	2002 年	2003 年	2004 年	2005 年	2006 年	2007 年	2008 年
支付	5.43	4.20	7.92	12.80	19.40	31.10	35.50	45.00	53.20	66.30	81.90	103.20
净支付	4.89	3.57	7.17	12.00	18.30	29.80	34.40	42.60	51.60	64.30	78.50	97.49

数据来源:根据国家外汇管理局公布的国际收支平衡表(1997—2008 年)整理。

表 2-12　汤姆逊公司、索尼公司等专利权人对中国彩电的专利费收费清单

专利人	收费	专利人	收费
汤姆逊公司	3~5 美元	MPEG-LA(MPEG-2)	2.5 美元/台
日立公司等 7 个企业	10 000 美元/台(入门费)	美国 LUCENT	1 美元/台
索尼公司	600 日元/台 + 净售价 2%	GUARDIA MEDIA	1 美元/台
杜比公司	2 美元左右	MPEG-LA(ATSC 专利池)	5 美元

---

❶ 威廉·M. 兰德斯,理查德·A. 波斯纳,2005. 知识产权法的经济结构[M]. 金海军,译. 北京:北京大学出版社:4.

续表

专利人	收费	专利人	收费
日本大厂船井	2美元/台左右	加拿大的三视（TRI-Vision）公司	1.25美元/台或总售价的0.9%
英特尔公司	15 000美元/年（入门费）		

资料来源：彭耀林，2008. 中国彩电业直面专利关［J］. 中国发明与专利（1）.

2. 知识产权纠纷成为不同主体之间利益冲突的重要内容

随着知识经济全球化的发展，国际贸易与知识产权的关系愈加紧密。20世纪50年代，美国依赖于知识产权保护的对外出口仅占10%，到20世纪90年代末，这一比例提高到近50%。随着知识产权在产品中所占价值比例的增加和贸易主体知识产权保护意识的不断提高，在国际贸易活动中产生的知识产权纠纷越来越多，国际贸易纠纷表现出明显的知识产权化趋势。据统计，从1995—2018年，在向WTO通知要求进行磋商的573件争端案件中，与知识产权有关的贸易争端共有40件，占WTO争端总数的7%。近年来，我国受外国技术性壁垒影响的出口企业占出口企业总量的2/3，受到影响的出口产品占我国出口产品总量的1/3，其中80%与知识产权有关。在2012年，欧盟边境管理局备案了9万起涉嫌侵犯知识产权的案件。经济合作与发展组织（OECD）估计世界经济因知识产权侵权遭致的年度损失约为2000亿欧元。[1]

第三节 利益结构变化与知识产权法律全球化

一、利益与法律的关系

对于什么是利益，人们并没有一个统一的定义。有学者指出，利益就是受客观规律制约的，为了满足自身生存和发展需要而形成的，

---

[1] 杨博文，2008. 科技革命与全球竞争［M］. 北京：石油工业出版社：3.

对于特定对象的各种需求。❶"人们奋斗所争取的一切,都同他们的利益有关。"❷人类社会活动的基本动因是追求利益,利益是人类社会历史变迁的根本动力。

利益和法律关系紧密。利益是法律形成和发展的目的和基础,法律是调整和平衡利益的工具和手段;利益决定法律的形式和内容,而法律则是利益实现的条件和保障。关于利益与法律的这种密切关系,古今中外多个领域的学者都有精彩论述。英国著名的功利主义哲学家杰里米·边沁指出:法律的终极目标是整个社会的最大利益;德国著名法学家鲁道夫·冯·耶林认为:一切法都受到利益与目的约束,法是权力行使和利益保护的工具,即法律离不开利益。❸利益法学的创始人,德国著名法学家菲力普·赫克指出:利益是法律产生的动因,如果没有利益,就没有制定法律的必要,法律不过是人类社会中各种利益之间相互冲突的体现。美国法社会学家罗斯科·庞德认为:利益是法律和权利的因,而不是果。法律是关于利益的学问和技术,全部的法律理论和技术都应当以利益为中心展开。❹

总结古今中外学者的论述,我们可以把利益与法律的关系概括为如下几个方面。

(1) 利益决定法律的产生。利益是法律产生的根源。利益法学学者普遍认为,法律规则产生于各种利益之间的冲突。❺"利益是每一个国家和民族制定和颁布法律的根据,是法律的真正缔造者。"❻考察法律发展史,我们就会发现,随着人类从原始社会过渡到阶级社会,利益开始产生分化,人们之间因为利益而形成各种矛盾和冲突,法律作为调整人们之间利益矛盾和冲突的工具就出现了。❼

知识产权法的产生和发展,同样有其利益根源。在人类社会发展的初

---

❶ 付子堂,2001. 对利益问题的法律解释 [J]. 法学家 (2).
❷ 中共中央马克思恩格斯列宁斯大林著作编译局,2006. 马克思恩格斯全集:第一卷 [M]. 北京:人民出版社:82.
❸ 冯晓青,2006. 知识产权法利益平衡理论 [M]. 北京:中国政法大学出版社:5-6.
❹ 张文显,等,2012. 知识经济与法律制度创新 [M]. 北京:北京大学出版社:134.
❺ 吕世伦,2008. 西方法律思潮源流论 [M]. 北京:中国人民大学出版社:224.
❻ 楼慧心,2006. 知识·制度·利益:知识产权制度对社会利益结构的影响研究 [M]. 杭州:浙江大学出版社:56-57.
❼ 毕可志,2005. 法律、利益与权利 [J]. 烟台大学学报(哲学社会科学版)(2).

期，人类的智力成果并不具有经济价值或者仅具有极低的经济价值，人们之间不会因为智力成果而产生利益冲突，这时并不具有保护这些智力成果的现实需求，知识产权制度也就无从产生。但是，随着生产力的发展，人类的智力成果不仅具有了经济价值，而且这种经济价值越来越高，智力成果可以为人们带来巨大的现实经济利益，于是围绕这些智力成果的利益冲突和矛盾便产生了，也就相应产生了解决这种利益冲突和矛盾的制度需求，知识产权可以视为是对这种新出现的经济利益在制度上的反应。❶ 因此，知识产权制度的产生是与智力成果的社会价值日益凸显这一过程直接相连的。可以认为，近代以来各种社会集团、社会阶层在智力成果生产和利用方面的利益矛盾及这些矛盾的激化，是现代知识产权法产生的根源。❷

（2）利益推动和决定着法律的发展。利益的内容和形式不是固定不变的，而是随着社会的发展而发展的。例如，发生于18世纪末的第一次科技革命，导致人类社会从依赖土地和牲畜的农业经济向工业经济转变。在这一时期，机械化导致出现新的更为重要的自然资源和人力资源，人口迁徙和城市化，货物和生产过程复杂化，国际权利结构重组，文化和道德面貌发生变化。在这一过程中，人们的利益结构也发生了重要的变化，利益来源从土地和劳动力向资本转变。最终，一场深刻的法律制度重构发生了。财产法、侵权法和劳动法被重新修订，以适应处理新型财富和风险；合同法和证券法得以彻底变革，以适应企业的需求；刑法也被重新修订以适应新形势的社会秩序混乱；司法权威被重新界定以反映国家之间，以及国家及其公民之间关系的变化。❸

（3）利益结构决定法律结构。法律是对人们利益的认可和调整，法律结构是利益结构在法律上的表现，因此利益结构的变化必然会反映到法律结构的变化上。例如，在农业社会，人们的利益来源主要是土地和劳动力，当时主要的法律是有关于土地等财产方面的法律及维护阶级统

---

❶ 莫志宏，2006. 交易、交易成本与知识产权 [C]. 中国制度经济学年会论文集.

❷ 楼慧心，2006. 知识·制度·利益：知识产权制度对社会利益结构的影响研究 [M]. 杭州：浙江大学出版社：56-57.

❸ DREYFUSS R, ZIMMERMAN D, 2001. Expanding the boundaries of intellectual property: innovation policy for the knowledge society [M]. New York: Oxford University Press: 1.

治的刑法；当人类社会进入工业社会以后，人们的利益来源从土地和劳动力转向资本，这时公司法、证券法等经济法律越来越重要；当人类社会进入知识经济时代，科学技术和知识信息成为人们利益的主要来源，在这种背景下，知识产权法的重要性就日益凸显，成为这个社会重要的法律。从空间结构而言，当生产力水平较低时，受时空条件的制约，人们的生产活动主要还是局限于国内，人们的利益主要来自国内而很少来自国外，这时法律主要表现为国内法，而不表现为国际法。但是，当随着科学技术的发展，人类生产力水平不断提高，人们的生产活动不再局限于一国范围之内，而是在全球进行生产布局，利益来源也就从一国之内而变为来自全球，为了调整不同主体跨越国界的经济利益关系，解决各类主体之间的利益冲突，法律的协调和趋同就成为必然要求。于是，在经济全球化时代，不仅产生了大量的国际公约和国际惯例，而且各个国家之间的法律相互影响，相互借鉴，相互吸收，不断趋同，此即所谓的法律全球化。

（4）法律对利益具有反作用。利益具有更多的经济属性，属于经济基础的范畴；法律具有更多的政治属性，属于上层建筑的范畴。在利益与法律的关系中，利益居于基础性地位，决定了法律的产生、发展及结构，但法律也不是完全消极被动的，法律也反作用于利益，影响利益能够在多大程度上得以实现。这主要体现在如下几个方面。第一，法律可以影响利益的发展方向。例如，法律既可以促使利益朝着符合统治阶级需要的方向发展，也可以阻碍利益朝着符合统治阶级需要的方向发展。第二，法律可以保障利益的实现。虽然利益是法律产生的基础，但利益也需要法律的保障，因为人们的利益实现，不可能仅靠自律和道德约束，更需要具有强制力的法律这一工具进行保障。第三，法律可以重整利益格局。在人类历史上，革命或改良其实都是对利益格局的调整或重新安排。无论是政治领域的权力斗争，还是经济领域的利益多元分化，都离不开法律对利益格局的重整。❶

---

❶ 甘强，2009. 经济法利益理论研究［M］. 北京：法律出版社：24.

二、知识产权法中的利益与利益平衡

(一) 知识产权法中的利益及利益冲突

知识产权法调整的是知识产品的创造者和知识产品的使用者之间的利益。[1] 尽管知识产品的创造者和使用者之间的利益基本上是对立和冲突的,但是,他们之间的这种利益对立和冲突也不是绝对的。从本质上而言,知识产权制度是通过保护权利人的私人利益来实现社会公共利益的一种制度设计,这就决定了知识产权法律中的各种利益之间具有一定的一致性。从知识产权权利人和使用人之间的利益关系来看,只有通过对权利人利益的保护,使其获得经济上的激励,才能促使他创造更多、更高质量的知识产权产品,知识产权使用人才有机会获得这些产品,并且有更多的选择机会。不仅如此,尽管权利人也可以自己实施知识产权,实现知识产权的价值和相应的经济利益,但在大多情况下,需要通过使用人对知识产权的利用,权利人才能实现知识产权价值和获取相应的经济利益。在知识产权人实现自身利益的同时,知识产权使用人也获得了自己的利益,同时还促进了社会公共利益的实现。以专利制度为例,专利制度的基本目标是通过授予专利权人一定期限的垄断权,让专利权人获取一定的垄断利益,从而激励创造者创造新的智力成果的积极性,为社会提供更多的智力创造成果,进而促进整个社会的技术进步和生产力的发展,为社会带来更多的经济利益。按照这一机理,发达国家与发展中国家在知识产权保护问题上也有利益一致的一面。即只有对发达国家的知识产权进行适当的保护,才能促使发达国家创造更多的知识产权产品,而这些知识产权产品在一定意义上而言也有利于发展中国家。例如,虽然受专利保护的药品价格高昂,给发展中国家的使用者带来较大的使用成本和经济负担,甚至很多人根本使用不起这样的药品,但是相对于没有此类药品而言,药品价格高昂应该是一个更优的选择。

尽管知识产权不同主体之间利益存在一定的一致性,但由于知识产品具有公共物品的性质,而知识产权是一种具有垄断性质的私权利,知识产

---

[1] 冯晓青, 2006. 知识产权法利益平衡理论 [M]. 北京: 中国政法大学出版社: 7.

权主体之间的利益冲突不可避免。❶ 一方面，知识产权人、发达国家及其知识产权产业集团为了维护自身的经济（智力劳动、投资）和政治利益，极力主张提高知识产权保护水平；而另一方面，知识产权使用人和发展中国家为了维护自己的生存和发展利益，主张知识产权保护应当符合自身的经济发展阶段特征，进行适度保护，并且主张把自己处于优势地位的知识财产纳入知识产权法律的框架内。这两类主体之间的利益冲突对当代知识产权制度的发展产生了决定性影响。一方面，在前一类主体的推动下，知识产权范围不断扩张、保护水平不断提高；另一方面，在后一类主体的影响下，知识产权的扩张又受到人权、发展权等方面的限制。在这两种张力的作用下，当代知识产权法律全球化表现出矛盾、妥协、迂回和不确定性。以至于人们经常发出感叹：知识产权国际制度处于十字路口，我们该何去何从？

（二）知识产权法中的利益平衡

知识产权主体之间存在的利益冲突，既是知识产权法产生与发展的基础和前提，也促使利益平衡成为知识产权法追求的一个重要价值目标。利益平衡不仅是知识产权法的一项基本原则，也是知识产权法的基石。❷

知识产权法律的利益平衡精神无论在国内立法还是国际立法当中，都有很明显的体现。例如，大多数国家的国内知识产权立法不仅赋予了知识产权主体广泛的权利，而且规定了权利的限制和例外；对知识产权保护期限的规定、专利法中的强制许可制度、著作权法中的合理使用制度和法定许可制度、商标法上的先用权制度等，都是为了实现权利人的利益和社会公众利益之间的平衡而创设的规则。就国际立法而言，尽管 TRIPS 是由美国主导制定的知识产权协定，被认为是美国知识产权法的国际化，人们一般认为该协定有利于发达国家而不利于发展中国家，在制定过程中受到来自广大发展中国家的批评和抵制，但是利益平衡精神在该协定中仍有明显的体现。尽管保护知识产权的利益是 TRIPS 的主要目标，但对公众利益的

---

❶ 冯晓青，2006. 知识产权法利益平衡理论 [M]. 北京：中国政法大学出版社：8.
❷ 同❶23.

维护也是该协定的目标之一。❶ 事实上，即使是备受诟病的 ACTA、TPP 等更高水平的知识产权国际协定，也含有不少体现利益平衡的条款。

因此，知识产权制度不仅是一种创新激励制度，发挥着重要的激励创新的功能；而且也是一种利益平衡制度，调节和平衡各方的利益关系。蕴含于知识产权制度本身的这两种机制并不是矛盾的，而是具有内在统一性。其中激励创新的功能是利益平衡机制的前提，而利益平衡功能是激励创新功能实现的保障，二者缺一不可，共同构成知识产权制度的核心内容。但目前的知识产权立法似乎更注重该制度对知识产权人的激励机制，而相对忽视各种利益的调节和平衡功能，这一点在国际层面上体现得更为明显。其直接后果是知识产权各种利益失衡，从而也制约知识产权的激励创新的功能的实现，使激励创新功能大打折扣。

三、知识产权法律全球化实质是利益结构变化导致的法律结构变革

所谓利益结构，是指社会成员之间或者社会成员与成员所处社会之间的利益关系的一定模式。❶利益结构是社会和政治运行的重要推动力量，利益结构的重大变化会引起社会和政治系统的重大变革甚至动荡。❷ 相应地，这个社会的法律结构也会发生相应的改变。

知识产权法律全球化实质上可以看作是一种法律结构的变化，这种法律结构的变化主要表现在两个方面。一方面，知识产权法律冲破了传统有形财产法律的框架体系，知识产权法律相对有形财产法律在法律体系中的比重增加、地位提升；另一方面，知识产权法律突破地域空间的限制，知识产权国际法律相对知识产权的国内法律数量增加、效力增强。根据前述利益与法律的关系原理我们可以知道，这种法律结构的变化的根源在于利益结构变化，是利益结构变化在法律上的反映，知识产权法律全球化实质上是在知识经济全球化时代利益结构变化导致的法律结构变化。

如前所述，在第三次科技革命的推动下，经济知识化和经济全球化成

---

❶ 刘亚军，张念念，2001. 知识产权国际保护标准的解读与启示——以利益平衡为视角[J]. 吉林大学社会科学学报（4）.

❷ 杨炼，2001. 立法过程中的利益衡量研究[M]. 北京：法律出版社：58.

为当代世界经济发展的两个最基本的趋势和特征，同时也构成知识产权法律全球化的经济基础。源于科技革命的经济结构变化导致经济主体利益结构发生变化，一方面，经济知识化的发展使经济主体的利益来源从有形资产向无形资产转变，无形财产成为经济主体的重大利益来源，从有形向无形发展；另一方面，经济全球化的发展则使经济主体的利益来源从国内向国际拓展，国外成为重要利益来源，从国内向国外延伸。

根据利益法学的基本观点，法律就是调整利益分配的规则和制度，经济主体利益结构的这种变化必然要求法律上作出回应。一方面，在知识经济时代，在无形财产成为经济主体的主要财产和主要利益来源的条件下，经济主体呼吁加强对无形资产进行保护。此外，在知识经济时代，由于生产力的发展，物质财富的大量增加，人们更加关注精神需求的满足。而在法律体系当中，有形财产方面的法律主要规定物质财产的保护，对人们的精神方面的利益很少涉及，而知识产权法律不仅注重保护权利人的经济方面的利益，也注重对权利人的精神利益的保护，不仅保护权利人财产方面的权利，而且还保护权利人精神方面的权利，因此知识产权法律更加契合了知识经济时代利益保护的要求。这就导致保护无形资产的知识产权法律在法律体系中的地位得以提升，知识产权保护范围得以扩张、知识产权保护力度得以强化。在此背景下，知识产权法律在法律体系中的地位凸显，成为显性法律。正如彼得·达沃豪斯教授等指出的那样："长期以来以技术法律的卑微身份屈居于阴暗角落的知识产权法，大踏步地迅速成为众人瞩目的中心。"[1]

知识产权法律相对其他法律地位提升，这不仅表现为知识产权法律立法数量的大量增加，制定出大量知识产权方面的法律法规，更重要的表现为知识产权法律地位的提升。这在多个领域都有所表现，如知识产权申请数量、知识产权案件数量，以及知识产权从业人员数量的快速增加等。从1985—2019年，美国专利商标局年均授予的专利数量由111 000件增加到333 530件，增加了2倍。从1995—2013年，美国联邦地区法院受理的知识产权民事一审案件数量从6866件增加到13 335件，几乎翻了一番。

---

[1] 彼得·达沃豪斯，约翰·布雷思韦特，2005. 信息封建主义 [M]. 刘雪涛，译. 北京：知识产权出版社：98.

1980—2001年，美国律师协会知识产权部的成员从5526名增加到21 670名——而在该时期的最后5年中就增加了39%，其增速超过了除与之非常相关的"科学与技术"外的其他所有门类。有关知识产权、技术与艺术的专门性法律期刊，其数量由1980年的两种增加到今天的26种，同时芝加哥大学法学院在1981年开设有7门税收方面的课程或者研讨班及1门知识产权课程，但现在的这一比例已经是5∶5了。❶

科技革命不仅导致经济要素结构的变化，也使经济的空间范围得以拓展，即所谓的经济全球化。经济全球化的发展也同样导致经济主体利益结构的变化。在经济全球化发展之前，经济主体的经济活动主要局限于国内，经济主体的利润也主要来源于国内，但随着经济全球化的迅猛发展，经济主体的利润来源超越国家的界限，在全球创造并获取利润，经济主体的利益空间结构发生了深刻的变化，这种利益结构的变化反映到法律上，就是法律的全球化。在经济全球化时代，需要全球化的法律来调整经济主体在全球范围获取的利益。而由于知识产权的地域性特征，知识产权法律全球化的冲动更加强烈，仅有短短几百年历史的知识产权法成为法律全球化潮流的引领者。

法律空间结构的变化，主要表现为知识产权国际法律制度的迅猛发展和相对于国内立法重要性的提升。首先，知识产权国际立法数量迅速增加。随着经济全球化的发展，经济主体的利益来源从一国之内转向全球，这就使知识产权国际法律制度勃兴，除了制定大量专门的知识产权国际公约之外，在各类国际贸易协定和国际投资协定等经济协定中也纷纷纳入知识产权条款。例如，1883—2020年，在世界知识产权组织及其他国际组织制定的知识产权，以及与知识产权有关的32个国际公约中，❷ 1950年以前的60多年时间里只有5个，仅占总量的15.6%，而自1950—2020年的70年里，共制定国际知识产权公约27个，占总量的84.4%。其次，知识产权国际公约重要性的提升还体现在参加公约的国家数量越来越多。例如，1967年时，《巴黎公约》有78个成员国，《伯尔尼公约》有60个成员国，

---

❶ 威廉·M.兰德斯，理查德·A.波斯纳，2005.知识产权法的经济结构[M].金海军，译.北京：北京大学出版社：4.

❷ 其中由世界知识产权组织管理的国际多边条约26个，除WIPO外的国际组织所管理的知识产权国际条约3个，其他相关国际条约3个。

而到 2020 年 10 月初，《巴黎公约》的成员国增加到 177 个，《伯尔尼公约》的成员国增加到 179 个。成员国数量的增加大大扩展了知识产权国际公约的效力范围。最后，这种结构的变化还表现为知识产权国际法律制度相对于国内法律制度而言效力提升。

由此可见，知识产权法律全球化实质上是一种法律结构方面的变化。这种法律结构变化的内在逻辑为：科技革命导致经济结构变化，经济结构的变化导致经济主体利益结构变化，而经济主体利益结构变化导致法律结构的变革。如果把知识产权法律全球化的发展比作一列快速行驶的列车，那么科技革命就是列车的引擎，而经济知识化和经济全球化就是两个车轮，在科技革命的推动下，经济知识化和经济全球化快速转动，知识产权法律全球化的列车也就快速前行了。

第三章 知识产权法律全球化的政治动因

知识产权不仅是一个法律问题和经济问题,而且还是一个政治问题,知识产权法律全球化的发展不仅有深厚的经济基础,也有深刻的政治动因。本章以国际政治经济学自由主义的利益集团理论、现实主义的霸权稳定理论、马克思主义的依附理论和世界体系理论等为理论基础,吸收不同理论的合理内核,对利益集团、霸权国家、国家联盟推动知识产权法律全球化的利益和动机进行探索性分析。

第一节 利益集团与知识产权法律全球化 ——自由主义视角

一、自由主义与利益集团

(一)自由主义的基本观点

在国际政治经济学的理论体系中,自由主义与现实主义这两个理论流派的观点明显对立。古典现实主义认为在国际政治经济关系中,国家是主导行为体,非国家行为体(如跨国公司及国际组织)是次要因素,因此他们主张国际关系研究应该集中在国家这一研究单位上。现实主义者主要将自己的研究重心放在国家利益上,很少考虑与国家利益无关的其他因素。[1] 但是,事

---

[1] 曹阳,2011. 国际知识产权制度:冲突、融合与反思 [M]. 北京:法律出版社:6.

实上，尽管国家是对外经济政策制定的主要主体，但国家并不是对外经济政策制定的唯一主体。除了阶级联盟会对一个国家对外经济政策的制定发挥重要作用之外，行业联盟也可能产生重要影响。❶

由于对于国家的对外经济政策是如何形成的，以国家为中心研究路径的现实主义无能为力，古典现实主义受到了自由主义的挑战。与现实主义不同，自由主义更加关注国内、跨国层面的行为体的行为，以及这些行为体在塑造对外政策方面发挥的作用，❷走的是以社会为中心的研究路径。自由主义认为，个人或者团体对政府施加压力，能够左右国家的决策过程。压力集团的构成及力量对比决定国家的政策走向。❸哈佛商务与政府中心前主任艾拉·杰克逊甚至指出："公司和其领导人已经'取代政治和政治家……成为我们体制新的领导者和占统治地位的寡头政治家'。"❹

自由主义理论在一定程度上揭示了国家行为背后的原因，开辟了国际关系理论研究的新视角。事实上，自由主义理论中所指的"利益集团"不仅在发达国家内部，而且在国际舞台上也扮演了越来越活跃的角色。在知识产权法律全球化进程中，特别是在 TRIPS、ACTA 的谈判和实施过程中，到处可以看到软件、制药、电影、音乐、出版发行、各种媒体等知识产权利益集团忙碌的身影。这些知识产权利益集团早已不满足仅充当谈判代表背后的游说者，而是大张旗鼓地担任起国际规范的设计者、国际谈判的推动者，甚至国际体制的实际决策者。❺

（二）利益集团

由上述可见，自由主义的一个重要特点是重视利益集团在国家政策制定中的重要作用。那么，什么是利益集团？利益集团在国家政策制定中是怎么发挥其作用的？

利益集团的概念最早是由美国政治学家戴维·杜鲁门提出的。戴维·杜鲁门给利益集团下的定义是："利益集团是建立共同看法基础上，并且向其他社会组织或集团提出特定要求的组织。"利益集团政治在所有西方

---

❶ 王正毅，2010. 国际政治经济学通论［M］. 北京：北京大学出版社：278.
❷ 曹阳，2011. 国际知识产权制度：冲突、融合与反思［M］. 北京：法律出版社：9.
❸ 薛虹，2012. 十字路口的国际知识产权法［M］. 北京：法律出版社：50.
❹ 欧洲专利局，2008. 未来知识产权制度的愿景［M］. 北京：知识产权出版社：34.
❺ 同❸.

国家中都程度不同地存在，但在美国最为发达。研究表明，英国和德国大约有1/2人口至少属于一个集团，意大利有不到1/3，墨西哥有1/4，而大约有2/3的美国人至少属于一个集团。❶ 这些西方国家制定政策的政治过程很大程度上是相关利益集团的互动过程。有学者甚至指出：如果能够解释利益集团的行为，就可以解释清楚所有的政治现象。❷

由于资源的稀缺性，人们之间的冲突不可避免，在一个国家内部也就形成了具有不同利益的集团。❸ 资源的稀缺性与其重要程度有关，越重要的资源，越容易稀缺，人们之间也最容易产生冲突。在农业社会，最重要的生产要素是土地，因此人们的冲突很多发生在争夺土地上；在工业社会，最重要的生产要素是资本，人们争夺的对象从土地转向石油、金融等实物资本和货币资本，冲突也是围绕这些资本展开。在知识经济时代，知识作为生产要素的重要性与日俱增，科学技术成为第一生产力，知识成为知识经济时代最重要的生产要素，人们围绕知识产权而产生的冲突日益加剧，这就是知识产权纠纷和冲突越来越多的经济根源。由于对知识产权的利益诉求不同，所持的立场和观点不同，形成了不同的知识产权利益集团。

二、利益集团积极介入知识产权政策制定的动因

利益集团积极介入知识产权法律和政策制定的根本动因是经济利益。随着知识经济的发展，知识产权等无形资产在一国经济生产中发挥越来越重要的作用，与知识产权密切相关的产业集团当然主张在国内外加强知识产权保护，对盗版侵权行为实施更严厉的制裁，以获取更多的经济利益。例如，在美国，知识产权产业是经济增长最快最重要的部门之一，是促进美国经济发展的核心动力，在美国国民经济中占有极其重要的地位。

以美国版权产业为例，无论是在 GDP 中所占比重、就业人数及出口收

---

❶ 周耀东，2004. 利益集团理论 [J]. 安徽大学学报（4）.

❷ 唐昊，2010. 竞争与一致——利益集团政治影响下的美国霸权逻辑解析 [M]. 北京：人民出版社：80.

❸ 李增刚，2010. 双层博弈框架下的国际贸易政策选择理论研究 [M]. 北京：经济科学出版社：103.

入等方面,美国版权产业对美国经济的发展发挥着重要作用。❶ 美国版权产业在美国国内生产总值中占有相当大的份额,并雇用了数百万美国工人,并且美国版权产业的薪酬也一直大幅超过美国工人薪酬的平均水平。据2018年的《美国经济中的版权产业报告》的统计数据显示:2017年,美国的核心版权产业雇用了近570万名工人,占美国就业总人数的3.85%。2017年,美国版权产业就业总人数超过1160万人,占美国整体就业总人数的7.87%(表3-1)。

表3-1 2014—2017年美国版权产业以及总就业人数

项目	2014年	2015年	2016年	2017年
核心版权产业就业人数/千人	5 423.0	5 535.4	5 631.0	5 690.2
核心版权产业占就业总人数比例/%	3.86	3.87	3.87	3.85
版权产业就业人数/千人	11 149.8	11 361.3	11 516.2	11 625.3
全国就业总人数/千人	140 381.0	143 093.0	145 437.0	147 625.0
版权产业占就业总人数比例/%	7.94	7.94	7.92	7.87

资料来源:IIPA, 2018. 美国经济中的版权产业报告(2018年)[EB/OL]. www.iipa.org [2020-09-20].

(1)版权产业增加值在美国经济中也占有很大比重。2017年,美国核心版权产业的增加值达13 283亿美元,占美国国内生产总值的6.85%。同年,整个版权产业增加值达22 474亿美元,占美国国内生产总值的11.59%。不仅如此,核心版权产业和整体版权产业的实际增长率都明显高于美国经济整体实际增长率(表3-2)。2014—2017年,核心版权产业年增长率为5.23%,而同期美国整体经济的年平均增长率只有2.21%。核心版权产业经济增长率比美国其余经济部门高出137%。在同一时期,整个版权产业的年增长率为4.26%,也远远超过美国其余经济部门的增长率。

---

❶ IIPA, 2018. 美国经济中的版权产业报告(2018年)[EB/OL]. http://www.doc88.com/p-9893540066527.html [2020-09-20].

表 3-2 2014—2017 年美国版权产业增加值

项目	2014 年	2015 年	2016 年	2017 年
核心版权产业/10 亿美元	1 145.4	1 227.8	1 279.0	1 328.3
核心版权产业占美国 GDP 比例/%	6.57	6.78	6.87	6.85
版权产业/10 亿美元	1 972.4	2 092.6	2 162.7	2 247.4
GDP 总量/10 亿美元	17 427.6	18 120.7	18 624.5	19 390.6
版权产业占美国 GDP 比例/%	11.32	11.55	11.61	11.59

资料来源：IIPA, 2018. 美国经济中的版权产业报告（2018 年）[EB/OL]. http://www.doc88.com/p-9893540066527.html [2020-09-20].

（2）版权产业对对外销售和出口的贡献较大，超过美国许多主要产业部门。2017 年，部分美国版权产品在海外市场的销售额达 1912 亿美元。版权产业部门的海外销售额超过美国其他主要行业的销售额，包括电子设备、电器和元件（1742 亿美元）；农产品（1382 亿美元）；化学品（不包括药品）（1370 亿美元）；航空航天产品和零部件（1344 亿美元），以及药品（558 亿美元）（表 3-3）。

表 3-3 2017 年美国部分产业的对外销售和出口额 单位：10 亿美元

产业类型	对外销售和出口额
版权产业	191.2
电子设备、电器和元件	174.2
农产品	138.2
化学品	137.0
航空航天产品和零部件	134.4
药品	55.8

资料来源：IIPA, 2018. 美国经济中的版权产业报告（2018 年）[EB/OL]. http://www.doc88.com/p-9893540066527.html [2020-09-20].

由此可见，与知识产权有关的产业在国民经济中所占的重要地位，如果没有严格的知识产权保护，知识产权产业将遭受重大经济损失。美国商会的全球创新政策中心与美国国家经济研究协会经济咨询公司（NERA Economic Consulting）公布的名为《数字盗版对美国经济的影响》的报告显示：数字盗版每年为美国经济带来近 300 亿美元的损失。欧盟知识产权局（EUIPO）发布的《2019 年知识产权侵权状况报告》也声称：由于假冒产品，欧盟每年损失约560亿欧元（626亿美元）。因此，为了打击盗版，避免损失，知识产权产业集团极力主张提高知识产权保护水平和加大执法力度，而加强知识产权保护则会大幅度增加知识产权的收益。在1994—2014年，加强知识产权保护使美国知识产权海外使用收益大幅增加，翻了一番。

三、利益集团影响知识产权政策的方式

实践中，利益集团为了实现本集团的利益，会通过各种途径和措施来影响政府公共政策的制定。对知识产权利益集团参与知识产权政策制定的活动进行考察，我们可以看出，知识产权利益集团影响知识产权政策的主要方式有如下几种。

（一）政治游说

政治游说是指利益集团为了影响公共政策，直接向政策制定者陈述其立场和观点。政治游说是在利益集团对政策制定者施加影响的各种方式中使用最频繁的一种。❶ 当私人参与者需要国家促进其利益时，他们必须将利益以一种对政策制定者在推动国家目标中非常有吸引力的方式来体现。这在国家而非私人参与者有发言权的多边谈判中尤为正确。❷

贯穿整个20世纪80年代，知识产权利益集团的游说活动在美国贸易政策和知识产权国际、国内规则制定过程中均发挥了重要作用。他们不仅在国内层面上很活跃，通过不懈的游说活动，使美国国会逐渐认识到知识产权与贸易问题之间的关联，成功推动了美国贸易法的变化。他们还开展跨国动员活动，向日本和欧盟的行业协会和产业集团进行游说，寻求对其以贸易为基础的知识产权协定设想的支持。在乌拉圭回合谈判前和谈判期间，他们积极地在国际组织间推行他们的想法。他们访问了那些因知识产权变化与执行不严格而闻名的国家的政府和私人部门代表。他们向其他工业化国家的政府官员解释这个强硬的多边知识产权工具。这些跨国公司领

---

❶ 吴建华，等，2010. 利益集团理论研究综述[J]. 理论导刊（1）.
❷ 苏珊·K. 塞尔，2008. 私权、公法——知识产权的全球化[M]. 董刚，周超，译. 北京：中国人民大学出版社：97.

袖们的游说活动对于 TRIPS 的达成起到了决定性作用。❶

（二）政治献金

为了增强对政策制定者的影响力，利益集团往往会介入选举过程，向政党组织或者候选人个人提供政治献金是利益集团介入选举过程最常用的手段之一。知识产权利益集团也常常通过政治献金的方式来获取对自己有利的政策。根据美国选举观察机构统计，在 2016 年大选季中，知识产权密集型科技公司的政治游说花费仅次于金融保险、医疗服务和传媒公司，在美国各主要产业中高居第 4 位（表 3-4）。❷

表 3-4　美国密集型科技公司对两党总统候选人的捐款情况　单位：美元

企业名称	给希拉里的捐款	给特朗普的捐款
亚马逊公司	328 156	2 992
苹果公司	572 275	4 366
思科公司	157 609	16 090
微软公司	711 675	22 022
谷歌公司	1 315 940	20 964
国际商业机器公司	222 181	10 952
英特尔公司	146 751	11 122
甲骨文公司	178 522	11 284
奈飞公司	81 124	450

资料来源：李峥，2016. 美国高科技利益集团及其政治影响 [J]. 现代国际关系（12）.

（三）提供专业知识和信息

政府部门尽管有自己的信息来源渠道，但企业往往掌握本领域本行业第一手的更为详细和直接的信息。由于知识产权问题专业性和技术性较强，政府对有关事项的决策不得不依赖于企业提供的专业知识和信息。正如苏珊·K. 塞尔指出的那样：私人部门可以在政府不是很了解的领域提供专业知识。❸ 在这点上，知识产权尤其不同寻常。与其他律师不同，大多

---

❶ 苏珊·K. 塞尔，2008. 私权、公法——知识产权的全球化 [M]. 董刚，周超，译. 北京：中国人民大学出版社：46-47.
❷ 李峥，2006. 美国高科技利益集团及其政治影响 [J]. 现代国际关系（12）.
❸ 同❶.

数知识产权律师在科学、工程、化学或者生物化学领域拥有非常专业的技术背景。知识产权律师是享有特权的专业知识的提供者,政府不得不依赖于知识产权专家。❶ 例如,美国的跨国公司通过成立知识产权委员会、国际知识产权联盟等商业组织,并通过这些组织搜集其他国家盗版和侵权的数据和信息,然后经过加工和论证,以专家研究报告的形式呈送给国会和政府机构,成为美国知识产权政策制定的依据。

(四)担任政府决策顾问,直接参与知识产权政策制定

跨国公司的负责人还经常出任政府部门的决策顾问,为政策制定者提供决策咨询,从而对知识产权政策制定带来直接影响。例如,从1981年开始,辉瑞制药公司的首席执行官普拉特成为贸易谈判顾问委员会(ACTN)的主席,并且在乌拉圭回合谈判中担任美国官方代表顾问。在1983—1984年,普拉特和国际商业机器公司的奥佩尔共同向行政部门提出他们关心的知识产权问题。事实证明,ACTN是其成员企业私人利益全球化的重要工具。

知识产权产业集团不仅积极参与国内的决策咨询机构,还试图在国际体系内获得正式的一席之地。1998年,世界知识产权总干事建立了产业咨询委员会(Industry Advisory Commission,IAC),以便"在决策过程中直接倾听产业界的意见"。该委员会的建立标志着知识产权产业集团的地位在世界知识产权组织中正式得到了认可。在一个由主权国家组成的政府间国际组织中,知识产权产业集团作为非国家主体获得这样的安排是异乎寻常的。对知识产权国际制度的发展无疑会产生重要影响。❷

(五)舆论宣传

通过舆论宣传以激发公众力量,也是知识产权利益集团实现本集团目标的一种重要手段。例如,1982年7月9日,辉瑞制药公司的董事长巴里·迈克泰戈特先生在《时代》周刊发表了一篇题为"剽窃思想"的专栏文章,对美国知识产权政策的变化产生很大影响。在这篇文章中,巴里·迈克泰戈特指责剽窃美国知识和发明的行为,而罪犯则是巴西、加拿大、

---

❶ 苏珊·K. 塞尔,2008. 私权、公法——知识产权的全球化 [M]. 董刚,周超,译. 北京:中国人民大学出版社:46.
❷ 薛虹,2012. 十字路口的国际知识产权法 [M]. 北京:法律出版社:58.

墨西哥、印度、韩国、意大利、西班牙和中国台湾地区。文章指责这些国家和地区制定法律，准许美国发明被合法使用。该文将世界知识产权组织列为"国际社会主义"的代表，指责其"为不发达国家攫取高科技发明"。作者得到来自包括美国政府及民众的蜂拥而至的支持和声援，这些积极反应使辉瑞公司更加坚定了实现其目标的信心：将知识产权保护问题与贸易机制联系起来。"自由讨论特写"专栏发表《剽窃思想》一文两年后，美国修订了《美国贸易法》，新《美国贸易法》允许对未能充分保护美国知识产权的国家采取贸易报复的制裁措施（著名的"特别301条款"），这一建议获得参议院几个重要委员会的支持。如果说辉瑞公司一手促成了这种立法上的变革有些言过其实，那么说辉瑞公司在使美国贸易政策找到新方向上起到了重要作用并不为过，这篇文章具有一定的里程碑意义。❶

四、利益集团影响国际知识产权制度的实证

如上所述，知识产权利益集团可以通过多种方式影响知识产权政策，推动知识产权法律全球化的进程。知识产权利益集团推动知识产权法律全球化进程的主要路径有：第一，对本国政府进行政治捐献或者游说，促使政府修改本国法律；第二，通过本国政府在国际谈判中向其他国家（主要是发展中国家）施加压力，要求其他国家修改法律；第三，通过本国政府影响国际知识产权规则的制定；第四，通过影响国际知识产权规则的制定，并进而影响其他国家的法律；第五，直接对其他国家的政府施加压力，要求其他国家修改法律（图3-1）。

（一）利益集团影响本国知识产权制度

由于美国雄厚的经济基础和先进的科学技术，美国的知识产权制度对国际知识产权制度和其他国家的知识产权制度都产生了重要影响。因为知识产权法律全球化在一定程度上来说是知识产权法律的美国化，因此美国的利益集团对美国的知识产权立法的影响也可以认为是在间接地推动知识产权法律全球化。在美国，知识产权利益集团影响本国知识产权制度的例子有很多。例如，迪士尼公司与游说公司联手促成了美国《桑尼·博诺法

---

❶ 彼得·达沃豪斯，约翰·布雷维斯特，2005. 信息封建主义 [M]. 刘雪涛，译. 北京：知识产权出版社：68-69.

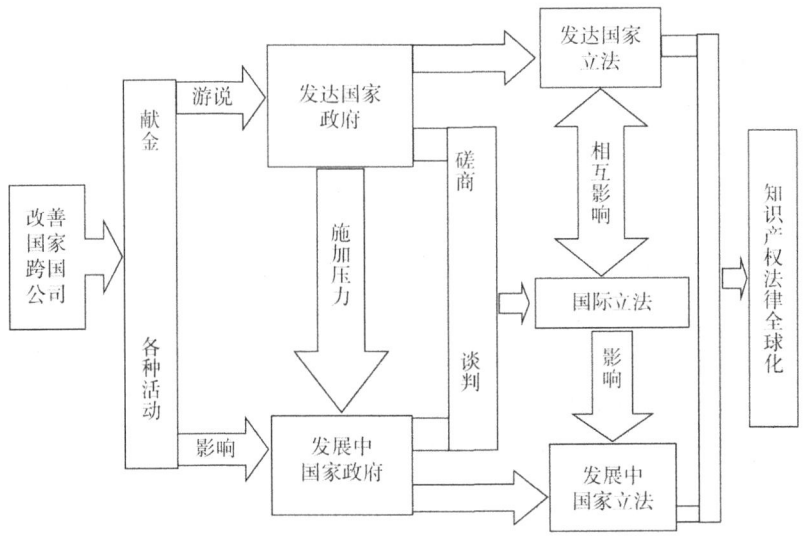

图 3-1 利益集团推动知识产权法律全球化的机制

资料来源：徐元，2012. 知识产权贸易壁垒研究 [M]. 北京：中国社会科学出版社：168.

案》的通过。❶ 在《数字千年版权法》制定过程中，版权人和未来数字联盟之间的博弈，以及对政府的游说最终促成技术措施进入版权法。❷

（二）利益集团影响其他国家或地区的知识产权制度

跨国公司不但通过政治献金和游说等活动影响本国的知识产权制度，还对其他国家的政府施加影响，要求其他国家加强知识产权保护。跨国公司对其他国家知识产权制度施加影响主要通过三种途径：一是通过本国政府对外国政府施加压力。例如，在美国诉印度的药品和农业化学品一案中，美国制药公司通过本国政府在世界贸易组织对印度的药品和农业化学品专利保护问题提起申诉，最终迫使印度建立了在过渡期内对药品和农业化学品提供有效合法的邮箱申请制度及专有销售权授予机制。❸ 二是通过影响知识产权的国际制度间接对其他国家的知识产权制度产生影响。

---

❶ 吴玲丽，2012. 利益集团对版权制度变迁的影响及立法规制研究 [D]. 武汉：华中师范大学．

❷ 初萌，2013. 版权扩张之反思——以技术理性为视角 [J]. 科技与法律（1）．

❸ 吴郁秋，2012. 利益集团对知识产权摩擦的影响——从美国诉印度专利保护案谈起 [J]. 对外经贸实务（3）．

TRIPS 的制定及其知识产权标准在全球得到推广就是典型例证。三是跨国公司直接向外国政府施加影响，要求加强知识产权保护。例如，20世纪80年代后期，智利面对美国药物生产商日益增大的压力而修改其法律，从而将专利权的保护扩大到药品。

（三）利益集团影响国际制度

为了增加知识产权保护的全球合法性、权威性、稳定性，跨国公司还要求本国政府在国际贸易和国际知识产权保护的谈判中，将本国知识产权高水平保护转化为国际立法（地区性或者国际性），从而对知识产权的国际立法产生影响，TRIPS 的签订就是典型的例证。

从表面上看，TRIPS 是各国通过谈判达成的知识产权国际公约，但实际上却是12名有影响力的跨国公司的首席执行官游说的结果。他们充分运用跨国公司的私人影响力，利用体制和制度的作用，完全将私权上升为公法，最后通过国际法来保护和影响他们的市场。"12个公司为世界制定了公法"，"TRIPS 的主要内容由美国的跨国公司拟定，谈判过程主要由跨国公司（通过其政府）控制，这早已不是什么秘密。"当代私人部门——主要是跨国公司或其行业协会——在推行法律文化帝国主义的过程中，并不像早期的传教士那样仅扮演配合的角色，而是已成为主要的推动者。

第二节　美国霸权与知识产权法律全球化
　　　　——现实主义视角

在知识产权法律全球化进程中，美国无疑发挥了关键作用。20世纪80年代以来，美国一直为在全球强化知识产权保护进行不懈努力。在国内，美国一方面，通过修改完善本国专利法和版权法等知识产权法律，扩大知识产权保护范围、延长保护期限，进一步提高知识产权保护标准；另一方面，又通过改革专利商标局、设立联邦巡回上诉法院，进一步加强知识产权的执法力度。在国际上，美国一方面，利用其"337条款"为其他国家的高新技术产品设置知识产权壁垒；另一方面，又通过"特别301条款"

对其认为知识产权保护不力的国家展开调查,迫使其他国家提高知识产权保护水平、加强知识产权执法。继在 WTO 框架下将知识产权纳入国际贸易体制并成功制定 TRIPS,从而将知识产权国际保护水平提高到前所未有的高度之后,美国又通过论坛转移和机制转换等策略,通过在双边、复边、多边等贸易协定中制定超越 TRIPS 的知识产权保护标准。与此同时,美国还与日本和欧洲进行协调,试图建立全球专利制度。在美国不遗余力地推动下,知识产权保护水平被提高到了前所未有的高度。

美国在全球极力推进知识产权法律全球化,强化知识产权保护,有深刻的政治经济动因。本部分借助于现实主义的霸权稳定理论,对美国推动知识产权法律全球化,强化知识产权保护这一现象进行分析,从一个侧面管窥美国推动知识产权法律全球化的政治动因。

一、霸权稳定论与国际公共物品的供给

"霸权稳定论"是由美国经济学家金德尔伯格于 20 世纪 70 年代初提出的著名的国际政治经济学理论。该理论提出后,罗伯特·基欧汉、罗伯特·吉尔平、莫德尔斯基等国际政治经济学者针对该理论存在的不足进行了补充和完善。该理论的核心思想是:保持世界政治经济的稳定需要霸权;霸权国家为了维护自身的霸权地位必须作出自我牺牲;霸权必衰;霸权国的霸权丧失将造成国际政治经济不稳定。

在构建霸权稳定理论时,金德尔伯格使用了经济学中公共物品的概念。他指出,与一个国家国内的市场经济类似,在国际关系领域也存在公共物品,可以称为国际公共物品。在国际体系中,其他国家之所以愿意接受霸权国家的统治,主要原因在于霸权国家可以为国际体系提供国际公共物品。罗伯特·吉尔平也认为:为了维护其霸权地位,霸权国家有责任承担全部成本来为国际社会提供国际公共物品。在世界历史上,许多霸权国家为了维护自己的霸权地位,都承担了向其他国家提供国际公共物品的义务。例如,在 19 世纪末、20 世纪初及 20 世纪 40 年代至 60 年代,英国和美国都曾经是国际公共物品的主要供给者。由于公共物品具有很强的外部性,其他国家成为"免费搭乘者",可以免费享受霸权国家所提供的国际公共物品的益处。虽然霸权国家可能能够意识到这些国家的"免费搭车"行为,但如果霸权国因提供国际公共物品而获得的好处多于单独提供的成

本，那么即使其他国家都免费搭乘，它也愿意提供，这被称为霸权国家的自我牺牲。山本吉宣曾指出：为了使自己建立的国际体系扩展至全球，霸权国家不得不作出自我牺牲，来承担这些成本。这不仅体现出霸权国家对自由主义价值观念的恪守，也是获取其他主要国家认同其"正统性"，并形成共同利益所必须付出的代价。❶

根据霸权稳定论，尽管霸权国发挥着稳定国际体系的作用，但是霸权国的地位却可能发生变化，即霸权国家并不能永久居于霸权地位，霸权必然会衰落。导致霸权衰落的原因可能很多，但最根本的一个原因是经济成本问题。根据经济学中的边际收益递减规律，霸权国供给国际公共物品所付出的成本与从提供国际公共物品中所获取的收益是呈反方向变化的。也就是说，随着霸权国家对公共物品供给的增加，其所提供的每一单位公共物品的边际收益将呈不断下降的趋势，其边际成本却是不断增加的。为了维持其霸权地位，霸权国必须支付提供公共物品的成本，这样必然减少霸权国家的经济剩余。随着霸权国的经济剩余不断减少，霸权国家最终可能因为无法承担维持霸权的成本而不得不放弃霸权，被迫将霸主地位转移给新崛起的国家。❷ 不仅如此，由于存在"免费搭乘者"，霸权国家为了保证充分供应公共物品，在较长的时间里，霸权国付出了远远超出其应付的成本。一方面，"免费搭乘者"的存在从经济上加重了公共物品的成本负担，削弱了霸权国家的经济实力；另一方面，又从道德和信心上使霸权国感到沮丧，使其没有动力和意愿为国际社会提供公共物品和自由经济体制。

从上述可见，一方面，为了获得其他国家对其霸权地位的支持和认可，霸权国必须为其他国家免费提供国际公共物品，但是这毫无疑问会使霸权国付出巨大的经济成本；另一方面，霸权国提供国际公共物品，其他国家就会趁机免费利用这些国际公共物品，成为搭便车者，获得可观的经济利益。这两种情况的存在，必然会造成霸权国家国际经济地位的相对甚至绝对下降，而其他国家的地位上升，最终必将导致霸权国家的霸权衰落。然而，由于霸权国家在付出维护霸权地位成本的同时，也

---

❶ 山本吉宣，1986. 国际体系的动态与稳定 [J]. 国际政治（5）.
❷ 樊勇明，2000. 霸权稳定论的理论与政策 [J]. 现代国际关系（9）.

享有巨大的霸权利益，因此霸权国家往往并不甘心自己的霸权衰落，将自己的霸权地位拱手让与他人。因此，在其霸权衰落的过程中，霸权国家会采取各种手段和措施来遏制竞争对手，提高自身竞争力，企图维护自己的霸权地位。

二、知识的国际公共物品属性

在论述霸权国家供给公共物品问题时，金德尔伯格并没有把知识当作国际公共物品。然而，由于知识本身具有无形性、易传播性、可复制性等特点，知识不仅完全符合公共物品的特性，属于经济学上的公共物品，而且随着知识经济全球化的发展，知识也早已成为一种典型的国际公共物品，这已为研究国际公共物品的大多数学者所认同。

亚当·斯密很早之前就将物品区分为私人物品和公共物品。著名经济学家萨缪尔森在其《公共支出的纯粹理论分析》一文中对公共物品进行了定义："每个人的消费不会减少任意其他人对这种物品的消费。"萨缪尔森定义公共物品的角度是物品的竞争性，而现代经济学家则习惯于从物品的排他性和竞争性来定义公共物品并对物品的类型进行划分。按照现代经济学家的说法，非竞争性和非排他性是公共物品的两个基本特征。非竞争性是指一个使用者消费该物品并不会对其他使用者的消费产生影响；而非排他性则是指在消费某产品时不需要付出成本，或者不能排除不付费者消费某产品，或者虽能排除但必须付出高昂的成本。经济学上一般将完全具有这两个特征的物品称为纯粹公共物品，而把同时具有竞争性和排他性的物品定义为私人物品。事实上，私人物品和纯粹公共物品只不过是两种极端情况，大多数物品都处于这两种物品之间，可能只具有这两个特征之一：或者具有排他性、不具有竞争性；或者具有竞争性、不具有排他性；或者竞争性和排他性的程度有所不同。

知识是一种无形商品，具有非排他性和非竞争性，因为知识一旦被创造出来并予以公开，人们就能够共享该知识，知识不仅很难通过自然的使用实现排他，也无法通过占有来对它的利用进行控制。先掌握知识的人并不能将该知识完全占有，也不能阻止他人利用该知识从事创造性活动，进一步创造新知识。知识具有传播迅速、易于掌握的特点，他人可轻易地获得别人创造的知识进行利用和收益。❶ 当众多的人分享知识时,并没有给知识的生产者带来额外的负担,知识总量不仅不会因普遍的使用而减少,相反可能由于知识应用范围扩大而导致进一步知识创新,从而增加社会的知识存量。作为美国第三任总统的托马斯·杰斐逊曾用这样的语句描述知识:"从我这里得到思想的人,他获得了启迪,但对我并没有减损。就好像用我的蜡烛点燃了他的蜡烛,照亮了他自己,而我也没有因此而陷于黑暗。"

当然,与其他大多数公共物品类似,知识的非排他性和非竞争性并不是绝对的,在有些特殊情形下,知识也可以产生一定程度的排他性和竞争性。例如,在一个有限的市场空间,使用相同的技术可能使这一市场出现饱和的情况,从而给技术发明者自身的使用带来不良影响,从而表现出一定的竞争性。此外,知识产权制度通过授予知识产品的生产者在一定期限内对其成果的垄断权,而使该知识成果具有一定程度的排他性。但是,我们认为,并不能因此而否定知识的公共物品属性。事实上,经济学上的大多数公共物品在特定的情形下都可能表现出一定程度的排他性和竞争性。例如,公路这种典型的公共物品,当公路上的车辆趋于饱和时,竞争性就会产生,如果人们在公路上设立收费站,公路也会表现出一定程度的排他性,但人们并未因此而否认公路的公共物品属性。获得知识产权制度保护的知识在人类知识总量中只占很小的比例,用沧海一粟来形容也不为过,而人类创造的知识大部分仍处于公共领域,具有非竞争性和非排他性。即使受知识产权法保护的知识也不例外,如受专利法保护的技术,申请人在申请专利时需要充分公开其发明创造,而每个人都可以自由使用专利申请时公布的详细技术信息作为新的研发基础。

早期的公共物品理论关注的公共物品一般局限在特定的国家或者一定的地域范围之内,这种公共物品因此被称为本地公共物品。后来,人们发现一些公共物品几乎能够使世界上的每个人都受益,这种公共物品因此被称为全球公共物品。要想成为全球公共物品,需要符合两个标准:第一个标准是这种公共物品的受益必须具有很强的公共性,即消费的非排他性和

---

❶ 郭民生,2010. 通向未来的制胜之路——知识产权经济及其竞争优势的理论与实践 [M]. 北京:知识产权出版社.

非竞争性，这两个特征使其具有公共物品的一般属性；第二个标准是这种公共物品的受益要求具有准全球性质。它的受益范围，从国家来看，不应当仅包含一个国家；从其成员而言，可以扩展到几个乃至全部人群；从代际来看，不仅应该包括当代，而且应该涵盖未来数代，或者最少在不对未来数代发展选择构成妨碍的前提下使目前几代得以满足。

知识不仅是公共物品，而且大多数情况下属于国际公共物品。比如，在俄罗斯正确的某个数学定理在美国、澳大利亚和非洲同样也是正确的。虽然有些知识可能仅或主要是对生活在特定国家的人们有价值——如关于国家机构、天气或者地理等特定知识，但是科学真理——从数学定理到物理或化学规律在世界上却是通用的。经济学面临和要解决的问题，如稀缺性，也是普遍的，经济规律也是适用于全球的，尽管不同的国家可能有自己独特的机制。正因为如此，斯蒂格利茨将全球公共物品分为五种类型，知识就是其中一种。考尔等人也认为知识是一种全球公共物品。考尔指出：一些产品本来就具有全球公共物品的特征，如月光和大气层。而其他类型的公共物品，其收益和成本的范围随着时间的推移从本地或本国逐渐演变为更具有全球性。例如，随着通信技术的不断进步，知识、信息和思想变得更容易传播，这可能对当地的知识储备或者本国的社会标准和文化产生影响。[1]

三、强化知识产权保护是美国维护霸权地位的一种政策反应

第二次世界大战以来，无论是在制造业的生产能力方面，还是在对原材料、资本和市场的控制方面，美国在国际政治经济体系中都居于世界主导的位置。美国也借机利用上述各种资源和优势地位，为国际社会供给大量的国际公共物品，以此来获取郝希曼所称的"影响力"。例如，美国通过在国际贸易和国际金融领域建立稳定的国际体制，来促进国际贸易和国际金融在世界范围的自由流通；通过开放各种商品市场，采取措施使石油价格保持稳定等，使美国的盟友从这种以美国为中心的国际机制里获得巨

---

[1] KAUL I, GRUNBERG I, STERNM, 1999. Defining global public goods [M]. New York: Oxford University Press.

大收益，从而使这些盟友愿意服从美国的领导，进而确立了美国的霸权地位。❶

出于维护霸权地位的需要，在知识产权产品的供给方面，美国表现得也比较慷慨和仁慈，廉价甚至无偿地为其盟友提供了大量的知识产品。以美国的东亚盟友日本为例，从第二次世界大战后到20世纪70年代这段时间里，美国低价或者无偿地向日本提供了许多经济技术援助。根据日本长期信用银行的数据，在1950—1970年的20年间，日本共从国外引进了大约25 777项先进或适用技术，而日本为这些技术付出的技术指导费和专利费仅为57.3亿美元，而欧美却需要花费高达1800亿~2000亿美元来开发这些专利和技术，是日本技术引进花费的31~35倍。1949年1月，杜鲁门总统在其就职演说中宣称："在世界范围内所有从事工业及科学技术开发的国家中，美国是做得最出色的一个。尽管美国能够提供给其他国家的物质方面的援助可能是有限的，但是，我们拥有取之不尽的技术和知识资源，这些资源的价值是无法估量的，并且在不断增加。美国应当向世界提供大量技术知识资源，以使爱好和平的国家和人民从中获益，并帮助他们，以使他们生活得更加美好。"

作为世界上唯一的霸权国家，美国为其盟友提供知识等国际公共物品，一方面，加大了美国自身的经济成本；另一方面，作为"免费搭乘者"，其盟友不需要付出代价或者只需要付出较小的代价，就可以享用这些公共物品，因此这些国家利用美国提供的公共物品借机发展本国经济和技术，从而使本国的经济技术水平迅速得以提高。仍以日本为例，从20世纪50年代到80年代，由于拥有30年的和平环境，作为"免费搭乘者"，日本经济取得了异常快速的发展，这一时期的国民生产总值以年均近10%的速率增长，创造了"日本经济奇迹"。至20世纪80年代，日本在科技、贸易、投资和金融等领域迅速崛起。1979年，日本的进出口总额较1955年增长了46.5倍，占世界贸易总量的比重随之从2.3%提高到6.5%，而美国在同期则从14%下降到12%。在高科技领域，围绕航空航天、计算机、电子通信、新材料和生物工程等关键性技术、关键性产业和主要市场

---

❶ 罗伯特·基欧汉，2006. 霸权之后——世界政治经济中的合作与纷争［M］. 苏长和，等译. 上海：上海世纪出版集团.

的大国角逐日趋激烈，日本已在不少领域明显超过西欧而对美国构成巨大挑战。❶ 1985年，日本的国内生产总值达到1.3万亿美元，超过同时期美国国内生产总值的1/3（美国是3万亿美元），几乎是英国与法国的国内生产总值之和。到1990年，日本的国内生产总值超过3万亿美元，占到美国国内生产总值的7成。在这一时期，日本世界500强企业数量占据了世界500强企业总量的近一半，东京成为当时世界500强企业总部最多的城市。1985年日本财政积蓄和外汇储备合计545亿美元，为世界第一，对外净产为1298亿美元，而此时的美国对外债务却有1114亿美元。

日本利用美国提供的国际公共物品发展本国的科技和经济，其迅速崛起对美国国际经济地位形成了巨大威胁。为了维护自己的霸权地位，遏制日本的崛起，美国不仅通过知识产权保护和发动贸易战等手段压制日本，而且在1985年，日本被迫与美国签订《广岛协议》，导致日元大幅升值。从20世纪末开始，随着经济泡沫的破裂，日本经济开始坠入持续30年的衰退期，至今未见明显好转。

继日本经济泡沫破灭之后，借助于经济全球化和世界分工，以中国、东亚和其他中东国家为代表的一些新兴经济体也走上了经济崛起之路，这些新兴经济体的崛起对美国的世界霸主地位再次带来挑战。根据国际货币基金组织数据显示，从2008—2017年，金砖国家国内生产总值占全球经济总量的比重已经从12%增加到23%，国际贸易占世界贸易总量的比重从11%增加到16%，对外投资比重从7%增加到12%，金砖国家对世界经济增长的贡献率达到50%。❷ 提出"金砖四国"概念的美国学者吉姆·奥尼尔曾指出，在2008年金融危机后，"金砖四国"已走到全球决策中心，并将从各个领域改变世界。国际货币基金组织也指出，未来5年，世界经济增长的中心将从美国等西方国家转移到亚洲国家和地区，尤其是亚洲新兴国家，世界经济格局将发生重大变化。基于以往大危机后传统霸权衰落和新兴国家崛起的历史规律，"美国的霸权将就此丧失"❸。

---

❶ 张建增，2006. 权利与经济增长——美国贸易政策的国际政治经济学［M］. 上海：上海人民出版社．

❷ 高扬，2019. 美国霸权衰落需要这么看［EB/OL］. http：//bbs. tianya. cn/post－worldlook－1893172－1. shtml［2021－05－15］.

❸ 刘洪钟，杨攻研，2012. 新兴经济体的崛起与世界经济格局的变革［J］. 经济学家（1）.

在论证霸权衰落时霸权国家可能作出的政策反应这一问题时，吉尔平曾指出，面对来自新兴国家的挑战和国际体系的失衡，减少国际义务通常是霸权衰落国家为了节省霸权成本而采取的重要措施，这些措施中一项重要内容就是减少公共物品的供给。"衰落表现为美国不再愿意提供国际公共物品和对'搭便车'行为加以容忍。霸权治理的成本和收益不对称，霸主对'搭便车'感到沮丧和失望。"❶ 霸权国家供给国际公共物品的意愿会随着它在国际经济中地位的相对下降而减弱。当美国经济在世界经济总量中所占的比重逐渐降低时，保护主义会引人注目地卷土重来，美国提供国际公共物品的意愿也就逐渐降低。从 20 世纪 70 年代以来，美国已经开始不愿意像以前那样放任其他国家的"搭便车"行为，而是更多地采用保护主义政策，这使美国和其他国家的经济和贸易争端越来越多。近年来，在"让美国再次伟大"的理念下，美国在各个领域推广和实践"美国优先"的外交政策。特朗普政府宣布退出一系列国际协定与多边组织。❷ 特朗普政府的这种"退群"行为，从本质上来看，是美国正在放弃承担国际责任，不愿意再为国际社会供给公共产品。

前已述及，因为存在消费上的非排他性和非竞争性，人们把知识作为国际公共物品中的一种。按照霸权稳定论的观点，如果霸权国家处于强盛时期，其他国家无法威胁其霸主地位，此时霸权国家有能力也有意愿向国际社会供给知识产品，因此在这一时期，霸权国家能够容忍其他国家较弱的知识产权保护，落后国家对其技术在一定程度上的模仿活动也会被默许。然而，因为研发需要巨额的资金支持，知识产品的供给需要付出巨大的经济成本，而对知识产品的模仿和复制相对容易得多，不需要多少经济付出。其他国家通过"免费搭乘"，发挥后发优势，有可能在国际经济中迅速崛起，而霸权国在世界经济中的优势地位必将不断下降，从而导致霸权的绝对衰落或相对衰落，而霸权国家丧失霸权将使稳定而开放的国际经济体系难以持续，进而可能导致世界经济政治的不稳定，从而在国际上形成经济摩擦。由于霸权的衰落，必然导致原先的霸权国家向国际社会提供

---

❶ 罗伯特·吉尔平, 2006. 全球政治经济学——解读国际经济秩序 [M]. 杨宇光. 等译. 上海：上海世纪出版集团．

❷ 新华社, 2020. 美国"退群"的新"境界"[EB/OL]. http：//www.xinhuanet.com/2020 – 05/30/c_1126054036.htm [2021 – 05 – 15].

公共物品的能力和意愿降低，这可能就是美国一直要求加强全球知识产权保护、推进知识产权法律全球化的政治经济根源。"知识产权是私权"不过是霸权国家不愿继续向国际社会提供免费知识产品的"美丽借口"而已。出于维护自身霸权地位的目的，霸权国家不仅通过减少国际公共物品的供给，还会利用自身在科技、经济和军事方面的优势地位，阻挠和打压对其构成挑战的国家的科技和经济发展。20世纪，美国对日本的制裁和打压，以及近年来美国对中国发动的贸易战、科技战都是这方面的明显例证。

第三节　国际经济秩序斗争与知识产权法律全球化——马克思主义视角

毫无疑问，在知识产权法律全球化进程中，利益集团是推动知识产权法律全球化的一支重要力量。但是，利益集团毕竟不是国际法的主体，一般而言，没有资格直接参加国际知识产权谈判，因此利益集团必须将自己的利益包装成国家利益，其自身利益才能在知识产权国际协定的谈判中得到反映。如前所述，维护霸权地位是美国国家利益的一项重要内容，知识产权是美国维护霸权地位的一个重要工具，加强知识产权保护符合美国的国家利益。因此，在知识产权保护问题上，美国的知识产权利益集团与美国国家具有利益上的一致性，他们都需要在全球提高知识产权保护水平。但是，单凭美国一个国家的力量，欲在全球制定和推行高水平知识产权规则几乎是不可能的。美国必须联合其他国家组成国家联盟，才能实现自己的目的。在世界国家体系中，日本等国尽管在科技和知识产权实力方面与美国有一定差距，但是作为全球领先的发达国家，提高知识产权保护水平对他们而言也是有利的，因此在国际知识产权谈判中，美国与日本等国经常建立知识产权联盟，共同推动知识产权法律全球化的进程，形成了发达国家集团。为了维护自身利益，发展中国家也会建立自己的联盟，提出自己的知识产权主张，形成发展中国家集团。发展中国家一方面，抵制知识产权保护水平的过分提高；另一方面，主张对自己有利的知识产权进行保护。由于在知识产权保护问题上存在根本的分歧，发达国家集团与发展中国家集团展开了激烈的国际博弈，共同推动了知识产权法律全球化进程。

知识产权法律全球化表面上是发达国家与发展中国家博弈的结果，但是如果我们从马克思主义国际政治经济学理论层面作深层次考察可以发现，知识产权法律全球化实质上是发达国家与发展中国家关于国际经济秩序斗争在知识经济时代的一种新的表现形式，知识产权已经成为发达国家维护国际经济旧秩序的一个新工具。

在本章的前两部分我们分别运用自由主义的利益集团理论和现实主义的霸权稳定理论研究了知识产权法律全球化的形成问题，下文则从马克思主义的依附论和世界体系论探讨知识产权法律全球化的政治动因。

一、依附论和世界体系论

"在自由主义者关心国际体系的相互依存以及机制的建立、现实主义者关心国际体系的维持与管理以及国际体系中民族国家利益的同时，另外一些学者更为关心的是发展中国家在国际体系中的发展问题以及资本主义体系的命运，并由此先后出现了依附理论和世界体系理论。"[1] 依附论和世界体系论继承了马克思主义古典政治经济学的学术批判传统，是马克思主义在国际政治经济学中的具体体现。

依附论产生于20世纪60年代，代表人物有阿根廷的劳尔·普雷维什、埃及经济学家萨米尔·阿明和巴西社会科学家多斯桑托斯等。依附论的研究主题主要是发展中国家与发达国家存在差距的原因，以及发展中国家如何实现经济发展的问题。按照多斯桑托斯的定义，依附是这样一种状况：某些国家的经济取决于它们所从属的另外一些国家经济的发展与扩张，即一些国家的经济发展受制于另外一些国家的经济发展和扩张。[2]

依附论认为，不平衡发展是资本主义国际经济关系的基本特征。世界各国在全球范围内形成了所谓的"中心—外围"结构，一些国家处于这一结构的中心，另一些国家则处于外围。中心国家从外围国家获得原料与初

---

[1] 王正毅，2010. 国际政治经济学通论 [M]. 北京：北京大学出版社：195.
[2] 特奥托尼奥·多斯桑托斯，1999. 帝国主义与依附 [M]. 杨衍永，等译. 北京：社会科学文献出版社：302.

级产品，外围国家从中心国家获得高级工业制品。

利用其在这种国际分工中的有利地位，中心国家攫取了国际生产和交换中的绝大部分利润，因此其经济不断取得发展。而相比而言，外围国家在这种不合理的国际分工中处于受剥削、受掠夺的地位，在国际生产和交换中获得的利益非常有限，经济难以获得发展。如果这种状态长期存在，外围国家的经济还会逐渐形成对中心国家的依赖。❶ 依附论认为，外围国家经济落后和对中心国家依附的根本原因在于世界资本主义生产体系，以及在这种生产体系中形成的不合理的国际分工格局、不平等的国际交换及不公平的国际经济秩序。❷

国际政治经济学中继承古典马克思主义政治经济学学术传统的另一种理论是世界体系论，其代表人物是美国社会科学家沃勒斯坦。世界体系论衍生于依附论，一方面，完善了依附论；另一方面，又弥补了依附论的许多不足。世界体系论认为：世界经济体系由中心和外围两部分组成，中心地区处于支配地位，而外围则依附于中心，中心和外围之间相互影响。在这一体系中，中心国家通过不合理的国际分工和不等价的国际交换，不断地从外围地区掠取经济盈余，使资源和财富从外围地区向中心地区转移和聚集，导致中心地区经济繁荣发展，而外围地区经济则萎缩萧条。❸ 不过，世界体系论也认为：核心和边缘的位置并非固定不变的，经过一定时期的发展，它们在世界体系中的地位也可能重新作出安排，即以前的核心地区可能衰败，滑入边缘地区，而以前的边缘地区如果政策得当，把握好发展机遇，通过资本积累也可能挤入核心地区。❹

二、发达国家与发展中国家之间国际经济秩序的斗争

如上所述，依附论和世界体系论都认为世界资本主义生产体系及在这个体系中形成的不合理的国际分工格局、不平等的国际交换体系，以及不公平的国际经济旧秩序是导致世界发达地区和不发达地区形成与发展的重要原因。现存不公平的国际经济旧秩序的基本内容包括以不合理的国际分

---

❶ 方宏进，1988. 从依附论到世界体系论的理论变革［J］. 社会学研究（4）.
❷ 刘志明，2010. 依附论和世界体系论述评［J］. 开放导报（1）.
❸ 同❷.
❹ 王正毅，2010. 国际政治经济学通论［M］. 北京：北京大学出版社：237.

工为基础的国际生产体系、以不平等交换关系为特征的国际贸易体系、以少数国际金融垄断资本所控制的国际金融货币体系和受少数发达国家控制与制约的一些国际经济机构。❶

发达国家为主导建立的国际经济旧秩序使发展中国家在生产领域、贸易领域和国际货币金融等领域都处于不利地位，严重阻碍了发展中国家民族经济的发展，除了少数在经济上取得成功的发展中国家之外，大部分发展中国家与发达国家之间的差距不仅没有缩小，反而有拉大的趋势。据有关统计，世界上最富有的 20 个国家的人均收入与世界上最贫穷的 20 个国家的人均收入相差悬殊，前者是后者的 38 倍。从 1970—2017 年，世界上最不发达国家的数量从 25 个增加到 47 个，这些国家主要集中在非洲和亚洲。根据世界银行的数据，这些最不发达国家总人口有 7.5 亿人（其中 31 个国家位于非洲撒哈拉沙漠以南，涉及近 7 亿人口），将近一半的人每天生活费不足 1 美元，婴儿死亡率高，人均寿命短，文盲比重高。联合国发布的《2017 年最不发达国家报告》的数据显示：2015 年，世界上 47 个最不发达国家的平均经济增长率仅为 3.8%，为 20 年来最低；这些国家 FDI 由 2015 年的 440 亿美元下降至 2016 年的 380 亿美元，降幅达 13.6%；贸易总额持续下降，占世界贸易总额的比重由 2014 年的 1.09% 下降至 2015 年的 0.97%。❷

诚然，造成这些发展中国家经济困难的原因是多方面的，但是长期以来，西方发达国家顽固地维护对发展中国家实行剥削与掠夺的国际经济旧秩序被认为是一个重要原因。❸ 发达国家依靠自身雄厚的资本和科技实力，通过垄断定价输出发达国家自己的产品，廉价地进口发展中国家的资源，而发达国家却轻而易举地通过这种"剪刀差"获得超额垄断利润，❹ 使发展中国家对发达国家的依赖越来越深。

与一切事物一样，国际经济旧秩序形成与发展的过程同样充满着矛盾

---

❶ 陈立武，等，2007. 发展中国家的经济发展战略与国际经济新秩序 [M]. 北京：经济管理出版社：225.
❷ 马传兵，2020. 无形资本论——用马克思资本逻辑对知识经济的新阐释 [M]. 北京：人民出版社：419.
❸ 同❶.
❹ 同❷.

和斗争，从它形成时就蕴含着帝国主义与世界广大被压迫民族和人民的对抗。第二次世界大战以后，许多发展中国家取得政治独立，这些国家面临的主要任务是发展独立的民族经济。而现有不公正、不合理的国际经济旧秩序构成发展中国家发展独立民族经济的重要障碍，因此广大发展中国家强烈要求对不合理的国际经济旧秩序进行改革，通过建立公正合理的国际经济新秩序，逐步摆脱对发达国家的依附。为此，发展中国家通过不同的方式和途径进行了卓有成效的努力和斗争，并取得了一定的成果。20世纪60年代以来，多个体现发展中国家经济利益的决议相继在联合国大会通过，如1962年的《关于自然资源永久主权的决议》、1974年的《建立新的国际经济秩序宣言》《建立新的国际经济秩序行动纲领》及《各国经济权利和义务宪章》。这些文件和决议不仅确立了建立公平合理国际经济新秩序的宏伟目标，而且提出了实现这一目标的行动纲领。

发展中国家追求国际经济新秩序的努力和成果，触动了以美国为代表的发达国家的"奶酪"，遭到来自这些国家的强烈抵制。20世纪70年代初，美国与第三世界的"对抗"达到了新的高峰，美国一再表示不接受"新秩序"的概念，"叫嚷"发展中国家建立"新秩序"的斗争为"多数人的暴政"，宣扬现行国际经济制度"对世界起了良好的作用"，无须废弃或重建。由于美国等发达国家的抵制，上述四个联合国大会决议文件最终并未发生法律效力，发展中国家建立国际经济新秩序的目标没有得到真正实现。

自20世纪80年代以来，发展中国家要求建立国际经济新秩序的呼声有所减弱，但是由于在政治经济利益方面存在根本性冲突，关于国际经济秩序的斗争在发达国家与发展中国家之间从来就没有停止过。当人类社会进入知识经济时代以后，知识产权在国内经济发展和国际经济竞争中的重要性与日俱增，在此背景下，无论是发达国家还是发展中国家把知识产权作为经济发展的一个重要战略。但是，由于在知识产权数量和质量方面的巨大差异，这两类国家在知识产权保护方面的立场和态度严重对立。发达国家与发展中国家相比拥有绝对的优势，发达国家是主要的知识产品输出国，因此主张建立严格的知识产权制度，以维护自身技术和经济上的优势；而发展中国家在知识产权拥有量和运用能力等方面都处于劣势地位，主张知识产权的适度保护,以降低使用外国技术的成本。❶ 由于发达国家与发展中国家在知识产权保护立场方面的严重对立,在世界范围内,知识产权保护成为南北矛盾的一种表现形式。"南北矛盾的实质是发达国家凭借其在历史上长期形成的,在国际经济体系中的垄断地位和绝对优势,继续控制和盘剥发展中国家,力图维护国际经济旧秩序;而历史上长期积贫积弱的发展中国家,不愿继续忍受发达国家的控制和剥削,起而抗争,维护本国的民族经济权益,力图变革国际经济旧秩序和建立国际经济新秩序。"❷ 因此,在知识经济时代,知识产权成为发达国家和发展中国家关于国际经济秩序斗争的一种重要工具。多边贸易体制中的 TRIPS 的达成及修改,WIPO 框架下的互联网条约的出台及发展议程的建立,发达国家通过双边、复边、区域知识产权协定提高知识产权保护水平,以及在其他论坛上与知识产权相关问题的博弈,实质上都是发达国家与发展中国家之间国际经济秩序斗争的表现。

三、知识产权是发达国家维护国际经济旧秩序的新工具

作为发展中国家,在经济发展方面,既具有一定的潜在优势,也具有劣势。一方面,发展中国家可以利用发达国家已有的工业技术和发展经验,实现跨越式发展,快速缩小与发达国家之间的经济技术差距,从而加快本国工业化进程,此即发展中国家的后发优势;另一方面,发展中国家在利用发达国家技术和经验发展本国经济的过程中,可能不得不接受发达国家强加给发展中国家的不合理的国际分工和不平等的贸易条件,并且很容易产生对发达国家的经济技术依附,从而使本国经济技术发展处于不利地位,此即后发劣势。❸ 在激烈的国际竞争中,发展中国家希望发挥后发优势,避免后发劣势,实现发达国家的技术赶超,进而摆脱对发达国家的依附状态。而发达国家加强知识产权保护就是要遏制发展中国家的后发优势,维持发展中国家对发达国家的继续依附状态,维护现有不公平的国际经济旧秩序。目前,发展中国家与发达国家围绕知识产权展开的激烈博

---

❶ 何志鹏,2003. 知识产权与国际经济新秩序 [J]. 法制与社会发展 (3).
❷ 陈安,2002. 国际经济法专论:上编 [M]. 北京:高等教育出版社:309.
❸ 邱立成,1993. 发展中国家作为"后来者"的优势和劣势——对技术差距论和依附论的评价 [J]. 国际贸易问题 (6).

弈，实质上就是发达国家和发展中国家围绕知识产权而进行的关于国际经济秩序的斗争。具体而言，知识产权作为实现发达国家维护国际经济旧秩序的新工具，主要表现在三个方面：即通过知识产权实现新垄断；通过知识产权实现新分工；通过知识产权实现新依附。

(一) 通过知识产权实现新垄断

"垄断是帝国主义最深厚的经济基础，也是国际经济旧秩序的本质特征。"传统上，发达国家通过其跨国公司直接在发展中国家投资于采掘和原料加工业，垄断和控制了发展中国家的许多重要资源和生产部门，乃至对外贸易和金融等各个经济领域。依赖于这种垄断地位，跨国公司在发展中国家攫取了比在发达国家高得多的垄断利润。例如，20世纪70年代末，跨国公司在发达国家进行直接投资的利润率仅为11%，在发展中国家进行直接投资的利润率则为23%，高出一倍多。❶ 发达国家通过国际贸易、国际投资和国际金融实现的这种垄断，我们称它为"旧垄断"。

众所周知，垄断是知识产权的一个本质特征。在人类正在跨入知识经济时代的今天，发达国家的跨国公司一方面，继续利用传统的方式实现对发展中国家的垄断；另一方面，由于知识产权在经济发展中的作用越来越重要，以信息技术为代表的现代科技的大发展，拉大了各国之间在信息资源及其占有方面的差距，扩大了知识经济分布的不平衡。在这种背景下，发达国家开始利用其在知识产权方面的优势来实现垄断，尤其是利用知识产权垄断高科技产品的生产和贸易，❷ 实现对发展中国家的控制和掠夺。在《信息封建主义》一书中，达沃豪斯对这种知识产权垄断曾有精彩描述。他写道："知识游戏玩家一般采取这样的策略。他们的实验室制造出知识，知识再演变转化为产品，他们的法律部门为这些产品构筑坚不可摧的专利防线。另外，还可以使用商标、商业秘密及版权等方法，追求知识就是追求垄断。竞争对手或者被拒之门外，或者支付高额的特许费，这取决于在这个过程中竞争对手被淘汰的数目。或者，知识产权和许可也可能用来构筑一个全球知识卡特尔。""以美国与英国为主的知识卡特尔经常重

---

❶ 陈立武，等，2007. 发展中国家的经济发展战略与国际经济新秩序 [M]. 北京：经济管理出版社：219.

❷ 程恩富，2010. 超越霸权，建立全球经济政治文化新秩序 [J]. 绿叶（Z1）.

新创造出一个像过去那样的帝国,那时主权国家的市场是他们的囊中之物。"❶ 完全可以说,知识产权形成的垄断是导致当代全球财富分配失衡的一个重要原因。❷

发达国家不仅通过知识产权制度实现新的垄断,还无耻地通过知识产权制度掠夺和垄断发展中国家的自然资源和文化资源,一个明显的例子来自遗传资源和传统知识领域。在生物技术高度发达的今天,遗传资源和传统知识不仅对人类社会的生存和发展起着重要作用,而且许多动植物遗传资源及与其相关的传统知识经过开发之后还具有重大的商业价值。发达国家的跨国公司利用其资金和技术优势,大肆从发展中国家攫取生物遗传资源作为研究材料,取得技术成果后申请专利并进行商业化,从中获得巨额垄断利润。然而,这些发达国家的利用者却未给予提供遗传资源的发展中国家任何补偿,因此这些掠夺者和利用者被人们称为"生物海盗"。❸

在过去几十年里,我国有大量的生物遗传资源流失到国外,这些生物遗传资源还被一些发达国家生物技术公司改造开发之后申请了专利。例如,美国的孟山都公司从中国获取野生大豆的种质资源进行挖掘,在此基础上,向全球100多个国家申请了有关高产大豆及其栽培、检测的专利,从中获得了巨额经济利益。不仅我国,其他生物资源丰富的发展中国家,如印度、巴西、墨西哥等国家,也纷纷遭到来自发达国家生物海盗的掠取。据统计,美国目前所拥有的生物遗传资源中90%是通过各种途径向其他国家掠取的,日本向其他国家掠取的生物遗传资源也占其总量的85%。❹ 发达国家试图通过知识产权把发展中国家的遗传资源和传统知识转化为跨国公司的私权,并垄断权利。

(二) 利用知识产权建立新分工

不合理的国际分工是国际经济旧秩序的另一个重要特征。在发展经济

---

❶ 彼得·达沃豪斯,约翰·布雷斯韦特,2005.信息封建主义[M].刘雪涛.译.北京:知识产权出版社:59.

❷ 张康之,张桐,2014.评多斯桑托斯的"新依附论"[J].西北大学学报(哲学社会科学版)(5).

❸ 魏森,2008.论遗传资源的法律保护——以国家经济主权为视角[J].云南社会科学(1).

❹ 肖显静,丁云云,2008.转基因技术专利保护对发展中国家遗传资源的影响——对TRIPS和CBD为背景[J].科技与法律(5).

学中，普雷维什的"中心—外围理论"在对发达国家和发展中国家的收益不平衡问题进行研究时，主要从经济自主性、经济结构、技术进步带来的利益及霸权关系等几个方面进行分析。从贸易方面来看，中心国家生产和出口的主要是工业制成品，进口的主要是原材料、燃料及农产品等初级产品；外围国家生产和出口的主要是原材料、燃料及农产品等初级产品，进口的主要是工业制成品。❶ 这种分工可以称为"旧分工"。在这种分工模式下，发达国家与发展中国家之间的工业制成品和初级产品之间存在价格"剪刀差"，这种价格"剪刀差"导致发达国家占有贸易收益的绝大部分，因此发达国家不断加速财富的积累，发展中国家的贫困也在不断积累，发展中国家依附于发达国家。

20世纪90年代以来，随着信息技术、服务业及全球化进程迅速发展，分工逐步深化、细化，传统的垂直型分工的格局被打破，取而代之的是以产业链分工为主，即依据同一产业内部产业链条的不同环节来进行分工。在整个国际分工链条中，发达国家凭借资本、科技、人才、营销和消费方式上的优势或先机，占据了高附加值、高技术含量设计和营销环节，而大多数发展中国家则主要从事加工制造环节，处于国际分工链条的末端，成为全球市场上劳动密集型、低附加值、低技术含量产品与服务的提供者。我们可以称这种分工为"新分工"。如果说旧的国际分工是"世界城市"和"世界农村"的分工，新的分工则是"世界办公室"和"世界工厂"的分工或者"世界大脑"和"世界躯干"的分工，发达国家是"脑国"，发展中国家是"躯国"。❷

这种"新分工"在研发投入和经济结构方面有明显体现。虽然近年来发展中国家的研发投入明显增加，但在技术研发投入和创新产出方面发达国家依然占据绝对优势。据统计，虽然美国人口仅占全球总人口的4.4%，但美国的研发支出却占世界研发总支出的28.1%（2011年），是印度人均研发支出的112倍。日本每百万人中研发人员数量大约为5160人，分别是印度、印度尼西亚的22.4倍和13.5倍。❸ 在经济结构方面，发达国家已

---

❶ 李增刚，2010. 双层博弈框架下的国际贸易政策选择理论研究［M］. 北京：经济科学出版社：143.

❷ 程恩富，2010. 超越霸权，建立全球经济政治文化新秩序［J］. 绿叶（Z1）.

❸ 赵晋平. 2015-07-12. 发达国家与发展中国家发展不平衡［N］. 人民日报.

经完成了工业化进程，其工业生产在国民经济中的地位不断下降，而知识产权为代表的新型经济比重在不断上升。据有关统计，知识产权密集型产业为美国和欧盟创造的产值分别超过 6 万亿美元和 7.3 万亿美元，为美国和欧盟分别提供了至少 4500 万个和 6300 万个就业机会。相比而言，大多数发展中国家仍处于工业化过程甚至农业社会当中，主要是从事农业生产和工业加工制造，知识产权密集型产业的比重仍然很低。

尽管分工形式发生了变化，国际经济中的不平等交换和不公平分配仍然在继续。在新的国际分工中，发达国家利用自身在经济和技术上的领先优势，以及在制定国际经贸规则上的有利地位，试图维护和强化其在国际经贸中的既得利益，遏制发展中国家的产业升级，将发展中国家锁定在产业链的中低端。

施振荣先生提出的"微笑曲线"比较形象地说明了发达国家与发展中国家在知识经济时代的利益分配格局。"微笑曲线"横轴表示产业链的位置，纵轴表示增加值。在产业链的左侧，代表的是一项产品的研发设计环节，产业链的右侧，代表的是一项产品的销售服务环节；产业链的中间则是该产品的加工制造环节。微笑曲线呈现"V 字形"表明：一项产品的设计研发环节和营销服务环节获得的附加值高，而加工制造环节获得的附加值低，即一项产品的附加值集中于产业链的两端，居于中间的加工制造环节只能获得很低的附加值。总体而言，在国际分工中，发达国家企业处于产业链的两端，即产品的设计研发和销售服务环节，在国际分工中攫取了大部分利润；而发展中国家企业则处于产业链的中间，即加工制造环节，只能获得微薄的加工费。有意思的是，进入 21 世纪，微笑曲线更加弯曲，表明这种差距还在不断地加大（图 3-2）。

发展中国家参与国际分工一方面，是为了增加就业机会，获取经济利益；另一方面，则是利用知识外溢效应来促进本国技术水平提高并使本国在国际分工中的地位得以改善，进而使本国从价值链的低端向价值链的高端攀升。本来，通过参与国际分工，发展中国家可以不断学习新的技术、进行模仿创新，提高自身经济技术水平，从而提高自身在价值链分工中的地位。但是，发达国家及其跨国公司通过制定更严格的知识产权国际规则，不断强化知识产权保护，其根本目的就是要"蹬开发展的梯子"，阻止发展中国家企业的模仿创新，从而把发展中国家锁定在价值链的低端。

正如有的学者所指出的那样：TRIPS 大幅提高知识产权保护水平，使未来新兴工业化国家难以再走以前工业化国家走过的老路。以前工业化国家的经济发展和超越是建立在对别国技术的无偿使用上的，但在 TRIPS 生效以后，现在要实现工业化的国家却不能这么做了。在新的体制下，在效仿方面有比较优势的国家和公司将失去其优势。

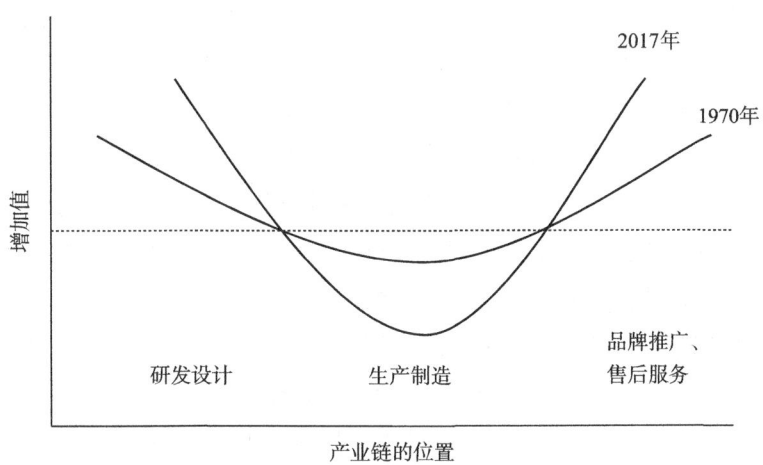

图 3-2　21 世纪的"微笑曲线"

资料来源：WIPO, 2017. 2017 年世界知识产权报告：全球价值链中的无形资本 [EB/OL]. https://www.wipo.int/publications/zh/details.jsp? id = 4225 [2021 - 11 - 15].

(三) 通过知识产权实现新依附

传统上，发达国家依靠自身的资金、市场和技术优势建立了与发展中国家的依附关系，离开了发达国家的资金、市场和技术，发展中国家的经济就可能瘫痪。生产要素是发达国家建立依附关系的重要经济基础，但是各种要素在这种依附关系中的作用是不同的。在工业经济时代，资本是首要的生产要素，在依附关系中发挥首要作用，而在知识经济时代，技术成为核心的生产要素，成为第一生产力，在依附关系中发挥着决定性作用。为了维持这种依附关系，发达国家在全球推动知识产权高水平保护。通过高水平知识产权保护，继续维持不平等的交换，从发展中国家收取知识产权税，并企图拆掉发展中国家发展的"梯子"，把发展中国家锁定在产业链的低端。我们可以把这种建立在技术和知识产权基础上的依附称为"新依附"。

关于技术依附或者"新依附"的问题，多斯桑托斯在其著作中早已有过论述。多斯桑托斯把依附分为"殖民地依附""金融—工业依附""技术—工业依附"三个阶段或形态。第三种依附即"技术—工业依附"即为"新依附"。在分析中心国的技术垄断问题时，多斯桑托斯指出：发展中国家工业发展需要进口发达国家生产的机器和设备，但由于受专利法的保护，发展中国家在国际市场上并不能随意获得这些生产要素。专利保护使这些国家获取这些资本时，需要付出更大的代价。不仅如此，中心国企图一直保持在技术上的领先地位，如果某个边缘国家在某些技术领域接近甚至赶超了中心国家，威胁到了中心国家的技术领先地位，中心国家就会采取贸易制裁、禁止交易等方式对挑战国家进行封杀和遏制。当前中美贸易战中美国对华为公司、中兴公司等高科技企业的封杀就是最好的说明。

如果说旧依附主要是市场与资本的依附，那么"新依附"主要是技术依附，即以技术依赖为核心的发展中国家对发达国家的依附。在这种依附状态下，离开了发达国家的技术，发展中国家的企业甚至无法进行生产活动。美国近来对中国科技公司的制裁和打压很明显暴露这种技术依附关系。例如，尽管我国通信产业发展迅速，但是我国的芯片仍然严重依赖进口。2019年，中国芯片自给率仅为30%左右。在中美贸易战中，中兴公司在美国的禁令下立马休克，不得不缴纳巨额罚款并作出承诺，而华为公司也在美国的步步紧逼的制裁下举步维艰，核心技术受制于人的程度可见一斑。其实不仅是芯片，我国在高端制造领域还有许多技术受制于人，不得不大量依赖进口。据工信部原部长李毅中表示，目前中国在高端制造领域有2/3的核心元器件和重要材料仍依赖于进口。即使像中国这样的有一定的技术实力的发展中国家都对美国的技术有很深的依赖，更不用说技术实力较弱的发展中国家。

如果没有知识产权保护制度或者知识产权保护水平较低，发展中国家可以通过模仿和在原有基础上的创新，发挥后发优势，实现技术上的赶超，逐渐摆脱这种依附关系，但这是发达国家所不愿意看到的。发达国家希望通过强化知识产权保护，遏制发展中国家的技术追赶，以保持其在技术上的领先地位，维持与发展中国家的依附关系，这也就是发达国家为什么要求不断加强知识产权保护的深层原因。

第四章 知识产权法律全球化的机制机理

随着知识经济和全球化的发展，知识产权法律全球化在以各种形式向前推进——通过双边、复边、区域和多边机制，不断进行议题联系、体制转换和论坛转移。在这些国际规则制定中，不同的知识产权协定经历了不同的谈判历程，结局也大相径庭。TRIPS 虽然谈判比较艰难，但最终取得了非凡的成功，成为当代规范国际知识产权秩序的基本规则；ACTA 谈判比较顺利，协定达成迅速，最终结局却出人意料——在多个国家签署协定之后，却因遭到欧洲议会的否决而功亏一篑；TPP 谈判更是一波三折，经过多年艰苦谈判，终于达成协定之后，但因特朗普上台，美国果断宣布退出，致使 TPP 命悬一线，然而就在人们认为 TPP 难逃失败命运之时，日本出手，力挽狂澜，达成了一个没有美国的新协定《全面进步跨太平洋伙伴关系协定》（*Comprehensive and Progressive Agreement for Trans-Pacific Partnership*，CPTPP）。

尽管这些国际知识产权协定的命运不同，但知识产权法律全球化的车轮依然滚滚前行，没有止步，许多有关知识产权的国际协定的谈判仍在进行之中。一方面这是知识经济法律全球化的必然结果，有着深厚的经济基础；另一方面也与利益集团及各国政治博弈密不可分，有其深层次的政治根源。那么，为什么有的谈判能够达成协定？有的谈判不能达成协定？为什么有的协定谈判比较顺利？有的协定谈判却异常艰难？为什么有的协定获得批准？有的协定则遭到否决？是什么决定了这些知识产权协定的不同命运？是什么左右知识产权法律全球化的棋局？知识产权法律全球化的机制机理是什么？这些问题单纯从法学角度显然无法找到令人满意的答案，需要我们借助国际政治和国际关系的理论与工具进行跨学科分析。

本部分首先运用国际关系中"双层博弈"理论对 ACTA 谈判迅速达成

协议,最终又被否决的原因进行深入分析,试图探寻知识产权国际规则制定的影响因素。然后,构建了一个知识产权国际谈判的"三层博弈"模型,并且将各种类型的知识产权国际谈判纳入该模型,对知识产权法律全球标准的形成进行"三层博弈"分析。通过对知识产权国际谈判的"双层博弈"和"三层博弈"分析,试图解释影响知识产权国际协定成功与失败的政治经济因素,揭示知识产权法律全球化的机制机理,探索国际知识产权法律发展的一般规律,从而对未来国际知识产权秩序构建和我国参与知识产权全球治理得出一些有益的启示。

第一节 知识产权国际谈判的"双层博弈"分析
——以 ACTA 为例

ACTA 是发达国家为了加强国际知识产权执法而谈判的一个国际协定。ACTA 以在 TRIPS 基础上达成更全面、保护标准更高的知识产权执法标准作为其谈判目标。❶ 由于谈判采取了俱乐部模式和秘密方式,谈判国家❷仅用了两年多的时间就迅速达成协定,但在该协定的批准阶段,却意外遭到欧洲议会否决,功败垂成。

尽管 ACTA 因其谈判过程的秘密性招致人们的反感,其内容威胁公民的基本权利而遭到强烈抵制,并最终退出历史舞台,但是 ACTA 的基本理念和主张,即强化知识产权执法和网络环境下的知识产权保护却代表了信息社会知识产权法律制度的基本发展方向,不仅其很多规则已经被后 ACTA 时代的其他有关知识产权的国际协定所吸收,就是其备受诟病的秘密谈判方式,也被不少知识产权国际协定的谈判所继承。❸ ACTA 对当代的国

---

❶ 张猛,2012. 知识产权国际保护的体制转换及其推进策略——多边体制、双边体制、复边体制?[J]. 知识产权(10):80.

❷ 为论述方便,本书将欧盟视为一个国家。

❸ 欧盟在 ACTA 被否决之后,马上将注意力转向《加拿大—欧盟全面性经济与贸易协议》(CETA),而美国政府则将推进的重点放在《跨太平洋伙伴关系协议》(TPP)上,CETA 和 TPP 知识产权内容都大范围借鉴了 ACTA 的条文内容,有学者甚至直接将 TPP 称为 "ACTA 2.0"。不仅 ACTA 的内容在 CETA 和 TPP 中得到复活和升级,其秘密谈判方式也被 CETA 和 TPP 的谈判所继承。张猛,2013.《反假冒贸易协定》(ACTA)解析:标准之变与体制之争[D]. 长春:吉林大学.

际知识产权立法产生了深远影响，其在知识产权法律全球化发展史上已经留下浓墨重彩的一笔，占有重要的地位，不应该被我们忘记。对 ACTA 的谈判进行国际政治经济分析，探讨规则制定背后的政治经济因素，不仅可以拓展国际关系学的研究领域，充实和丰富国际关系研究案例库，而且也是知识产权研究的理论创新，对今后的知识产权谈判及把握知识产权法律全球化的未来发展方向都有重要的借鉴意义。正如有学者指出的那样："尽管 ACTA 失败了，但是对其失败原因进行解析能够为知识产权条约的发展趋势和未来的知识产权条约如何避免相似的命运提供有价值的信息。"[1]

一、ACTA 的谈判与结局

（一）进展神速的谈判

2005 年 6 月，日本前首相小泉纯一郎在 G8 峰会上首次提出 ACTA 的构想，美国则于 2006 年提出构建反假冒和盗版的多边协议设想，此后欧盟、加拿大、瑞士等也先后加入谈判。2008 年 6 月谈判正式启动，到 2010 年 10 月最终协议文本达成，仅用不到两年半的时间，缔约方就完成了具有高水平知识产权实施内容的反假冒贸易条约磋商，与 TRIPS 持续 7 年、TPP 持续近 6 年、RECP（《区域全面经济伙伴关系协定》）持续 8 年的马拉松式谈判相比，ACTA 谈判可谓高效神速（表 4-1）。

表 4-1 ACTA 的谈判历程

轮次	时间	地点	议题
1	2008 年 6 月	瑞士日内瓦	边境措施
2	2008 年 7 月	美国华盛顿	边境措施和知识产权执法
3	2008 年 10 月	日本东京	知识产权的民事和刑事执法
4	2008 年 12 月	法国巴黎	刑事执法、国际合作、执法实践和机构安排
5	2009 年 7 月	摩洛哥拉巴特	国际合作、执法实践、机构安排和透明度
6	2009 年 11 月	韩国首尔	数字环境的知识产权执法、刑事执法和透明度问题

---

[1] SHEPARD A, 2013. ACTA on life support: why the anti-counterfeiting trade agreement is failing and how future intellectual property treaties might avoid a similar fate [J]. Wash. u. global stud. l. rev, 31: 121-122.

续表

轮次	时间	地点	议题
7	2010年1月	墨西哥瓜达拉哈拉	民事执法、边境执法和数字环境的知识产权执法
8	2010年4月	新西兰惠灵顿	边境措施、刑事执法和数字环境的特殊措施
9	2010年6~7月	瑞士卢塞恩	总则、一般义务、民事执法、边境措施、刑事执法、数字环境的知识产权执法、国际合作、体制安排
10	2010年8月	美国华盛顿	所有部分
11	2010年9~10月	日本东京	所有部分

资料来源：作者根据有关资料整理。

（二）意想不到的结局

ACTA谈判达成协议后，进入签署和国内批准阶段。刚开始，人们对ACTA的国内批准一度非常乐观，自2011年10月美国、日本等在东京召开条约签约仪式开始，到2012年1月欧盟及其22个成员国加入，ACTA的签署国迅速扩大到30个。此时，人们以为协议确定会在欧盟得到批准，因为ACTA不仅得到欧洲产业部门和欧盟委员会的全力支持，而且欧洲议会也发布决议重申需要确保知识产权的有效保护，声称ACTA为往"正确的方向"迈出的一步。这似乎是表明ACTA的立法议程已经被设定，激进组织不可能阻止协议的批准。❶ 曙光已出现在地平线上，ACTA被缔约方批准然后生效的日期似乎指日可待。

然而，在欧盟及其22个成员国签署ACTA后，却风云突变，ACTA遭遇了来自欧洲民众和各种社会组织的令人意想不到的强力阻击。欧洲200多个城市同时爆发了针对ACTA的大规模抗议活动，波兰等国的一系列政府网站受到网络攻击。❷ 由于欧盟成员国内部反对ACTA的示威活动愈演愈烈，在巨大的压力之下，欧盟各成员国对ACTA的态度发生明显变化，ACTA的批准进程急转直下。2012年2月3日，波兰总理宣布：由于在签署ACTA前，波兰政府并未就相关事务充分征求人民的意见，他已决定停

---

❶ FARRAND B, 2015. Lobbying and lawmaking in the european union: the development of copyright law and the rejection of the anti – counterfeiting trade agreement [J]. Oxford journal of legal studies, 35（3）：487 – 514.

❷ 詹映，2014.《反假冒贸易协定》（ACTA）的最新进展与未来走向 [J]. 国际经贸探索（4）：96.

止批准 ACTA 的行为。之后，很多已经签署和尚未签署 ACTA 的欧盟成员国纷纷宣布撤回签署或停止批准 ACTA。瑞士虽然不是欧盟成员国，但也跟随欧盟各国宣布停止批准 ACTA 的行动。面对这一局面，欧盟委员会建议将 ACTA 提交欧洲法院审查，试图挽救 ACTA，但是欧洲法院的审查结果尚未出炉，欧洲议会便于 2012 年 7 月 4 日投票以压倒性多数驳回了 ACTA，赞成票和反对票的比例竟高达 478∶39。这一投票结果给 ACTA 的批准程序致命一击，并最终致其"寿终正寝"。

ACTA 在欧洲遭到强烈抵制并被欧洲议会否决的局面显然让美国、日本及支持 ACTA 的欧洲力量始料不及。那么，为什么 ACTA 在谈判阶段顺风顺水，却在国内批准阶段遭到否决呢？是什么力量将 ACTA 推上高山之巅，又使其坠落悬崖？国际关系中的双层博弈理论可以为我们提供一个很好的分析视角，帮助我们揭开这层神秘的面纱。

二、双层博弈理论

双层博弈理论框架是罗伯特·普特南于1998年提出的，该理论主要适用于国际谈判中国内因素与国际因素的互动关系分析，强调国内政治与国际关系之间的相互影响。该理论框架提出之后，在国际关系研究中产生了广泛影响，许多学者运用该理论框架对国际安全问题、经济争端、南北关系等进行了案例分析。也有学者进一步将双层博弈理论化、概念化，使之得以完善和发展，如在《利益、制度与信息：国内政治与国际关系》一书中，米尔纳在罗伯特·普特南的双层博弈理论框架的基础上，引入不完全信息，强调信息不对称对国际合作的影响。本部分主要对双层博弈理论的核心观点进行介绍，为下一部分的分析打下理论基础。

（一）双层博弈理论的核心内容

双层博弈理论的核心可以概括为两个层次的博弈和两个阶段的谈判。罗伯特·普特南认为，参加国际谈判的代表同时在两个层次上展开博弈，一是在国际层次上与对方国家代表的博弈；二是在国内层次上与相关利益集团的博弈。为了进一步对这两个层次的博弈进行说明，他把国际谈判比作对弈，并设想了这样的情景：在国际谈判中，每个政治领导人都同时坐在两个棋盘——国际棋盘和国内棋盘之间。国际棋盘对面坐着的是他的国外对手,而在其旁边坐着的是他的外交和其他国际顾问;国内棋盘对面坐着的是利益集团代表、国会议员及国内机构代言人等。❶ 为了方便说明问题,他又把谈判分成国际谈判和国内批准两个阶段。在谈判的第一阶段,即国际谈判阶段,谈判代表经过谈判可能暂时达成一份国际协议,这被称为第一层(Level Ⅰ)博弈;在谈判的第二阶段,即国内批准阶段,第一阶段达成的协议交由本国内部的选民决定是否批准和实施,这被称为第二层(Level Ⅱ)博弈。即首先进行国际谈判,谈判代表与对手国家产生暂时协议,然后将协议带回国内,经过国内选民的认可后才算正式批准协议。❷ 第一阶段的谈判结果须由第二阶段批准或同意,这一点成为两个层面博弈之间的理论联系。"这表明,两个国家的谈判者仅是代表,他们的讨价还价是其中的一个层次,谈判的结果能否获得批准,还受到国内政治的影响,或者是由国内政治决定的。"❸

对谈判者来说,双层博弈的复杂性在于:对于同一个谈判者而言,在一个层次谈判上采取的理性策略,在另一个层次谈判上则可能完全是错误的。❹ 因此,核心决策者在制订政策时必须两者兼顾。❺ "一个总统不可能就国际条约举行谈判而丝毫不顾及其行为的国内影响。"❻

(二)赢集的概念及其影响因素

由于在第一层次已经达成的协议必须在第二层次被国内选民认可,否则谈判的结果可能是无效的。因此,为了实现国际合作,对这两个层次的谈判,决策者都要同等认真对待。那么,是什么决定了在第一层次达成的协议能在第二层次得到国内的批准呢?为了说明这一问题,罗伯特·普特南引入了赢集的概念。

---

❶ PUTNAM R D, 1998. Diplomacy and domestic politics: the logic of two – level games [J]. International organization, 42 (3): 427 – 460.
❷ 一般来说,这个过程是经过国会的批准后进行。
❸ 李增刚,2010. 双层博弈框架下国际贸易政策选择理论研究 [M]. 北京:经济科学出版社: 66.
❹ 同❶.
❺ 王传兴,2001. "双层次博弈"理论的兴起和发展 [J]. 世界经济与政治 (5).
❻ 张建新,2006. 权力与经济增长——美国贸易政策的国际政治经济学 [M]. 上海:上海人民出版社: 26.

1. 赢集的概念

在双层博弈理论中,罗伯特·普特南用赢集这一概念来解释和分析两个国家通过谈判达成协议可能性的大小。赢集越大,谈判越有可能达成协议;赢集越小,达成协议的可能性越小。那么,什么是赢集呢?按照罗伯特·普特南的定义,所谓赢集,也称"获胜集合",是指所有在第一层次(国际谈判)达成的,并在第二层次(国内批准)表决时获得必要多数支持的协议范围。❶

在图4-1中,阴影区域A和B分别代表甲国和乙国的国内赢集,阴影区域C则代表甲、乙两国赢集的重叠区域。图4-1表示,甲、乙两国能否在国际层面达成协定,取决于重叠区域C部分的大小,而重叠区域C部分的大小则是由甲、乙两国国内的赢集决定的。甲、乙两国国内的赢集越大,则重叠区域就越大,在国际层面越容易达成协定;反之,甲、乙两国国内的赢集越小,则重叠区域就会越小,在国际层面越难以达成协定;如果两个国家的赢集都比较小,不存在重叠区域,则协定就不能达成。因此,国际谈判能否成功、国际合作能否实现,最终主要取决于谈判国家国内赢集的大小。

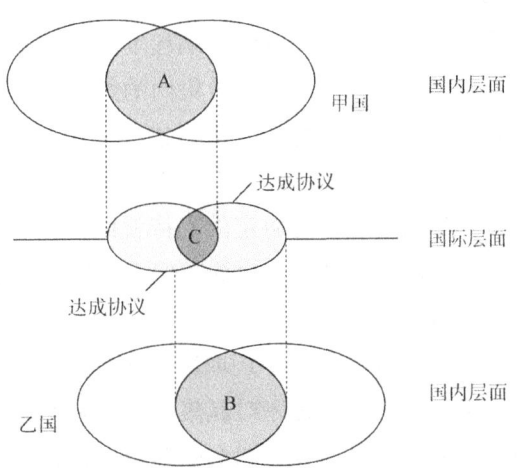

图4-1 双层博弈中的赢集

资料来源:郑春荣,等,2014. 中欧光伏争端中的欧盟与德国[J]. 德国研究(1),本书对原图进行了部分改动。

---

❶ 郑春荣,夏晓文,2014. 中欧光伏争端中的欧盟与德国——基于三层博弈理论的分析[J]. 德国研究(1).

2. 赢集大小的影响因素

既然国际谈判能否成功主要取决于国内赢集的大小，那么又是哪些因素决定了赢集的大小呢？双层博弈理论认为，赢集的大小主要与以下几个因素有关：国内层面各方的偏好、权力分配及可能的联盟；国内政治制度；信息分配；政治显著性；国际层次谈判者的策略；国际反作用；议题的单一性或多重性等。下面对这些影响因素逐一进行分析。

（1）国内层面各方的偏好、权力分配及可能的联盟。"在国内政治中，选民所具有的权力大小、偏好以及可能形成的联盟等，对什么样的协定可以获得通过具有决定性影响。"❶ 首先，赢集大小取决于不同类型选民的比例关系。由于国际协定在国内会产生利益分配效果，有的人因其获利，有的人因其受损，因此针对同一个协定在国内会形成不同的利益集团，这些利益集团拥有不同的偏好，他们对该协定的态度不同，获利者当然持支持态度，受损者当然持反对态度。为了实现自己的目标，反对者和受损者会形成不同的联盟，赢集的大小取决于国内反对者联盟和支持者联盟之间的力量对比。显然，支持者联盟的力量大于反对者联盟的力量，则赢集较大；反之，支持者联盟的力量小于反对者联盟的力量，则赢集较小；其次，赢集大小取决于国内选民受协定的影响程度。即使国内选民对某一协定的偏好相同，协定是否达成对国内利益集团的影响或者说带来的成本也不相同，没有协定对选民的成本越低，赢集越小。即在国际谈判中，如果相对于达成国际协定来说，选民不会因为双方不签订任何协定而遭受什么损失，或损失非常小的话，选民对协定的支持就低，赢集就小，此时国际协定的谈判就难以在国内获得通过。由此我们可以进一步推论，即"有协定"对选民的成本越高，赢集越小。

（2）国内政治制度。赢集的大小还取决于谈判方的国内政治制度。例如，国内层面的决策机制和批准程序对赢集的大小有实质性的影响，若谈判结果只需简单多数同意即可通过，那么赢集较大；若需特定多数同意才能通过，则赢集较小。此外，国际谈判者对于选民的自主程度也会影响赢集的大小。国际谈判者从国内选民获得的自主权越大，国内赢集就越大，

---

❶ 李增刚，2010. 双层博弈框架下国际贸易政策选择理论研究 [M]. 北京：经济科学出版社：68.

达成国际协定的可能性也越大，但会降低其国际谈判地位。❶ 在罗伯特·普特南的基础上，米尔纳进一步指出："合作的可能性和内容依赖于立法权力的分配，在行政机构和立法机构共享权力时，行政机构提出的国际协定必须得到立法机构的批准，因此行政机构和立法机构的相对地位对国际合作也有影响。当这些权力集中于行政部门时，合作可能性的大小取决于行政部门的偏好与外国偏好的接近程度，而且任何协定的内容都会更反映行政部门的偏好。当立法权力从行政部门转移到立法部门时，合作性协定的内容将更有利于立法部门。""强硬的立法机构会降低合作的可能性。"❷

（3）信息分配。忽略信息分配对国际协定的影响是罗伯特·普特南理论中最缺失的要素，幸运的是，米尔纳对这一缺失进行了填补，她将信息分配纳入双层博弈理论当中。米纳尔指出：信息问题在双层博弈中也是重要的，不完全或不对称信息会带来国内的不确定性。不完全或不对称信息在国内层次会体现为不同形式，但是这些问题都包含至少一个行为体缺少关于议题的重要信息。例如，有时候立法部门并不完全知道行政部门同外国谈判达成的协定内容，但是立法部门必须决定是否批准协定，这就导致立法部门是否批准协定存在很大的不确定性。总的来看，不完全信息具有双重影响：一方面，这种不对称信息具有政治收益（成本），它让一些行为体能够使达成的协定更接近自己的偏好，而不是其他行为体的偏好；另一方面，不完全信息带来的不确定性导致无效率，因为这意味着立法部门有时会否决互利的协定。若存在国内信息不对称，达成国际协定的可能性就会降低，因为不掌握信息的国内行为体常担心被利用而不接受特定的国际协定，而如果他们掌握信息就会欣然接受。总之，完全信息的双层博弈和不完全信息的双层博弈的比较表明，不完全信息更容易导致合作的失败。❸

此外，决策者有时候还会通过"操控信息透明度"的方法来促使谈判向自己所希望的方向发展。因为有些国际谈判的议题比较敏感，谈判者为了避免因议题公开而导致谈判受其他因素的影响，会选择秘密方式进行谈

---

❶ 薄燕，2003. 双层次博弈理论：内在逻辑及其评价 [J]. 现代国际关系（6）.

❷ 米尔纳，2010. 利益、制度与信息：国内政治与国际关系 [M]. 曲博，译. 上海：上海人民出版社：17.

❸ 同❷20.

判，以尽快达成协议。在非完全公开的情况进行谈判，决策者便可以利用释放部分信息的方式来影响谈判结果。当谈判前进的方向符合决策者预期时，可以释放国内选民偏好的信息来获得选民支持以增大国内赢集，让谈判顺利进行；反之，若谈判前进的方向与决策者的预期不相符，谈判者就会释放国内选民不偏好的信息，以缩小国内赢集，迫使对手作出让步，进而影响谈判结果。

（4）政治显著性。双层博弈理论认为，谈判议题的政治显著性会影响国内投票者的参与积极性，从而对赢集的大小产生影响。一般来说，谈判议题政治显著性越高，投票者的参与积极性就越高，赢集越小；谈判议题政治显著性越低，国内投票者的参与积极性也越低，赢集越大。这也是为什么职业外交官都强调保守秘密对于谈判成功至关重要的原因。❶

（5）国际层次谈判者的策略。国际层次的谈判者所运用的策略也会影响国内赢集的大小。每一个处在国际层次上的谈判者都非常明确地力图使对方的赢集最大化，但是对于他自己的赢集来说，他的动机是不确定的。因为自己的赢集越大，谈判者的决策权就越大，谈判就越容易，但是这会弱化自己在国际层次的谈判地位。

（6）国际反作用。不仅国内的政治过程、政治因素等会影响国际协定的谈判和批准，国际谈判中来自其他国家的压力或信息也会影响国内赢集大小，进而影响该国批准或者否决第一层次谈判达成的协定。

（7）议题的单一性或多重性。在多重、复杂议题的谈判中，国内的各个利益集团在不同议题上可能有不同的政策偏好，但如果各利益集团都坚持本集团的立场，不同意作出让步，那么协议最终就不可能达成。因此，如果谈判议题复杂多重，谈判代表就不得不对不同的议题和集团进行协调和平衡，这毫无疑问会增加达成协议的难度，而单一议题则比较容易达成协议。

三、ACTA 谈判的双层博弈分析

（一）谈判为什么顺利

笔者认为 ACTA 能够快速达成协议的原因可以归结为以下几个方面。

---

❶ 钟龙彪，2007. 双层博弈理论：内政与外交的互动模式 [J]. 外交评论（2）.

其一，ACTA 谈判采取复边体制，谈判成员有相同的偏好，第一层次谈判容易形成交集；其二，议题单一，扩大了各方国内赢集；其三，闭门立法，操控信息，暂时扩大了各方国内赢集；其四，美国国内赢集较大，立场较为柔和。

1. 复边体制

在国际谈判中，多边谈判具有广泛的代表性，但是由于谈判成员的多元性、利益诉求多样性和谈判程序复杂性而往往会使谈判举步维艰、进展缓慢。而在复边谈判中，一方面，成员较少；另一方面，谈判参与方大都是经过选择的。他们政策偏好相同、利益诉求接近，所以他们之间的立场比较容易协调，协议就容易达成。❶ ACTA 共有 11 个缔约方，其中 9 个成员为发达国家，被称为"发达国家俱乐部"❷。由于谈判成员经济发展水平比较接近，在知识产权保护方面有相近的偏好，即他们都认为知识产权为基础的产业对其经济发展发挥重要作用，应当加强知识产权保护，因此他们对谈判具有相同的目标与期望，无须在谈判过程中多加让步，这与在 12 个市场开放程度和经济发展水平有较大差距的成员之间开展的 TPP 谈判形成鲜明对比。从双层博弈视角来看，由于谈判方在知识产权问题上有相同的偏好和期望，参加谈判方国内赢集的重叠区域较大，在第一层次比较容易达成协议。此外，复边体制也可以使 ACTA 谈判有效规避世界贸易组织和世界知识产权组织关于多边协议的各种限制，不需要再通过多边体制所要求的各种各样的繁杂程序，从而可以快速地取得一致。有学者在研究 ACTA 的谈判之后这样评论："作为实用主义政治，在较少公众参与的情况下，在选择的谈判国家之间达成一个知识产权执行协定毫无疑问会比较容易。在有公众参与或者没有公众参与的多边论坛达成这样的协定从来没有如此之快。"❸

2. 议题单一

如前所述，国内赢集的大小受谈判议题的单一性和多重性的影响，单

---

❶ 衣淑玲，2010.《反假冒贸易协定》谈判述评［J］. 电子知识产权（7）.
❷ 仅有的两个发展中成员也已经与美国签订了自由贸易协定，在知识产权保护问题上与美国已经保持步调一致。
❸ WEATHERALL K, 2011. Politics, compromise, text and the failures of the anti–counterfeiting trade agreement［J］. Sydney law review, 33（2）：229–266.

一性的议题的国内赢集较大,而多重复杂议题国内赢集较小。与 TRIPS 谈判采取的"议题联系"策略相反,ACTA 谈判采取了"议题切割"策略,不仅从整体的贸易问题中将知识产权问题单独切割出来,而且又从知识产权问题中将知识产权的执法问题单独切割出来进行讨论。ACTA 专注知识产权执法问题,这使谈判议题单一、问题清晰,有利于扩大国内赢集,使协定更容易达成。

3. 闭门立法

ACTA 的谈判采取了极端秘密的谈判方式,被称为"偷偷摸摸的发达国家立法"。在草案被公开之前,谈判各方都没有把 ACTA 的谈判过程及谈判的文本内容进行公开,即使谈判方立法机构都没有被告知谈判的细节。❶ 一些观察家批评说:ACTA 谈判的秘密水平与其他国际贸易协定相比是史无前例的,甚至把它视为"核机密"一样。❷ 这种秘密谈判方式使有关利益团体和发展中国家的反对声音被有效地屏蔽,减少了过多的舆论压力,简化与国内利益相关者的博弈过程,保证谈判的顺利进行,提高谈判效率。这实质上是通过"操控信息透明度"来扩大国内的赢集,促使协定快速达成。事实上,单纯就 ACTA 第一层次的谈判而言,这一策略达到了其目的。

4. 美国国内赢集较大,立场比较柔和

美国政府一直把 ACTA 定性为一个单纯的行政协议,不用国会批准即可生效实施。根据 USTR(美国贸易代表办公室)的说法,美国是在遵从国内法律的前提下进行的 ACTA 谈判,ACTA 与包括美国版权法、专利法和商标法现有法律是一致的,ACTA 在美国的执行不需要改变国内法。❸ 谈判代表把 ACTA 定性为单纯行政协议,不需经国会批准,这其实是变相扩大谈判者的决策权,从而扩大其国内赢集,使谈判更容易在国际层面达成

---

❶ FARRAND B, 2015. Lobbying and lawmaking in the european union: the development of copyright law and the rejection of the anti-counterfeiting trade agreement [J]. Oxford journal of legal studies, 35 (3): 487–514.

❷ YU P K, 2011. Six secret (and now open) fears of acta [J]. SMU law review, 64: 975–1094.

❸ SHAYERAH I, 2012. The proposed anti-counterfeiting trade agreement: background and key issu [EB/OL]. https://digital.library.unt.edu/ark:/67531/metadc806509/m2/1/high_res_d/R4110 7_2012Jul13.pdf [2020-04-26].

协议。但是，国内赢集扩大会降低其相对于对手的谈判地位，这就是美国为什么在 ACTA 谈判中采取了比较柔和的立场，并作出了较大让步。

(二) 协议为什么在欧盟被否决？

ACTA 谈判成员方一方面，谋求在全球建立高标准的知识产权执法标准；另一方面，又通过复边体制和闭门立法方式企图规避发展中国家和国内社会公众的反对意见，这虽然符合知识产权利益集团和某些谈判代表的意愿，却对知识产权多边体制和公民社会的核心价值和基本权利构成了极大威胁，尤其是在特别珍视自由、民主、公平的欧洲，因此 ACTA 在欧洲遭到了来自社会各界的强烈抵制，导致国内赢集急剧缩小，最终被欧洲议会投票否决。此外，欧盟的政治制度和信息网络技术对协定的否决也产生了一定的影响。本部分将从国内赢集的影响因素出发，探讨 ACTA 被欧洲议会否决的原因。

(1) ACTA 不利于知识产品使用人，导致反对者数量众多，国内赢集较小。与知识产品的生产者相比，知识产品的消费者本身就数量众多。因为"在高度发达的信息社会，任何影响人们如何处理信息的规则必定影响人们生活其中的整个生活习惯"[1]。ACTA 从民事、刑事、行政、边境及数字环境执法等方面全面提高知识产权的执法标准，[2] 对各个利益群体都会产生重要影响。知识产权国际执法标准的提高显然是有利于知识的生产者，而大幅压缩知识消费者的权力空间，遭到众多反对也就不足为奇。不仅如此，在知识产权的各种类型中，与商标和专利相比，作品的使用人是广大社会公众，著作权规则的变化会涉及众多人的利益，而著作权恰恰是 ACTA 的重点内容之一，因此 ACTA 的反对者有广泛的群众基础。此外，相对于美国的商业社会，作为公民社会的欧洲，支持知识产权的力量本来就不像美国那么强大。因此，在欧洲反对 ACTA 的力量很容易超过支持 ACTA 的力量，导致欧盟内部赢集较小。

(2) ACTA 威胁到欧洲选民的基本权利和核心利益，导致"有协议"成本极高。如前所述，选民数量方面的比例关系只是决定赢集的一个方

---

[1] LUCIANO F, 2015. ACTA: the ethical analysis of a failure, and its lessons [J]. Ethics inf technol (17): 165-173.

[2] 王宇. 2012-08-22. 谁在反对 ACTA [N]. 中国知识产权报.

面,赢集的大小还取决于选民对协定反对或支持的意志和决心,这种意志和决心又取决于他们受协定的影响程度,或者签订协定给他们带来的成本。可以认为,支持或反对协定的选民的数量与协定带来的成本的乘积决定赢集的大小。在数量一定的情况下,一项协定给选民带来的成本越高,❶对其影响程度越大,则他们越容易组织起来,反对的力度就越大,赢集越小。

欧洲是一个非常崇尚民主和自由的国家,ACTA 的实体内容和谈判过程威胁了欧洲社会最为珍视的知情权、隐私权、健康权、表达自由等基本人权。例如,秘密谈判方式,侵犯了公民的知情权;严格的知识产权海关措施,威胁到药物可及性与公共健康;鼓励服务提供商对互联网用户采取不受监督的监控措施,危及公民的隐私权和表达自由等。ACTA 触动了欧洲社会公众的核心利益与基本价值观,带来了很高的社会成本和精神成本,不仅增加了反对者的数量,而且增强了反对者的意志和决心,使赢集急剧缩小,最终遭到否决。比较而言,ACTA 在日本签署和批准比较顺利,大概是因为日本作为东方国家,比较重视集体权利,个体的隐私权、自由表达权等与西方国家相比没那么重要,对侵犯这些权利的行为容忍度较高。

(3) 秘密谈判方式招致公众反感和误解,引发 ACTA 的合法性危机,缩小了赢集。如前所述,ACTA 的秘密谈判方式减少了来自各方的阻力,扩大了谈判者的决策权和国内赢集,加快了 ACTA 第一阶段谈判的进程,使协定比较迅速地达成,但是这种赢集的扩大是通过屏蔽各利益相关方的反对意见和压力来实现的,因此是暂时的、虚假的,当这种屏蔽失败或解除之后,人为撑大的赢集就会急剧缩小。有的学者指出:"这种'秘密的外衣'最初使 ACTA 的谈判人员免受外部的压力和外界的批评,最终却事与愿违,引发了担忧、恐惧、谣言、指控、猜测和偏执。"❷ 通过秘密谈判达成的协议让利益相关者充满了不信任和反感,甚至有一种被欺骗和耍弄的感觉,激起了公民和社会组织的强烈抗议,最终缩小了第二层次的赢集。

---

❶ 这里的成本除了经济方面的成本之外,也应当包括社会成本和精神成本。

❷ YU P K, 2011. Six secret (and now open) fears of acta [J]. SMU law review, 64: 975 – 1094.

秘密谈判方式也造成了不完全信息或者信息不对称问题。前已述及，信息的不完全或不对称容易导致合作的失败。ACTA的秘密谈判方式导致大多数的利益相关者无法获取谈判信息，但有些特殊的集团却可以有特权获取。有评论者指出："由于行业领袖和公司游说者通常在政府的贸易咨询委员会任职，他们可以获得ACTA的关键信息，而大多数消费者权益倡导者和公民自由团体却不能获得，政府对谈判文件的选择性披露造成了'利益相关者获取不平等'的问题。"电子先锋基金会的高管格文·欣泽也抗议道："这关系到一个根本的公平问题。很明显，这项贸易协定的谈判文本和背景文件已经提供给了主要媒体版权所有者和制药公司在知识产权行业贸易咨询委员会的代表。然而，受到ACTA严重影响的公民必须依靠非官方的泄密来获得有关该协定的实质性信息，而且没有机会参与谈判进程。这种政策制定方法很难说是透明或平衡的。"❶ 因此，至少在被排除在外的利益团体眼里ACTA的合法性受到质疑。总之，谈判成员处心积虑的秘密谈判方式是导致协定遭到否决的一个重要因素。正如，欧洲议会议长舒尔茨指出的那样：否决ACTA的关键问题是透明度和民主参与问题，而不是知识产权法。❷

（4）欧盟的政治制度。ACTA的失败还跟欧盟内部的政治制度密切相关，欧盟立法权力的转移也是ACTA被否决的一个重要影响因素。

首先，在欧盟的政治结构中，欧洲委员会、欧盟理事会和欧洲议会是三个重要的决策机构，他们代表不同利益团体。欧盟理事会和欧洲委员会是产业集团利益的代表，而欧洲议会则是欧盟代议机关，其议员就由民众直选产生，代表社会公众的利益。由于ACTA的收益主要体现在经济方面，通过严格执法，打击盗版，增加知识产权产业集团的收益，其受益人是知识产权产业集团，因此在ACTA谈判中，欧盟理事会和欧洲委员会对AC-TA基本持支持态度；ACTA除会带来收益以外，还会产生成本，除协定的执行成本（属于经济成本）以外，还会带来巨大的社会成本和精神成本，

---

❶ YU P K, 2011. Six secret (and now open) fears of acta [J]. SMU law review, 64: 975 – 1094.

❷ FARRAND B, 2015. Lobbying and lawmaking in the european union: the development of copyright law and the rejection of the anti – counterfeiting trade agreement [J]. Oxford journal of legal studies, 35 (3): 487 – 514.

即对民主自由等基本人权的威胁,承担这些成本的主要是社会公众,因此欧洲议会对 ACTA 基本持反对态度。根据欧盟政治权力划分,欧洲委员会代表欧盟参与 ACTA 谈判,但 ACTA 最终却需经过欧洲议会批准方可生效,结果正是由于欧洲议会行使了否决权,导致即将上岸的 ACTA 的搁浅。

其次,欧洲立法权的转移影响了 ACTA 的命运。在欧洲政治权力结构中,欧洲议会的权力经历了一个逐步扩大的过程。欧洲议会在初期仅发挥咨询机构的功能,但随着欧洲一体化的发展,欧洲议会的权力不断扩张。《里斯本条约》生效后,按照欧盟最常用的普通立法程序,由欧洲委员会提交的立法草案必须通过欧洲议会的表决。❶ 这一要求实际上授予了欧洲议会的议员阻止 ACTA 批准的权力。❷《里斯本条约》使欧洲的立法权从行政部门向立法部门转移,扩大了欧洲议会的立法权力,直接影响了 ACTA 国内批准。

最后,欧洲各机构权力的行使也影响了 ACTA 的命运。为了挽救 ACTA,2012 年 2 月 22 日,欧洲委员会请求欧洲法院对 ACTA 是否可能侵犯欧洲基本人权和自由作出判断。在欧洲法院给出评价结果前,尽管受到欧洲委员会的反对,欧洲议会中的国际贸易委员会仍然坚持要求欧洲议会如期于 2012 年 6~7 月对是否批准 ACTA 进行投票。正是这次投票断送了 ACTA 的前程。试想,如果欧洲议会同意推迟投票,即等欧洲法院给出评价结果之后再进行投票表决,可能产生不同的结果。因为如果欧洲法院经过审查,认为 ACTA 不会侵犯欧洲基本人权和自由,并且与欧盟法律一致,那么基于法院的权威性,可能改变一部分公众和议员对 ACTA 性质的认识,从而使他们对 ACTA 的态度发生转变,即从强烈反对转向温和反对、中立甚至支持,这样的话就会扩大欧盟的赢集,可能使协定在欧盟获得批准。

(5) 网络技术为反 ACTA 联盟的形成与运作发挥了重要作用。在知识产权保护问题上,知识产品的生产者集团成员数量较少,属于小集团,而知识产品的使用者数量众多,属于大集团,但是近几十年来,知识产权保

---

❶ 张海洋,2014. 欧盟利益集团与欧盟决策:历史沿革、机制运作与案例比较 [M]. 北京:社会科学文献出版社:83.

❷ MATTHEWS D, ŽIKOVSKÁ P, 2013. The Rise and Fall of the Anti – Counterfeiting Trade Agreement (ACTA): Lessons for the European Union [EB/OL]. https://link.springer.com/article/10.1007%2Fs40319 – 013 – 0081 – y [2020 – 04 – 20].

护水平却在知识产品生产者集团的推动下不断提高。其可能的原因在于：按照集体行动的逻辑，小集团由于成员数量少，成员之间讨价还价的成本较低，因此成员较少的集团比成员较多的集团更易于组织集体行动。❶ 因此，成员数量上居于劣势的知识产品生产者集团反而占了上风，在推动知识产权立法过程中发挥了更重要的作用，大多数情况下左右了知识产权的立法方向和进程。知识产品的使用者尽管成员数量众多，但组织起来的成本很高，且存在"免费搭乘者"难题，因此发挥的作用反而有限。但是，网络技术的发展，各种社交平台的使用，改变了人们的交流方式。"由于网络环境下复制和传播的高速度和低成本，以及匿名的特点，多人对多人的传播能力，互联网已经成为特殊有效的通信方式；即时的和无所不在的互联网能够把全球范围内的人随时联系起来，共同表达目标一致或类似的诉求，并采取协调行动。"❷ 互联网技术大大降低了知识使用者组织起来的成本，使知识产品生产者集团和使用者集团的地位发生了很大的变化，这一点在 ACTA 谈判中得到了充分的体现。例如，"当波兰总理唐纳德·图斯克宣布他打算批准 ACTA 时，在波兰发起了一项在线动员，创建一个以'Nie dla ACTA'为题的脸谱网页面，该页面创建之后的 48 小时内，就获得了 10 万次的浏览量，并且有 148 名在线积极分子协调了线下行动，在克拉科夫和弗罗茨瓦夫分别有 15 000 人和 5000 人参加了线下的示威活动。"❸ 不仅如此，网络技术也让 ACTA 谈判内容无处遁形，维基解密从 2008 年 5 月就公布了疑似 ACTA 讨论文本，在整个谈判过程中，被先后解密或公布的谈判文本至少有 8 个之多。

（6）ACTA 的政治显著性的变化。赢集大小与议题的政治显著性有关，本杰明·法兰德（Benjamin Farrand）在研究欧洲立法过程的"游说"问题时发现：议题的政治显著性不同时，产业代表和选民在立法中的作用也不同。"当议题的显著性低，选民认为相对于其他问题不是很重要时，产业

---

❶ 许云霄，2006. 公共选择理论［M］. 北京：北京大学出版社：127.

❷ YU P K, 2011. Six secret (and now open) fears of acta［J］. SMU law review, 64：975 – 1094.

❸ FARRAND B, 2015. Lobbying and lawmaking in the european union: the development of copyright law and the rejection of the anti – counterfeiting trade agreement［J］. Oxford journal of legal studies, 35（3）：487 – 514.

代表能够有效地塑造立法结果。当议题的政治显著性高，对选民变得重要时，产业代表的这种能力将实质性减弱。ACTA 的失败表明立法的成功并不取决于'大的商业集团需要什么'，而是政治显著性的变化。"❶

随着谈判的进展，ACTA 的政治显著性迅速提升。刚开始，人们以为 ACTA 不过是一个关于反假冒和盗版的协定，并未引起人们的重视，政治显著性较低，在此情况下，产业代表发挥了很大的作用，谈判也基本是按照他们的意图进行，并很快达成了协定，但后来发现它威胁到隐私权、表达自由、药品获取等基本人权问题时，ACTA 在选民心目中的重要性急剧上升，遭到了公众的大规模抗议和反对，这时产业集团的声音被淹没了。有学者指出："当 ACTA 不再是有关知识产权的有效保护问题，而是有关审查、商业秘密和缺乏民主的问题，ACTA 的显著性发生了巨大的变化。"我们也可以从媒体有关 ACTA 的新闻报道数量的变化中，看出 ACTA 政治显著性的这种变化。在最初宣称 ACTA 存在到 2011 年 12 月，英国广播公司以及《卫报》《电讯报》共报道了 25 个有关 ACTA 的新闻，而从 2012 年 1 月至 ACTA 被否决的 2012 年 7 月，这几个媒体共报道了 39 个有关 ACTA 的新闻，在最后 6 个月时间里报道的新闻数量几乎是前 3 年的两倍，并且这些报道大部分是负面的。❷ 此外，ACTA 的秘密谈判方式也增加了公众的关注度，提高了 ACTA 的政治显著性，因为"谈判方越是保密，谈判文本的内容就越是激发人们对它的关注和批评"❸。总之，ACTA 政治显著性的提高导致社会公众的作用加强，使社会公众的作用超过知识产权利益集团的力量。

（7）国际反作用。如前所述，来自其他国家的压力和信息也会影响协定的国内批准。在 ACTA 谈判中，"发达国家俱乐部"的封闭谈判模式引起了许多有识之士和发展中国家的强烈不满和批评。有学者批评道：ACTA 是知识产权强国及其集团对世界其他地区的外交政变……ACTA 对世

---

❶ FARRAND B, 2015. Lobbying and lawmaking in the european union: the development of copyright law and the rejection of the anti – counterfeiting trade agreement [J]. Oxford journal of legal studies, 35（3）：487 – 514.

❷ 同❶.

❸ 同❶.

界的繁荣、安全和健康构成威胁。❶ 中国和印度在 WTO 分别就 ACTA 谈判另行开辟新的论坛表达了关注和批评,这些批评得到了许多发展中国家的支持。来自发展中国家批评当然不是 ACTA 批准或否决的决定性因素,但是这些批评的确造成了道义上的压力,产生了一定的间接影响。

通过以上分析,我们可以看出,ACTA 通过复边机制、闭门立法等手段进行谈判,在谈判阶段刻意规避发展中国家和国内社会公众的反对意见,使谈判阶段国内有较大的赢集,因而谈判进展比较顺利,很快达成协定。但是这种赢集是虚幻的、不真实的,是通过"操控信息"实现的,所以当谈判完成之后进入批准阶段时,谈判文本向社会公开,这种虚化的"大赢集"的肥皂泡就像被大风吹破一样,急遽缩小,最终导致被否决的命运。在 2012 年 6~7 月欧洲议会部分委员会和欧洲议会针对 ACTA 的投票中,反对票都远远超过赞成票,尤其是在欧洲议会全体议员的投票中,反对与赞成 ACTA 的比例高达 478∶39(另有 165 票弃权),反对者竟然超出赞成者达 12 倍之多(表 4-2)。从这一悬殊比例我们可以看出 ACTA 在欧盟的赢集是多么小。

表 4-2　2012 年 6~7 月欧洲议会部分委员会和欧洲议会针对 ACTA 的投票统计

欧洲议会/委员会	反对票	赞成票	弃权票	结论票
发展委员会	19	1	3	驳回
公民自由委员会	36	1	21	驳回
产业、研究与能源委员会	31	25	0	驳回
法律事务委员会	12	10	2	驳回
国际贸易委员会	19	12	0	驳回
欧洲议会	478	39	165	驳回

资料来源:EUROPEAN PARLIAMENT NEWS, 2012. ACTA before the European Parliament [EB/OL]. https://www.europarl.europa.eu/sides/getDoc.do?type=IM-PRESS&reference=20120217BKG38488&secondRef=0&language=EN [2021-11-15].

---

❶ SHAWA, 2008. The problem with the anti-counterfeiting trade agreement, knowledge ecology study, 2008 [EB/OL]. http://www.kestudies.org/ojs/index.php/kes/article/view/34/59 [2021-05-15];袁真富,郑舒姝,徐洋,2011.《反假冒贸易协定》的主要特点及其现实影响 [J]. 电子知识产权(8).

第二节 知识产权全球标准形成的三层博弈

如前所述,双层博弈是研究国际政治和国内政治互动的一种理论,该理论对国际谈判有很强的解释力,不少学者运用该理论对国际问题进行案例研究。[1] 然而,该理论存在一个明显不足,即忽视了国际谈判中国家联盟的存在,对存在国家联盟情况的国际谈判缺乏解释力。由于在知识产权全球标准的形成过程中,国家之间建立联盟是普遍现象,各行为主体之间的博弈也是在三个层次展开,因此本节尝试在双层博弈理论基础上构建知识产权标准形成的三层博弈模型,并把各类相关行为体之间的博弈纳入该模型进行案例实证。通过三层博弈这一崭新视角,从整体上考察知识产权全球标准形成背后各类行为体的博弈过程,进一步探索知识产权法律全球化的机制机理。

一、双层博弈理论的不足

罗伯特·普特南的双层博弈模式丰富了外交学理论,在国际关系研究中产生了广泛影响,许多学者运用该理论框架对国际安全问题、经济争端、南北关系等进行案例分析,也有学者在研究中发现并指出了该理论的缺陷与不足。具体而言,双层博弈理论存在的不足主要体现在如下几个方面。

第一,未考虑结盟问题。学者们对双层博弈理论的一个批评是其未能考虑联盟的存在。瑙夫(Knopf)认为:"双层博弈理论对国家集团之间的

---

[1] 运用双层博弈理论分析知识产权问题的文献较少。安德鲁·梅尔萨(Andrew Mertha)和罗伯特·帕赫(Robert Pahre)以及和我国学者亢梅玲(2007)曾将双层博弈理论运用于中美知识产权谈判的分析,探讨当时的国内政治和国际政治的互动关系。MERTHA A, PAHRE R, 2005. Patently misleading: partial implementation and bargaining leverage in sino – american negotiations on intellectual property rights [J]. International organization, 59 (2): 695 – 729. 亢梅玲, 2007. 中美知识产权谈判的双层博弈分析 [A]. 全国美国经济学会第八届会员代表大会论文集.

机构联系未能给予应有的关注。"❶ 孙德刚更是明确指出："双层博弈理论的最大缺陷是忽视了国家的结盟偏好……当一国开展结盟外交时，决策者的角色就会多元化，双层博弈模式就会有局限性。"❷ 事实上，在许多知识产权国际谈判中，国家联盟是客观存在的。例如，在TRIPS谈判中形成的以美国为首的发达国家联盟和由印度和巴西领导的发展中国家联盟。

第二，忽视国际层次博弈的多样性。双层博弈理论在分析国际层次的博弈时，仅考虑了不同国家政府间的博弈，而没有考虑不同国家利益集团之间的跨国博弈及利益集团与外国政府的跨国跨层次博弈。在知识产权全球标准形成过程中，这几种类型的博弈都是客观存在的。瑙夫在肯定三层博弈理论的基础上指出：双层博弈理论没有充分注意类型不同的国内—国际关系。瑙夫在自己的研究中将国内—国际关系划分成三种相互独立的形式：跨政府间的、跨国间的和跨层次的，并提出了"三三方法"以区分三种不同类型的国内—国际关系。❸

第三，把国内博弈简单化。罗伯特·普特南为简化分析，把国内层次的博弈简单归结为国际层面达成的协议的批准行为，但事实上，很多时候，在本国代表参加国际谈判过程中甚至是谈判之前，国内层次的博弈就已经开始，甚至有的时候谈判的议题都是国内利益集团提出的。正如，瑙夫指出的那样："双层博弈理论忽视了谈判的提议甚至谈判的开始都可能是由国内利益集团发起的这种可能性。"❹ 莫（Mo）也认为："谈判者面临着两个层次的国内政治约束，一个是最初的提议过程，一个是提议的批准过程。普特南主要分析了提议的批准过程，而没有讨论提议的形成过程。"❺"事实上，国内行动者不仅可以在协定的批准阶段发挥作用，在国内提出议题阶段也可能发挥重要作用。"❻

---

❶ KNOPF J W, 1993. Beyond two-level games: domestic-international interaction in the intermediate-range nuclear forces negotiations [J]. International organization, 47 (4): 599-628.
❷ 孙德刚, 2008. 结盟外交与国际安全竞争中的"三层博弈"模式 [J]. 国际论坛 (6).
❸ 同❶.
❹ 同❶.
❺ MO J, 1994. The logic of two-level games with endogenous domestic coalitions [J]. Journal of conflict resolution, peace science society (international), 38 (3): 402-422.
❻ 同❺.

二、知识产权全球标准形成的三层博弈模型

"国际知识产权保护的新规则,是国际政治经济力量博弈的结果。"❶ 从产业利益保护需求到知识产权全球标准的形成过程,始终伴随着各类相关行为体之间激烈的博弈。通过对知识产权国际立法进程的整体考察,我们可以发现,知识产权全球标准的形成有一条主线,即利益集团—国家—国家联盟—知识产权全球标准。

无论是国内知识产权制度还是国际知识产权制度,其初始动机主要是出于保护知识产权所有者的利益。基于在知识产权保护方面的共同利益,知识产权所有者形成了知识产权利益集团,他们是知识产权强保护的支持者和推动者,成为知识产权全球标准形成的动力源。但一般而言,谈判和缔结国际协定的主体是主权国家或地区,利益集团并不能直接参与国际知识产权谈判,他们需要将私人利益打扮成国家利益,由国家代为参加国际谈判,制定有利于实现自身利益的知识产权国际规则。由于知识产权国际规则需要大多数国家认可和接纳,如果没有其他国家的支持,单一国家很难直接将自己的主张转化为全球标准,因此欲使自己的主张转化为全球标准的国家需要在知识产权谈判中与自己偏好相近的国家结成联盟,借助联盟的力量,将有利于己的规则转化为全球标准。由此可以看出,在知识产权全球标准的形成过程中,各利益主体主要在三个层次上展开博弈,即国内层次、国际(跨国)层次和联盟层次。

为了说明知识产权全球标准形成中的三个层次的博弈,本书在双层博弈理论的基础上,把国家联盟考虑进来,尝试构建了知识产权全球标准形成的三层博弈模型,如图 4-2 所示。

在图 4-2 的模型中,有两类国家,即发达国家与发展中国家,由于发展水平的差异,这两类国家在知识产权保护问题上拥有不同的立场。为了达成有利于本国的知识产权国际规则,他们在知识产权国际谈判中结成了两大联盟,即发达国家联盟和发展中国家联盟。需要说明的是,由于美国在知识产权全球标准制定中作用特殊,该模型把美国从发达国家阵营中单

---

❶ 吴汉东,2014. 知识产权法的制度创新本质与知识创新目标 [J]. 法学研究(3).

第四章　知识产权法律全球化的机制机理

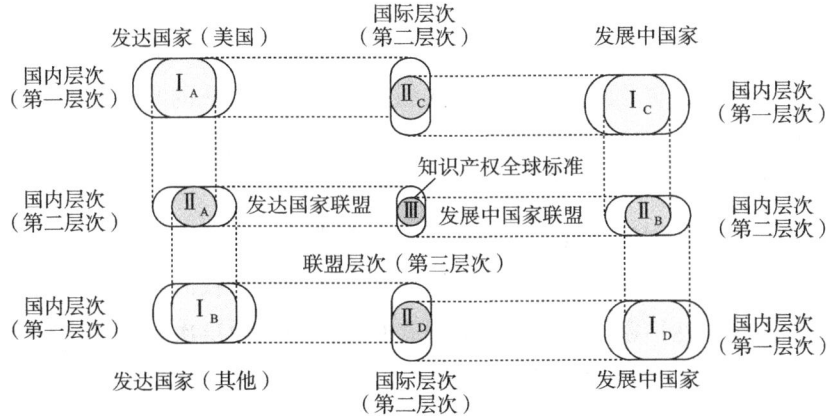

图4-2　知识产权全球标准形成的三层博弈模型

独列出,作为一方。❶ 通过该模型,我们可以直观地观察知识产权全球标准形成过程中三个层次的博弈。

第一层次:国内层次。国内层次的博弈是指本国各行为体之间的冲突与协调,包括知识产权利益集团之间及知识产权利益集团和本国政府之间的博弈,其中知识产权利益集团之间的博弈又分为知识产权所有者集团内部的博弈及知识产权所有者集团和知识产权使用者集团之间的博弈。经过博弈,如果国内行为体之间就相关议题达成他们共同接受的方案,就会形成交集Ⅰ(I_A、I_B、I_C、I_D)。

第二层次:国际(跨国)层次的博弈。国际(跨国)层次的博弈是指不同国家的各类行为体之间在知识产权全球标准形成过程中发生的跨越国界的冲突与协调。该层次博弈包括不同国家政府之间的博弈、不同国家利益集团之间的博弈及利益集团与外国政府之间的博弈,其中不同国家政府之间的博弈又分为发达国家与发展中国家之间、发达国家与发达国家之间

---

❶ 奥兰·杨认为,国际制度的产生,或者说合作的实现,依据其产生方式可以分为三种类型:第一种是自然而然形成的(米尔纳将其概括为依照惯例形成的);第二种是通过谈判形成的,这种合作的产生非常普遍;第三种是被迫产生,即霸权国家或者实力相对较强的大国迫使其他国家调整自身政策,期间霸权国或者大国也可能为了实现合作对自己的政策作出调整……第二种和第三种类型,以及介于二者之间的存在强国(霸权)的谈判方式更接近于现实中的国际社会。知识产权全球标准的形成大多数情况下属于这种类型,即介于第二种和第三种之间的类型。很大程度上,知识产权全球标准就是在美国这一霸权国家的推动下通过谈判制定的。熊洁,2017. 知识产权保护的国际政治经济学分析——利益、制度与进程 [M]. 北京:中国财政经济出版社:74.

及发展中国家之间的博弈。无论是不同国家政府之间的博弈还是利益集团之间的博弈，都是同一层次的博弈，而利益集团与外国政府之间的博弈不仅是跨国博弈，也是跨层次博弈。在国内层次博弈达成的共识基础上，各行为体通过国际层次的博弈达成了各相关行为体共同接受的方案，形成交集Ⅱ（Ⅱ$_A$、Ⅱ$_B$、Ⅱ$_C$、Ⅱ$_D$）。

第三层次：国家联盟之间的博弈。国家联盟之间的博弈是指具有共同利益的国家组成的联盟之间的冲突与协调。在知识产权问题上，最显而易见的联盟是发达国家联盟和发展中国家联盟。在国内层次和国际层次博弈达成的共识基础上，经过联盟之间的博弈，联盟之间达成共同接受的方案，形成交集Ⅲ。

从该模型不难看出，知识产权全球标准能否形成及形成的难易程度，直接取决于交集Ⅲ及其大小。如果存在交集Ⅲ，则知识产权全球标准可以达成，否则不能达成。交集Ⅲ越大，说明全球标准越容易达成，交集Ⅲ越小，说明达成全球标准越困难。交集Ⅲ是否存在及其大小取决于国际层面博弈达成的交集Ⅱ的大小及联盟双方立场的差异。交集Ⅱ越大，联盟双方的立场差异越小，即Ⅱ$_A$、Ⅱ$_B$偏离程度越小，则交集Ⅲ越大，反之交集Ⅲ越小。同样道理，交集Ⅱ的大小又取决于国内层次博弈形成的交集Ⅰ的大小及博弈双方立场的差异，而交集Ⅰ的大小则取决于国内各行为体之间的博弈及其立场差异。由此可以看出，知识产权全球标准能否形成及其难易程度最终取决于国内各行为体之间的博弈及他们之间的立场差异情况。当然，国际行为体和国家联盟的立场、国际层次和联盟层次的博弈结果及国际组织和国际制度等因素对国内行为体的博弈也会产生各种影响。

与罗伯特·普特南的双层博弈相比，该三层博弈模型有如下几个特点。首先，考虑的博弈类型众多。如上所述，共有九种博弈，谈判者的角色更为复杂，他们不仅要考虑国内利益集团的利益和谈判对手国家的立场，还要考虑联盟盟友的立场。其次，谈判的起点不同。罗伯特·普特南的双层博弈把国际谈判作为第一层次，国内的批准作为第二层次，是一种自上而下的路径。而在该三层博弈模型中，则把国内层次的博弈作为第一层次，即先在国内达成一致，然后在国际层次进行协调，展开第二层次的博弈，待国际层面达成一致后，再在联盟之间进行博弈，即第三层次的博弈，最终在联盟之间达成一致，形成全球标准，是一种自下而上的路径。❶最后，罗伯特·在普特南的双层博弈模型中，国内行动者主要在协定的批准阶段发挥作用，而该模型认为行动者在提出议题，以及推动谈判方面发挥更重要的作用。

需要说明的是，在第二层次即国际层次的博弈中，美国与发达国家的博弈有时候是为了形成联盟，如在多边谈判中美国需要其他发达国家支持其立场的时候，而在有些情形下，美国与其他发达国家之间的博弈和美国与发展中国家之间的博弈相似。此外，尽管国际层次的博弈主要导致部分国家知识产权保护水平的变化，并不能直接形成全球标准，但是国际层次的博弈不仅是知识产权全球标准形成的一个重要环节，而且它可以改变有关国家的知识产权保护水平，从而影响知识产权保护的国际平均水平，同时国际层次的博弈也会改变有关国家对知识产权的态度和立法，从而影响他们未来在多边谈判中的立场，对知识产权全球标准产生间接影响。

三、知识产权全球标准形成的三层博弈实证

知识产权双边、区域和复边谈判对知识产权全球标准的形成都会产生一定的影响，但只有多边公约才是真正意义上的全球标准。尽管在 TRIPS 签订后，知识产权国际立法又在部分领域取得了一些新的进展，但目前为止，TRIPS 无疑仍是最具综合性、权威性、普遍性和代表性的知识产权全球标准。基于这一原因及资料的可获得性，本书主要以 TRIPS 谈判为分析对象，适当结合其他知识产权协定谈判，对知识产权全球标准形成的三个层次博弈进行考察。

（一）第一层次：国内层次

国内层次的博弈包括国内知识产权利益集团之间的博弈和知识产权利益集团和本国政府之间的博弈。

1. 国内知识产权利益集团之间的博弈

在当代知识产权全球标准形成过程中，知识产权利益集团的作用至关

---

❶ 当然，联盟层次达成的博弈仍然需要回到国内进行批准。但是，由于在该模型中，最终形成的方案，事实上是已经在国内层面经过博弈达成一致的产物，因此，其国内批准不是很大的问题。

重要。一般而言，知识产权利益集团可以分为所有者利益集团和使用者利益集团，因此国内知识产权利益集团之间的博弈主要是指知识产权所有者利益集团和知识产权使用者利益集团之间的博弈。此外，由于利益存在一定的差异，不同知识产权的所有者利益集团内部也经常展开博弈。

（1）知识产权所有者利益集团内部的博弈。由于知识产权包含多种类型，知识产权所有者利益集团可以进一步细分为专利所有者利益集团、版权所有者利益集团等。由于他们均能从知识产权高水平保护中获利，提高知识产权保护水平是他们共同的政策偏好，但是由于所拥有的知识产权客体不同，他们的利益又难免存在一定差异。因此，对于形成知识产权全球标准的综合性知识产权公约，由于涉及多种类型的知识产权，首先就需要在这些知识产权利益集团内部实现协调。例如，在TRIPS谈判初期，与专利利益集团不同，美国的版权产业集团对多边GATT策略并不热衷，❶谈判开始时专利利益集团几乎是在孤军奋战。但美国的知识产权活动家很快认识到支持加强所有形式知识产权的保护将有助于改善他们特定利益的环境，因此他们开始基于共同利益而相互合作，专利利益集团向国会声明支持版权和商标利益。最终，经过实质性的保证和由美国贸易代表主持的几次激烈会议，才使版权利益者与专利利益者一道致力于多边层面的努力。❷

（2）知识产权所有者利益集团和知识产权使用者利益集团之间的博弈。尽管提高知识产权保护水平可以加强知识产权所有者的垄断，从而增加其收益，但同时也会导致知识产权使用者的使用成本增加，因此知识产权所有者利益集团主张提高知识产权保护水平，而知识产权使用者利益集团反对提高知识产权保护水平，这就形成了两个集团的利益冲突和博弈。

由于两个集团的利益根本对立，知识产权所有者集团和知识产权使用者集团之间的博弈广泛存在于各种类型的知识产权国际谈判中。例如，在ACTA谈判中，欧洲商业团体代表欧洲知识产权所有人的利益，是ACTA的坚定支持者，他们力促欧洲议员支持该议案。欧洲的44个商业协会联合致函欧洲议会表示："ACTA对欧洲是有益的，它将保护欧洲公司免受知识

---

❶ 在版权产业内部，尽管各相关主体都有提高版权保护水平的需求，但有的主张借助于对《伯尔尼公约》的修改、有的主张使用"301条款"强制国外实行、有的热衷于双边措施。

❷ 苏珊·K. 塞尔, 2008. 私权、公法——知识产权的全球化 [M]. 董刚, 周超, 译. 北京: 中国人民大学出版: 98.

产权侵害。"与商业团体的立场相反,欧洲的社会公众对 ACTA 强烈抵制,他们走上街头示威游行,反对欧盟签署该协定。反对者声称:"ACTA 将授予政府更大的权力,使其能以反盗版和假冒为名限制公民上网的基本权利。"在 TPP 谈判中,美国全国制造商协会等团体呼吁美国政府要加强知识产权执法,坚决反对任何弱化知识产权保护的举动。❶ 而公众团体、社会组织及部分学者对该协定中知识产权的高标准持怀疑态度。❷

2. 利益集团与本国政府的博弈

一般而言,知识产权国际谈判发生在各国政府之间,利益集团要想获得对自己有利的国际规则,需要将自己的利益包装成国家利益,向本国政府进行游说、施压,通过政府实现本集团的利益。"在私人参与者需要国家促进其利益时,他们必须将利益以一种对政策制定者在推动国家目标中非常有吸引力的方式来体现。"❸ 利益集团与本国政府之间的博弈因此展开。

在《私权、公法——知识产权的全球化》一书中,苏姗·K. 塞尔向我们详细生动地描述了美国的知识产权产业集团如何联合起来,通过知识产权委员会、贸易政策及谈判顾问委员会等中介机构向美国政府游说,反映自己的政策主张,并最终成功为世界制定公法的过程。从 20 世纪 80 年代开始,知识产权产业集团意识到美国政府对增长的贸易赤字和有效国际竞争能力的担忧,知识产权游说者趁机将他们的要求作为解决美国贸易危机的一个办法,从而将他们的私人利益有效地转化为国家利益。知识产权私人集团雇用了专业的游说团队,不断向国会和行政主管部门提供外国政府疏于保护知识产权的信息,强调观念和利益的联系,使美国政府和国会逐渐认识到知识产权保护对维护美国竞争力的重要性,美国必须采取法律和其他措施迫使其他国家保护它们的知识产权。它们的努力没有白费,最终使美国政府和国会重新评估了美国在知识产权上的利益,以及知识产权

---

❶ 贾引狮,2013. 美国与东盟部分国家就 TPP 知识产权问题谈判的博弈研究——以 TPP 谈判进程中美国的知识产权草案为视角 [J]. 法学杂志(3).

❷ 丛立先,2014.《跨太平洋伙伴关系协议》知识产权谈判对我国的影响及其应对策略 [J]. 国际论坛(5).

❸ 苏姗·K. 塞尔,2008. 私权、公法——知识产权的全球化 [M]. 董刚,周超,译. 北京:中国人民大学出版:96.

保护对美国的重要意义,并将以贸易为基础保护知识产权的方式全球化。❶

这种利益集团与本国政府之间的博弈,在发展中国家也不鲜见。例如,当印度政府在1989年4月WTO贸易谈判委员会会议上迫于美国的压力改变立场,同意在TRIPS中包含知识产权保护和执法的实质性标准时,招致印度新闻界、学术界和政界尖锐而广泛的批评。他们指责印度屈服于美国的压力,温顺地同意保护知识产权,从而牺牲了印度的国内制药业和印度穷人在医疗保健方面的利益。在印度深受尊重并拥有广泛读者的记者马尔霍特拉痛斥政府卑鄙地放弃了重要的国家利益,要求立即解雇印度谈判代表团团长(当时的印度商务部部长)的职务。面对国内的质疑和反对,印度政府不得不发布了一份全面的报告,阐述印度政府在谈判中的立场——专利保护必须与东道国的需求和公共政策目标相平衡,该报告在一定程度上减轻了人们对印度政府改变谈判立场的批评。❷

(二)第二层次:国际(跨国)层次

国际层次或跨国层次的博弈是指不同国家的各类行为体之间在知识产权全球标准形成过程中发生的跨越国界的冲突与协调。国际层次或者跨国层次的博弈既可以发生在双边谈判,也可以发生在区域、复边或多边谈判之中;既可以发生在发达国家与发展中国家之间,也可以发生在发达国家之间或发展中国家之间;既可以发生在两个国家政府之间,也可以发生在产业集团和外国政府之间,还可以发生在不同国家的产业集团之间。

1. 国家之间的博弈

(1)美国与发展中国家之间的博弈。由于双方实力相差悬殊,偏好不同,美国与发展中国家之间的知识产权博弈属于"劝说型"博弈。❸ 美国通常采取两种手段"劝说"发展中国家进行合作:一种是直接威胁,在GATT乌拉圭回合谈判初期,作为发展中国家的领导者,印度和巴西强烈抵制将知识产权问题列入谈判议程,美国便频频将他们列入"特别301"

---

❶ 苏珊·K. 塞尔,2008. 私权、公法——知识产权的全球化 [M]. 董刚,周超,译. 北京:中国人民大学出版: 98.

❷ REA R, CARLOS R, 2015. The making of the TRIPS agreement personal insights from the uruguay round negotiations [J]. Journal of international economic law: 221.

❸ 关于"劝说型博弈"的含义,参见王正毅,2010. 国际政治经济学通论 [M]. 北京:北京大学出版社: 274.

的"观察名单"或"重点观察名单",甚至进行贸易制裁,最终迫使他们同意在 GATT 谈判中纳入知识产权议题;另一种是问题联系,即将其他问题与这次合作联系到一起,以其他议题的让步换取发展中国家的合作。例如,相较于知识产权,发展中国家更关心农业问题和纺织品问题,他们愿意用知识产权谈判桌上的让步换取这些领域的利益。除此之外,美国还通过其他各种手段促成发展中国家的合作。例如,在谈判期间,美国总统甚至直接给印度总理打电话,要求这个发展中国家中态度最强硬的国家在知识产权谈判中作出让步,印度最终妥协。❶

(2) 美国与其他发达国家之间的博弈。尽管美国与其他发达国家经济技术发展水平都比较高,都有加强知识产权保护的需求,但由于在发展程度、资源优势、法律和文化传统等方面存在差异,他们在知识产权保护方面的主张又不尽相同。因此,在知识产权国际谈判中,美国需要与这些国家协调立场,获得这些国家对自己的支持。例如,在 TRIPS 谈判初期,为了把知识产权问题纳入多边贸易体制,美国动员欧盟和日本,以获取他们的支持。美国通过向其发达国家盟友提供知识产权侵权所造成的损失及加强知识产权保护对经济发展和创新带来的好处的信息,来改变这些国家的想法,督促犹豫不决的盟友,从而使他们支持美国的立场和条件,这种博弈属于"协调型"博弈。❷

美国与其他发达国家的这种"协调型"博弈不仅发生在多边谈判中,也发生在复边谈判中,如 ACTA 谈判实质上就是美国与其他发达国家进行协调建立联盟的过程。尽管 ACTA 的谈判成员主要是发达成员,❸ 但他们针对的目标却主要是发展中国家,因为在他们眼里,发展中国家才是假冒产品的主要来源地。他们的策略是在发达国家成员先达成高水平的知识产权执法标准,然后再通过单边、双边、多边等各种途径和措施,吸引或者迫使发展中国家进入。❹ 因此,虽然 ACTA 是一个独立的协定,但如果把

---

❶ 熊洁,2017. 知识产权保护的国际政治经济学分析——利益、制度与进程 [M]. 北京:中国财政经济出版社:95.

❷ 关于"协调型博弈"的含义,参见王正毅,2010. 国际政治经济学通论 [M]. 北京:北京大学出版社:292.

❸ ACTA 共有 11 个缔约方,其中 9 个为发达成员,仅有的两个发展中成员也已经与美国签订了自由贸易协定,在知识产权保护问题上与美国已经保持一致的步调。

❹ 刘银良,2014. 国际知识产权政治问题研究 [M]. 北京:知识产权出版社:63.

它放到知识产权全球标准形成的大背景下,它其实相当于 TRIPS 谈判中发达国家协调立场的阶段。

美国与发达国家之间除为建立联盟开展的这种"协调型"博弈以外,还有"劝说型"博弈,这与美国和发展中国家之间的博弈没有什么实质区别。美国与其他发达国家的"劝说型"博弈发生于许多国际知识产权谈判中。例如,人们一般认为 TRIPS 谈判本质上是南北博弈,但事实上,在很多问题上,包括专利、商业秘密和测试等政治敏感领域数据保护方面,北北博弈一直持续到最后。❶ "在 1989 年发展中国家的反对最终被压下去之后……TRIPS 谈判从南北之间转移到了美国和欧洲之间以及美国和日本之间就具体问题的艰难谈判。"❷ 在 WTO 建立之后,在美国作为起诉方的知识产权争端案件中,被诉成员不仅包括发展中国家,如印度、巴西和中国等,也包括日本、欧盟等在乌拉圭回合谈判中协助美国达成知识产权协定的发达国家盟友。

(3) 发展中国家之间的博弈。为了对抗发达国家在知识产权保护标准上的压迫,发展中国家在各种论坛上也开展了各种各样的协调与合作。在多哈回合谈判 TRIPS 的修订中、在抵制发达国家通过"实体性专利法条约"统一全球专利保护标准的图谋上、在 WIPO 发展议程的设定及知识产权边境措施等多个领域,发展中国家都开展了卓有成效的合作。例如,2008 年,世界海关组织召开的《海关统一知识产权执法的临时标准》工作组会议期间,巴西、厄瓜多尔、中国等发展中国家对《海关统一知识产权执法的临时标准》(SECURE)临时标准提出了许多修改意见和建议。在南方中心的支持下,发展中国家在 SECURE 工作组第三次会议后到世界海关组织政策委员会和理事会开会前开展了进一步的协调。由于发展中国家的有效协调和反对,发达国家的算盘落空了。❸

---

❶ REA R, CARLOS R, 2015. The making of the TRIPS agreement personal insights from the uruguay round negotiations. Journal of international economic law: 301.

❷ 苏珊·K. 塞尔, 2008. 私权、公法——知识产权的全球化 [M]. 董刚, 周超, 译. 北京: 中国人民大学出版社: 108 – 109.

❸ 李轩, 柯莱亚, 2012. 知识产权实施: 国际视角 [M]. 李轩, 张征, 等译. 北京: 知识产权出版社: 52.

2. 不同国家知识产权利益集团之间的跨国博弈

知识产权利益集团不仅在国内与本国其他知识产权利益集团及本国政府进行博弈，为了使自己的主张成为全球标准，有时候还会与其他国家的知识产权利益集团开展跨国合作。例如，在 TRIPS 谈判初期，欧盟和日本的商界并不像美国的产业集团那样重视知识产权，为了实现自己的目标，美国知识产权委员会分别派代表团赶往欧洲和日本说服这些国家的商界，使他们明白在下一轮贸易谈判中，知识产权问题成为重中之重是符合他们的利益的。在美国知识产权委员会的不懈努力下，欧洲和日本商界逐渐认识到："一个由美国公司主宰、欧洲和日本公司作为战略合作伙伴但仍起很重要作用的世界，要好过这些国家的公司与日益高效的发展中国家制造商竞争的世界。即使可能无法与美国业界平分合作成果，他们也能从谈判中获益。"❶ 欧洲和日本的商界最终响应了这一努力游说，同意为把知识产权纳入到贸易谈判日程对其政府施加压力。

3. 知识产权利益集团与外国政府之间的博弈

知识产权利益集团不仅在国内层面与本国政府进行博弈，当外国的立法或者司法影响其利益的时候，也会直接向外国政府施加压力，甚至直接起诉外国政府，与外国政府展开博弈。例如，20 世纪末，因为南非政府就本国通过一项药品管理法案的修正案而危及众多跨国药企的利益，遭到 39 家跨国药企联合起诉。近年来，不少知识产权权利人开始依据本国与东道国之间签订的国际投资协定的规定，将知识产权纠纷直接诉诸投资者—东道国争端解决机制（investor - state dispute settlement，ISDS），对东道国政府提起仲裁，要求对其所受到侵害的知识产权利益提供保护。❷ 例如，菲利普·莫里斯和礼来等私人投资者通过运用投资者—国家争端解决程序起诉未给他们提供优质知识产权保护和执法水平的外国政府，控制知识产权标准设定活动。❸

---

❶ 达沃豪斯，布雷思韦特，2005. 信息封建主义 [M]. 刘雪涛，译. 北京：知识产权出版社：136.

❷ 韩书立，2018. 论 ISDS 机制对知识产权的保护 [J]. 学术研究（9）.

❸ YU P K, 2017. The investment - related aspects of intellectual property rights [J]. American university law review, 66: 829.

(三）国家联盟之间的博弈

由于在技术创新者和技术使用者之间存在根本的利益冲突，发达国家与发展中国家在知识产权领域的博弈从来没有停止过。在 TRIPS 之前，由于科技经济的巨大差距，发达国家在知识产权实力及谈判能力方面相比发展中国家都占有绝对优势，知识产权国际规则制定呈现一边倒的局面，即基本由发达国家所主导和控制。例如，20 世纪 60 年代和 70 年代，发展中国家曾质疑在过去几十年形成的知识产权国际标准，寻求在国际版权体制和国际专利体制中进行调整，但由于发达国家的抵制没有成功。与此相反，美国和其他发达国家采取分而治之策略，成功发起 TRIPS 的谈判并最终制定了一部国际知识产权法典，把国际知识产权保护提高到前所未有的水平。

然而，发达国家与发展中国家的矛盾并未因 TRIPS 的达成而平息，反而愈演愈烈。由于 TRIPS 的实施并未有效阻止本国的产品被仿冒，发达国家逐渐对自己曾经引以为豪的 TRIPS 在执法方面的欠缺表示不满，试图在多边体制内提高国际知识产权执法标准。但是，由于在多边体制内发展中国家数量众多，发展中国家的知识产权意识和能力增强，发达国家在多边论坛提高知识产权保护标准的图谋屡屡受挫。于是，发达国家故技重施，利用擅长的"论坛转移"策略，绕开世界知识产权组织和世界贸易组织等多边机制，选择在知识产权方面拥有相同政策偏好和相近利益诉求的国家展开复边谈判，利用区域自由贸易协定或复边协定把更高标准的知识产权新规则嵌入其中，寻求超出 TRIPS 的知识产权保护标准。

面对发达国家来势汹汹的进攻，发展中国家变得更加坚定和老练。在知识产权问题上觉醒了的发展中国家不再节节败退，坐以待毙，在多个论坛上进行了卓有成效的防守和反击。不仅成功打消了发达国家在 WTO 提高知识产权执法标准的图谋，而且成功阻止了"实质性专利法条约"的实现。发展中国家已不满足于被动防守，还在多个论坛对发达国家发起了进攻。首先，发展中国家在 WTO 和 WIPO 等多边体制内分别开启了"发展议程"。它使得国际知识产权制度的模式发生了转换，以保护知识产权作为目的本身，或者说是作为维护国际贸易秩序的一个工具，转变为实现社会经济和文化发展目标的工具；否定了不论经济发展水平，采取一种保护水平和保护模式的做法，遏制了知识产权一味提高的趋势。其次，发展中国家团结一致要求对 TRIPS 的不合理条款进行修改，最终在药品获取方面迫使发达国家作出让步。最后，发展中国家在将 TRIPS 的重大披露问题与生物多样性公约联系起来方面取得了一定的成功。

在后 TRIPS 时代，发达国家与发展中国家在知识产权问题的激烈博弈中可以说互有攻防，互有进退。发达国家的进攻主要在双边和区域层面展开，而发展中国家取得的成果主要在多边层面和与知识产权有关的其他论坛。但前者在注重双边和区域的同时，并未放弃多边和与知识产权有关的领域；后者在注重多边舞台的同时，也没有忽视双边和区域论坛。现在双方势均力敌，处于均势和胶着状态，任何一方想要取得明显的进步都非常困难。发展中国家在 WTO 和其他相关论坛中取得了一些成绩，并且在 WTO 和 WIPO 中确立了发展议程，但是这些进展是有限的，并且发展议程的落实也面临着重重困难。发达国家在 WIPO 和自由贸易协定中取得了一些进展，设定了一些 TRIPS-plus 标准，但是在 ACTA 中却遭遇重大挫折，TPP 中的主要知识产权条款也被束之高阁。[1]

第三节 启示与思考

通过对有关知识产权国际立法的双层博弈和三层博弈分析，可以给我们带来很多启示，也引发了笔者对相关问题的思考：目前知识产权国际立法进程为何举步维艰？未来知识产权国际谈判应该怎么谈？面对发达国家的咄咄逼人的进攻，发展中国家应该怎么办？中国在知识产权全球标准的形成中应该发挥什么作用？笔者下面就这些问题谈一些粗浅的看法。

一、知识产权国际立法进程为何步履维艰

目前，知识产权多边谈判久拖不决，区域层次的谈判进展缓慢，复边谈判遭遇挫折，知识产权国际立法进程可谓举步维艰，"知识产权国际保

---

[1] 徐元, 2018. 中国参与知识产权全球治理的立场与对策 [J]. 国际经济法学刊 (4).

护已经陷入困境"。❶ 究其原因,笔者认为主要在于以下几个方面。

首先,知识产权议题复杂化。自 TRIPS 谈判以来,知识产权谈判的议题呈现复杂化的趋势,这主要是因为:一方面,受知识产权保护的客体范围不断扩大。继 TRIPS 将商业秘密和集成电路布图设计明确纳入知识产权保护范围之后,在后 TRIPS 时代,许多新的客体,如实验数据、数据库、技术措施、卫星广播、遗传资源和传统知识等也纷纷提出了知识产权保护的需求,知识产权客体呈现快速扩张之势;❷ 另一方面,议题之间的相互关系。TRIPS 在国际知识产权公约中将知识产权与国际贸易挂钩的先河,而在后 TRIPS 时代,这一"议题联系"策略呈现蔓延态势。知识产权已经不仅被植入国际贸易体制,而且还广泛地涉及人权、就业、公共利益、国际投资、生物多样性、基本药品获取、互联网和新通信技术的标准、全球气候变化、可替代的创新模式、解决经济技术发展不平衡等广泛的经济、文化和政治问题。知识产权客体扩张和议题之间的联系使知识产权谈判议题日益复杂化。根据双层博弈理论,议题的复杂性是影响赢集大小的重要因素之一,议题越复杂,赢集越小,越不利于协定的达成,因此知识产权议题复杂化是知识产权国际立法进程迟缓的一个重要原因。

其次,国际知识产权力量对比发生变化。目前知识产权博弈与 TRIPS 谈判时期不可同日而语。一方面,一些发展中国家经济取得快速发展,全球新兴经济体群体性崛起,导致发展中国家知识产权总体实力和谈判能力增强;另一方面,美国霸权相对衰落,领导能力下降,南北力量此消彼长,发达国家绝对优势丧失,使知识产权国际立法的方向和进程再也不可能完全由发达国家左右,双方博弈势均力敌,任何一方想取得对自己有利的进展都非常艰难。

最后,其他因素的影响。例如,信息网络技术的发展,降低了知识产权使用者集团组织起来抵制知识产权扩张的交易成本,使他们更容易组织起来对知识产权的扩张进行抵制。同时,各类非政府组织的广泛参与也制

---

❶ 吴汉东,郭寿康,2010. 知识产权制度国际化问题研究 [M]. 北京:北京大学出版社:233.

❷ 李俊,崔艳新,2015. 新一轮国际知识产权规则重构下的中国选择——以知识产权强国建设为目标 [J]. 知识产权(12).

约了知识产权的非理性扩张。❶ 此外，近年来在全球涌动的逆全球化思潮也必然会影响知识产权法律全球化进程。

二、未来国际知识产权谈判应该怎么谈

尽管知识产权国际立法进程正遭遇挫折，但是知识经济全球化是人类社会发展的大势所趋，因此知识产权法律全球化也是历史的必然，不可阻遏。那么，未来的知识产权制度应该如何发展，国际知识产权谈判应该坚持什么原则和方向呢？笔者认为，以下几个方面是我们在未来国际知识产权谈判中，应当坚持的基本原则和方向。

（一）多边主义

近年来，在知识产权国际立法进程中，由于多边谈判遇阻，多边机制受到发达国家的质疑。他们开始转向单边、双边、复边和区域机制，试图绕开WTO和WIPO制定符合自身利益的知识产权新标准，这招致了发展中国家的强烈批评和抵制。事实上，在全球化时代，各国的命运是紧密联系在一起的。发达国家的工业产品和先进技术需要发展中国家提供的广阔市场，发展中国家的经济发展对发达国家经济的繁荣发展有重要意义。国际知识产权保护作为一个国际问题，需要多方协商，实现知识产权法律的有效执行，也离不开各类国家和主体的有效参与。多边主义虽有不足，但多边主义让国际社会在对话环境中聚集在一起，促进所有国家之间的合作。通过多边主义，不同的观点得以表达，可以形成基于人类共同利益的立场，与单边主义、双边主义和区域主义相比，多边主义也是实现超越地缘政治和狭隘民族利益或受强权影响的国际关系的更加人性化的路径。❷ 因此，在未来的国际知识产权谈判中，应当贯彻人类命运共同体的理念，坚持多边主义，以建立包容有效的国际知识产权制度为目标，本着共商、共建、共享的原则，世界各国一道共同推动知识产权国际立法进程。

（二）公开透明

从ACTA到TPP/CPTPP再到RCEP，政策制定者、评论者和非政府组

---

❶ 刘银良，2014. 国际知识产权政治问题研究［M］. 北京：知识产权出版社：298.

❷ TIMOSSI A J, 2019. Developing country coalitions in multilateral negotiations addressing key issues and priorities of the global south agenda［EB/OL］. https：//www.southcentre.int/research-paper-98-september-2019/#more-12905［2020-06-08］.

织都对知识产权谈判缺乏透明度、责任感缺失和民主参与提出了严厉批评。这种秘密谈判方式，不仅有违发达国家所一直倡导的透明度原则，对发展中国家的决策者构成了挑战，而且也破坏了在亚太地区和世界其他地区促进透明度和法治的长期努力。❶ 同时，这种透明度的缺乏也增加了这些协定被否决的风险。在信息技术如此发达的今天，这种秘密立法方式更不可取，因为在互联网条件下，秘密谈判方式不仅不能有效阻止谈判细节、文本和信息在互联网上的泄露，而且还可能激起人们的好奇心和求知欲，欲盖弥彰，导致适得其反的结果。因此，在知识产权国际立法中，我们应当坚持公开、民主、透明的立法原则，充分尊重和吸收各种利益相关者的意见，才能保证谈判的最终成功。

（三）利益平衡

TRIPS 尽管在达成前后受到了发展中国家的抵制和批评，最终却获得了极大成功，成为目前规范国际知识产权秩序最重要的国际公约。TRIPS 成功的重要原因之一在于它一定程度上考虑了发展中国家和知识产权使用人的利益，规定了一些灵活性条款，体现了利益平衡这一知识产权制度最根本的原则。后 TRIPS 时代的双边、区域和复边协定中规定了大量 TRIPS-plus 条款，有的规定甚至超过了发达国家国内法中的保护和执行标准，但这些协定中的知识产权章节省略了发达国家为确保其知识产权制度的平衡而谨慎引入的重要限制和例外。这种只顾赋予权利人强化的知识产权保护措施，置发展中国家及知识产权使用人的利益于不顾的做法，既破坏了知识产权利益平衡机制，也很可能因遭到反对而失败。其实，"我们面临的真正挑战是设计一个法律和道德体系，在这个体系中实现令人满意的平衡"❷。因此，在未来知识产权国际立法中，我们应当坚持知识产权利益平衡原则，不仅要考虑发达国家的利益，也要考虑发展中国家的利益，不仅要保护权利人的利益，而且还要保护使用人的利益，只有这样的知识产权国际规则才能为各国所接受并有长久的生命力。

---

❶ YU P K, 2017. Realigning trips – plus negotiations with un sustainable development goals [EB/OL]. https：//papers. ssrn. com/ sol3/ papers. cfm？abstract_id = 3251667 [2020 – 06 – 10].

❷ LUCIANOF, 2015. ACTA：The ethical analysis of a failure, and its lessons [J]. Ethics inf technol（17）：165 – 173.

三、发展中国家应该采取什么策略

目前，出于本国利益的需要，发达国家不断通过各种论坛和途径制定超 TRIPS 知识产权标准。面对发达国家 TRIPS-plus 攻势，发展中国家应当采取何种策略呢？

首先，不能盲目接受 TRIPS-plus 条款。尽管 TRIPS 签订之初受到来自发展中国家广泛的批评，但现在已经被大多数发展中国家普遍认可和接受，发达国家及其产业集团反而对 TRIPS 表现出越来越多的不满，并开始利用各种机制推行 TRIPS-plus 标准。在很大程度上，发达国家现在对 TRIPS-plus 规则的正当性解释与当初对 TRIPS 规则的正当性解释的理由非常相似。[1] 既然现在越来越多的发展中国家认可和接受了 TRIPS，并且认为 TRIPS 是有利于这些国家发展的，那么从动态和长远的观点来看，TRIPS-plus 是不是也将符合发展中国家的利益呢？发展中国家是不是应当像有些学者主张的那样对"TRIPS-plus 持开放态度""欣然"接受这些 TRIPS-plus 条款呢？

笔者认为，随着发展中国家的经济发展和科技水平提高，TRIPS-plus 在未来有可能像 TRIPS 一样符合发展中国家尤其是新兴经济体的利益，但是这并不意味着发展中国家目前就应当"欣然"接受这些条款。因为 TRIPS 是发展中国家与发达国家经过激烈博弈达成的，这种博弈使发达国家对最初的文本作出了一定的让步，从而在一定程度上，体现了发展中国家的利益。在 TRIPS-plus 规则的谈判中，如果发展中国家不进行有效抵制，则制定的规则就只能体现发达国家单方面的意志，而不会像 TRIPS 那样体现利益平衡。因此，在 TRIPS-plus 规则的谈判上，发展中国家仍然应当积极抵制，通过努力迫使发达国家作出一定让步，这样最终制定的规则才不会偏离发展中国家的经济和科技发展阶段太远，而是适度超前于发展中国家的经济科技发展。未来，随着发展中国家的经济科技发展，这些协定才能像现在的 TRIPS 一样比较符合发展中国家的经济科技发展水平。

其次，要加强南南合作。在 TRIPS 签订 20 周年纪念文集中，曾代表印

---

[1] YU P K, 2019. Realigning TRIPS – Plus negotiations with UN sustainable development goals [EB/OL]. https：//papers. ssrn. com/ sol3/ papers. cfm？ abstract_id = 3251667 ［2020 – 06 – 10］.

度参与 TRIPS 谈判的专家认为，谈判方要想在知识产权国际谈判中取得成功，需要具备这样几个条件：具有连贯且一致观点的真正联盟；谈判文本具体可信；得到外界的利益相关公众（尤其是发达国家的民间社会团体）的支持。❶ 如前所述，在知识产权国际立法中，单凭一国的力量，很难让一项规则成为全球标准，必须借助于联盟的力量来推动，并且这种联盟越紧密，效果越明显，这可以从 TRIPS 的制定和修改过程看出来。❷ 在 TRIPS 制定过程中，美国意识到单凭自己的力量难以实现目标，因此与欧盟、日本等发达国家组成了发达国家联盟。尽管发展中国家一开始也形成了联盟，但是被美国采取"威逼利诱"和"各个击破"的策略给瓦解了，最终以美国为首的发达国家取得了谈判的胜利，"得到了想要的95%的东西"。后 TRIPS 时代，在因公共健康问题对 TRIPS 的修订、在抵制发达国家实体性专利法条约及 WIPO 发展议程的设定等博弈中，发展中国家吸取在TRIPS 制定过程中的经验教训，结成了有效的联盟，取得了比较有利的结果。因此，在围绕国际知识产权新秩序构建而展开的激烈博弈中，发展中国家"舍韧性地南南联合自强，别无他途可循"❸。

再次，发展中国家要善于借助发达国家内部"沉默的盟友"的力量。由于偏好的异质性，在谈判对手的国内，往往会存在与本国立场相近的集团，这被有的学者称为"沉默的盟友"。"在共同的权利概念和话语体系下，发达国家内部反对知识产权过度强化的力量（包括非政府组织和学术界等）可以方便地和发展中国家的社会力量联合起来，反对知识产权制度的不合理扩张。"❹ 发展中国家在参与知识产权国际谈判时，应当善于发现和利用发达国家内部知识产权异质性矛盾，在对手国内的谈判桌上找到这种"沉默的盟友"，利用他们的力量向对方政府施压，获得更有利的谈判结果。

---

❶ WATAL J, 2015. Patents：an Indian perspective [EB/OL]. https：//www.wto.org/english/res_e/booksp_e/ trips_agree_e/ chapter_16_e. pdf [2020－06－10].

❷ 彼得·达沃豪斯，约翰·布雷思韦特，2005. 信息封建主义 [M]. 刘雪涛，译. 北京：知识产权出版社：134.

❸ 陈安，2006. 南南联合自强五十年的国际经济立法反思——从万隆、多哈、坎昆到香港 [J]. 中国法学 (2).

❹ 刘银良，2014. 国际知识产权政治问题研究 [M]. 北京：知识产权出版社：293.

第五章　知识产权法律全球化的政治和经济效应

发达国家在推动知识产权法律全球化过程中，为了说服发展中国家接受它们的观点，经常使用的说辞是知识产权能够激励创新、减少国际贸易障碍、促进发达国家向发展中国家的技术转让和国际直接投资，从而使世界福利增加，这已经形成了发达国家的一套话语体系。发达国家的这套说辞不仅体现在知识产权国际谈判过程中，而且还被写进了TRIPS中。❶

那么，知识产权法律全球化对世界政治和经济到底产生了怎样的影响？是否像发达国家在制定TRIPS时所承诺的那样，消除了国际贸易的扭曲和障碍？促进了技术革新及技术的转让和传播？并有助于经济社会发展及权利与义务的平衡？还是像发展中国家所担忧的那样，利润从发展中国家转移到了发达国家？拆掉了发展的梯子？把发展中国家锁定在产业链低端？知识产权成为富国的粮食、穷国的毒药？对这些问题，学者们的研究是仁者见仁、智者见智，并未有一个公认的结论。

毫无疑问，知识产权对当代世界政治和经济正在发挥着越来越重要的作用，但是由于影响各国政治和经济的因素实在太多，知识产权仅是其中之一。显然，将知识产权对世界政治和经济的影响与其他影响因素剥离或分解开即使不是不可能的事情，也是极为艰难的。"量化改变知识财产标

---

❶ TRIPS序言规定："希望消除对国际贸易的扭曲和阻碍，并考虑到促进对知识产权的充分和有效保护的必要性，以及确保行使知识产权的措施和程序本身对合法贸易不构成障碍。"第7条规定："知识产权的保护和实施应有助于促进技术革新及技术转让和传播，有助于技术知识的创造者和使用者的相互利益，并有助于社会和经济福利及权利与义务的平衡。"第66.2条规定："发达国家成员应鼓励其领土内的企业和组织，促进和鼓励向最不发达国家成员转让技术，以使这些成员创立一个良好和可行的技术基础。"

准可能带来的影响具有先天性的难度。"❶ 尽管如此,仍有不少学者从不同的领域和视角对知识产权保护水平变化对世界政治和经济的影响进行了定性或者定量分析。本章主要运用文献研究的方法,在对相关文献进行梳理和总结的基础上,探讨知识产权法律全球化的政治经济效应。

第一节 全球化背景下知识产权保护水平的变化

如前所述,知识产权法律全球化的进程肇始于19世纪初国家之间知识产权法律的移植和借鉴,先后经历了萌芽阶段、低级阶段(国际化阶段)和高级阶段(全球化阶段)。伴随着知识产权法律全球化的发展,知识产权保护范围不断扩展,保护水平不断提高。从20世纪80年代初开始,基于对产业利益的追求,以美国为首,日本、欧盟等发达国家紧密跟随,强化国际知识产权保护的力量在世界范围内基本占据上风,其标志性事件就是 WTO 建立和 TRIPS 的实施。❷ TRIPS 不仅把知识产权与贸易问题挂钩,开创了知识产权国际保护的新体制,而且通过扩大知识产权保护客体的类型、延长保护期限、加大执法力度等措施,大幅提高了知识产权保护水平,为国际知识产权确立了新标准。由于 TRIPS 为其成员方设定了知识产权保护的最低标准,几乎每个国家都制定了更为严格的知识产权法律,并承诺更严格地执行这些法律,这也使发展中国家的知识产权保护水平逐渐接近发达国家的标准。马斯库斯(Maskus)在研究知识产权国际保护问题时指出:"尽管测量商业规则的真正变化并非易事,但是,根据可获得性的指标,法律权利的国际扩张的确非常显著。"❸

表5-1是在 TRIPS 签订后部分国家专利指数的变化情况。从表5-1中数据我们可以看出,1995年之后,尽管各国变化幅度不同,但所有国家

---

❶ 阿伯特,科蒂尔,高锐,2014. 世界经济一体化进程中的知识产权法 [M]. 王清,译. 北京:商务印书馆: 64-67.

❷ 刘银良,2014. 国际知识产权政治问题研究 [M]. 北京:知识产权出版社: 115.

❸ MASKUS K E, 2012. Private rights and public problems: the global economics of intellectual property in the 21st century [M]. Washington: Peterson Institute Press: 142.

的专利保护水平都有所提高。由于发达国家的专利保护水平本来就比较高,因而其提高幅度相对较小,而发展中国家由于其初始保护水平比较低,所以专利保护水平提高比较明显。

表5-1 TRIPS签订后部分国家专利指数的变化

国家	1960—1990年平均值	1995年	2000年	2005年
美国	4.14	4.88	4.88	4.88
日本	2.93	4.42	4.67	4.67
德国	3.24	4.17	4.50	4.50
英国	3.20	4.54	4.54	4.54
法国	3.29	4.54	4.67	4.67
韩国	2.55	3.89	4.13	4.33
澳大利亚	2.35	4.17	4.17	4.17
中国	1.33	2.12	3.09	4.08
印度	1.03	1.23	2.27	3.76
巴西	1.22	1.48	3.59	3.59
俄罗斯	—	3.48	3.68	3.68
南非	2.94	3.39	4.25	4.25
墨西哥	1.19	3.14	3.68	3.88
马来西亚	1.70	2.70	3.03	3.48
泰国	0.95	2.41	2.53	2.66
越南	1.38	2.90	2.90	3.03

资料来源:PARK W G, 2008. International patent protection:1960—2005 [J]. Research policy, 37 (4): 761-766.

TRIPS并不是知识产权法律全球化发展的终点,而仅是一个新的起点。在后TRIPS时代,发达国家及其产业集团逐渐意识到当初被认为达到其95%目标的TRIPS难以满足其保护知识产权利益的需求,出于自身利益的需要,以美国为首的发达国家及其产业集团继续不遗余力地推动知识产权保护水平的提高。它们利用擅长的"论坛转移"策略,绕开世界贸易组织和世界知识产权组织等多边机制,选择具有相同政策偏好和相近利益诉求的国家展开诸边谈判,利用区域或双边自由贸易协定把更高标准的知识产权新规则嵌入其中,寻求超出TRIPS的知识产权保护标准。

总的来说,几乎知识产权的所有领域都在继续扩大可保护的主题,而公共领域受到各种方式的影响。一是可保护的标的物的种类有所扩大,某些主题已从不可保护改为可保护；二是降低了可保护标的获取保护的条件和标准；三是保护期延长。当然，这种延长有的是明确的延长，有的是变相延长。例如，一种形式的知识产权保护的标的物在保护期终止后可能以另一种形式的知识产权进行保护，同一主题也存在不同形式的知识产权保护的重叠保护，推迟该主题完全进入公共领域❶。知识产权保护水平不断提高，导致发展中国家应对发展挑战的政策空间不断缩小。尽管发展中国家在多个领域进行了抗争，❷但取得的成效有限。保护水平提高仍然是国际知识产权制度发展的总趋势。"从19世纪的《巴黎公约》和《伯尔尼公约》，到现在WTO的TRIPS和随后的双边或区域贸易协定和投资协定，全球加强知识产权保护一直是共同的主线。"❸

以TPP为例，其知识产权章节很多规定沿袭了美式FTA的内容，在许多领域超越了TRIPS标准。主要表现在：①降低了获得权利保护要求的标准；②扩大了保护范围，如在商标保护方面，TPP将域名、国名纳入保护范围，并且规定注册商标不以可视性为要件，声音和气味均可以获得作为商标注册；③延长了保护期限，TPP将版权的保护期从50年延长至70年；④加大执法力度，❹尽管由于美国的退出，后来签署的CPTPP搁置了TPP中的11个知识产权条款，但CPTPP仍然是一个超TRIPS的高标准知识产权规则。❺值得一提的是，这些被删除的条款仅是被"暂缓"实施而没有被废除，因此，不排除其在未来合适的时机被重新"解冻"。❻

尽管美国退出了TPP，但其并未放弃在全球构建知识产权高标准保护

---

❶ LI X, CORREA C, 2019. How developing countries can manage intellectual property rights to maximize access to knowledge [EB/OL]. https：//www.southcentre.int/category/publications/policy-briefs/page/8/ [2020-06-06].

❷ 如多哈回合谈判对TRIPS的修订以及以便利盲人、视力受损或其他印刷障碍人士获得已出版的作品的《马拉喀什条约》。

❸ SYAM N, 2019. Mainstreaming or dilution? intellectual property and development in wipo, research paper of south centre [EB/OL]. https：//www.southcentre.int/research-paper-95-july-2019/#more-12705 [2020-09-08].

❹ 吕国民，2016. TPP知识产权规则：高标准保护与中国的因应 [J]. 暨南学报（哲学社会科学版）（9）.

❺ 石超，2019. 从TPP到CPTPP：知识产权条款的梳理、分析与启示：兼谈对中国开展知识产权国际保护合作的建议 [J]. 石河子大学学报（哲学社会科学版）（4）.

❻ 韩冰，等，2019. 隐形的控制：药品、知识产权与国际贸易协定 [M]. 北京：中国社会科学出版社：9.

的努力。其与加拿大和墨西哥签署的《美墨加三国协议》(The United States – Mexico – Canada Agreement,USMCA) 中在知识产权方面的规定远超 TRIPS 标准,甚至超越了被美国抛弃的 TPP 中的知识产权标准。例如,在 USMCA 中规定了更强的与药品相关的知识产权保护,给予新化学成分 5 年和生物制剂 10 年的数据保护;该协定规定了更有效的商业秘密保护,包括刑事制裁;对所有疑似假冒商品,包括对在途货物的更严格的边境执法措施;USMCA 还规定了更严格的版权保护规则,包括更长的保护期、数字版权管理(Digital Rights Management,DRM)、技术保护措施(Technical Protection Measure,TPM)及三步检验法的例外和限制。USMCA 是否会像历史上的《北美自由贸易协议》(North American Free Trade Agreement,NAFTA)一样成为新的全球知识产权标准制定的基础,值得我们关注。

美国国际商会在其《2019 年国际知识产权指数报告》中将 TRIPS、NAFTA、TPP 和 USMCA 视为一个特定经济体有效的法律,并且这个经济体实施了这些协定中规定的知识产权原则和规则,通过这种方法粗略估算了这几个知识产权协定的保护指数,如图 5-1 所示。从图 5-1 我们可以直观地看出,从 TRIPS 到 USMCA,知识产权的保护指数呈现不断提高的趋势。

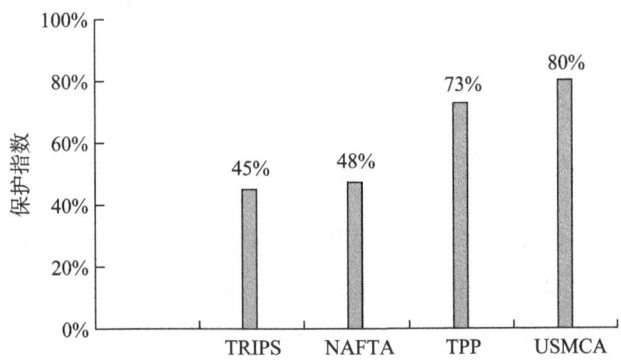

图 5-1 TRIPS、NAFTA、TPP 和 USMCA 的保护指数

资料来源:美国商会全球创新政策中心,2019. U. S. chamber international IP index 2019:inspiring tomorrow [EB/OL]. https://www.theglobalipcenter.com/wp-content/uploads/2019/03/023593_GIPC_IP_Index_2019_Full_04.pdf [2020-10-03].

第二节　知识产权法律全球化的政治效应

知识产权是知识经济时代最关键的生产要素，知识产权法律全球化不仅对世界经济产生影响，对世界政治也产生重要影响。与经济影响相比较，知识产权法律全球化的政治效应更加难以衡量。由于国际知识产权秩序是国际秩序的一个重要组成部分，本部分仅从知识产权法律全球化对国际知识产权秩序的影响这一视角，来探讨知识产权法律全球化的政治效应。

目前，知识产权法律全球化的发展已经或正在使国际知识产权秩序发生重大变化。例如，WTO 的建立使传统上 WIPO 管辖的知识产权体制发生了重大变化，从 WIPO 单一管理模式转变为 WIPO 和 WTO 双寡头管理模式；后 TRIPS 时代双边、复边和区域贸易谈判又侵蚀了 WTO 和 WIPO 的地位和功能；多样化的体制联系使知识产权与其他问题发生了联系，使国际知识产权问题复杂化；"中等知识产权强国"的出现使世界各国在知识产权问题上利益和矛盾更加复杂化，过去在知识产权问题上简单的南北国家的划分方式正在受到挑战。通过考察我们发现，受知识产权法律全球化的影响，国际知识产权秩序的发展呈现如下一些新的发展趋势。

一、知识产权已经成为决定国际秩序的关键因素

国际秩序是指在一定世界格局基础上形成的国际行为规则和相应的保障机制。[1] 尽管国际秩序的内容非常广泛，笔者认为，在知识经济和全球化时代，国际政治秩序、国际经济秩序和国际知识产权秩序（或称为国际技术秩序）是构成国际秩序的三个最重要的组成部分。它们分别指在政治、经济和技术领域的国际行为准则和相应的保障机制。其中，知识产权国际秩序，即在世界格局基础上，知识产权领域的国际规则及相应的保障机制，其核心组成部分是国际知识产权公约及相应的国际组织和争端解决

---

[1] 冯玉军.2016-12-19.国际格局、世界秩序新变化与中国的战略选择[N].学习时报.

机制。

随着人类社会的发展，影响国际秩序中的主要因素在不断变化。对国际关系史进行考察我们不难发现，决定国际秩序的因素经历了从军事（武力）到经济（资本）再到科学技术（知识产权）的转变。第二次世界大战以前，军事力量曾是决定国际秩序的重要因素，而从第二次世界大战以后到20世纪80年代，世界各国关注的重点从军事转向经济，经济实力成为塑造国际秩序的首要要素。自20世纪80年代以来，由于信息技术革命和知识经济的迅猛发展，科学技术成为第一生产力，作为保护科学技术成果的知识产权的重要性与日俱增。科学技术和知识产权已经取代军事和资本成为决定一个国家在全球政治经济中的地位和塑造国际秩序的关键因素。有学者曾深刻指出了这种转变："直至技术进步比较缓慢的最近年代为止都是拥有最大资本的国家在世界的经济与政治竞争中取得霸权，权利和科学技术都从属于资本。但今天已不是资本决定霸权而是资本和权利都要决定于科学技术的发展水平。"[1] "知识的权利正在代替财富的权力成为主宰世界的力量。"[2] 在知识经济时代塑造国家之间的关系时，技术的作用比其他任何一个因素发挥的作用都要大。科学技术不仅改变我们的生活方式和战争方式，而且改变世界的组织方式，在各种层次的国家间的相互作用方面，技术是我们理解国际体制的根本性的解释变量。[3] 在激烈的国际竞争中，科学技术和知识产权日益成为影响国际秩序的基础性变量和决定性因素。

在知识经济全球化时代，谁拥有技术优势，谁就能主导世界。科学技术水平高、知识产权实力强大的国家在国际竞争中居于有利地位。而科学技术水平低、知识产权实力弱的国家，则在国际竞争中居于不利地位。知识产权成为国与国之间竞争的焦点。发达国家与发展中国家运用科学技术和知识产权为武器，展开了维护国际秩序和变革国际秩序的激烈斗争。以美国为首的发达国家试图通过制定严格的知识产权规则，建立有利于己的

---

[1] 斋藤优，李学英，1991. 知识产权制度的国际政治经济学——霸权的基础从资本转向科学技术 [J]. 世界科技研究与发展（2）.

[2] 托夫勒，2006. 权力的转移 [M]. 北京：中信出版社.

[3] MALIK M, 2012. Technopolitics: how technology shapes relations among nations [J]. The interface of science, technology & security: 21 – 29.

知识产权国际秩序，维护发达国家相对于发展中国家在政治和经济方面的优势地位。而发展中国家则主张建立一种适度的国际知识产权规则，引进吸收世界先进技术，发挥后发优势，实现对发达国家的赶超。以中国和美国的关系为例，美国为遏制中国崛起，除了军事上的围追堵截之外，还有另一个常用的武器即知识产权。美国利用中美战略经济对话、"337 调查"、"301 调查"和 WTO 争端解决机制等单边、双边和多边途径来要求中国加强知识产权保护，企图通过技术优势维持霸权地位。而中国作为最大的发展中国家，也制定了国家知识产权战略，提出了建设知识产权强国的目标，把知识产权的重要性提升到前所未有的战略高度。力图通过知识产权实现从要素驱动向创新驱动的转变，实现经济技术的赶超和中华民族的伟大复兴。

国际知识产权秩序本身不仅成为国际秩序的一个重要组成部分，而且还对国际经济秩序、国际政治秩序都有着深刻的影响。知识产权似乎正在成为打开禁锢人类发展之门的密钥，日益进入全球政策的核心位置，知识产权正在成为众多国际论坛一项热门议题。不仅国际知识产权论坛在探讨知识产权问题，而且过去与知识产权无关的国际组织和机构也在热议知识产权。讨论知识产权问题不仅是在为寻找突破人类面临的发展困境的办法，而且几乎成为一种时尚。例如，目前知识产权问题不仅与贸易问题挂钩，而且还与人权、生物多样性、可持续发展、气候变化、药品获取等问题挂钩，成为相关国际机构绕不开的重要议题。在 2016 年举办的 G20 峰会上，发言的代表多次谈到知识产权对于促进全球经济创新所发挥的重要作用。在 2017 年的博鳌亚洲论坛上，甚至专门设立了知识产权分论坛。❶

知识产权之所以成为决定国际秩序的关键因素，是因为在知识经济全球化时代，知识产权是一种重要的国际利益分配机制，建立什么样的国际知识产权秩序对于国际利益分配至关重要，从而决定了一个国家财富的创造和积累，最终影响一个国家的竞争力。如果实行严格的知识产权保护，发达国家可以实现从发展中国家的租金转移，加大发展中国家的发展成本，抑制发展中国家的追赶速度，而发达国家则可以维持其在科学技术上

---

❶ 张维，2017. 中国知识产权司法强化平等保护 [EB/OL]. http://news.youth.cn/jsxw/201706/t20170605_9967073.htm [2020-09-09].

的垄断地位，长期获得垄断利润，从而维护其在国际上的优势地位。如果实行比较宽松的知识产权保护，可以降低发展中国家的发展成本，增加技术模仿的机会，实现在模仿的基础上再创新，从而有利于发展中国家发挥后发优势，实现本国经济技术快速发展和对发达国家的赶超，而相对而言，发达国家的国际竞争力则可能不断下降，逐步丧失在科学技术上的垄断地位和优势。发达国家与发展中国家因知识产权秩序导致的经济地位的相对变化使国际格局发生变化，进而导致国际秩序的重构。

二、知识产权国际格局正在发生重大变化

近代以来，世界经济的中心在发达国家，发展中国家一直处于边缘和外围的地位。在知识产权领域，由于发达国家与发展中国家之间科技创新能力存在巨大差异，前者占据了绝对的优势地位，而后者则居于绝对的劣势地位。❶ 这也是发达国家主张加强知识产权保护，而发展中国家则主张适度的知识产权保护的原因。但近年来，由于一批新兴经济体的快速崛起及发展中国家整体经济实力的增强，体现知识产权力量的国际格局正在发生重大变化。这种变化主要体现在两个方面。一是由于发展中国家经济技术水平提高，尤其是新兴经济体的崛起，从整体上改变了发达国家与发展中国家在知识产权问题上的实力对比；二是新兴经济体的经济技术水平提高，使其在知识产权方面的立场逐渐发生变化，从而改变了知识产权国际秩序形成的动力结构。

进入 21 世纪以来，新兴市场国家和发展中国家群体性崛起，成为不可逆转的时代潮流。由于经济快速增长，中国、印度、巴西等新兴经济体在世界经济中所占的份额快速上升，而发达国家在世界经济中所占份额则相对下降，❷ 世界经济的原有格局正在发生重大变化。从 1996—2016 年，中等收入经济体 GDP 占全球比重从 17% 上升到 35%，比重提高了一倍以上，

---

❶ 根据世界知识产权组织 2008 年发布的《国际专利制度年度报告》数据，美国、日本与德国 3 个国家专利申请总量占世界总量的 61%，这意味着世界其他所有国家的专利申请量总和比该 3 个国家总量少。在商标领域，根据世界品牌实验室 2008 年评选的世界品牌 500 强中，美国、法国、日本、德国、英国、荷兰与意大利 7 个国家就达 438 个，占近 90%，而其他所有国家相加不到 10%。

❷ 张殿军，2016. 提高我国在全球经济治理中的制度性话语权［J］. 求知（3）.

高收入国家则相应从83%降低到64%。❶ 其中金砖五国的GDP占世界的比重从8.4%提高到22.3%。提高了近14%。而美国、欧盟和日本三大发达经济体的GDP总量占世界的比重从72.2%下降到52.8%，下降了近20%（图5-2）。根据普华永道（2013）的预测（表5-3），以2011年美元度量，在未来10~15年里，由于经济快速增长，中国的经济总量将超过美国和欧元区27国，成为世界第一大经济体，而印度的经济总量将超越日本，成为世界第三大经济体，除此以外，巴西及俄罗斯等新兴经济体的经济总量在世界上的排名也将大幅提升，跨入世界前列。❷

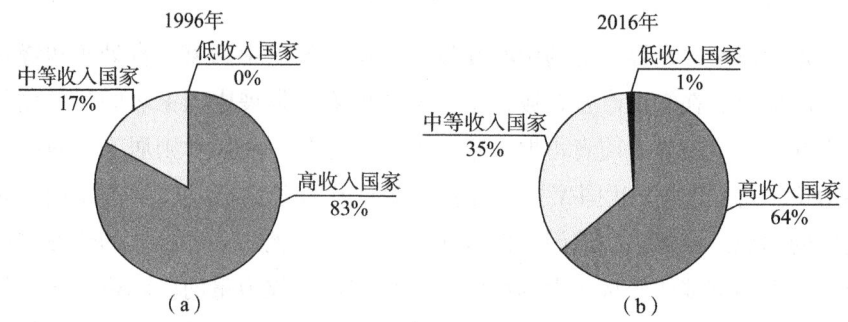

图5-2 高收入、中等收入、低收入国家在全球GDP所占比重及其变化
资料来源：世界银行开放数据 https：//data.worldbank.org/。

表5-3 12国市场汇率法度量的GDP　　　　单位：10亿美元

年份	中国	美国	日本	德国	法国	英国	意大利	加拿大	印度	俄罗斯	巴西	南非
2013	9 038	16 197	9 038	3 373	2 565	2 565	1 953	1 839	2 117	2 109	2 503	402
2030	24 356	23 376	6 817	4 374	3 805	3 614	2 791	2 414	7 918	4 024	4 883	935
2050	48 477	37 998	8 065	5 822	5 714	5 598	3 867	3 549	26 895	7 115	8 950	—

资料来源：根据PWC, 2019. World in 2050 the BRICs and beyond：prospects, challenges and opportunities [EB/OL]. https：//www.doc88.com/p-9883446623276.html [2022-09-09] 数据整理。2030年和2050年为预测数据。

新兴经济体的群体性崛起，导致研发投入与技术产出向多极化方向发展，原来以美国、欧盟等发达国家为主要角色的世界创新格局正在发生巨

---

❶ 低收入国家所占比重可以忽略不计。
❷ 广东国际战略研究院课题组，2014. 中国参与全球经济治理的战略：未来10~15年 [J]. 改革（5）.

大变化,新兴经济体国家特别是中国成为重构知识产权全球版图的重要力量。从图5-3可以看出,国际知识产权结构发生了巨大变化。从1997—2015年,上、中等收入经济体在全球发明专利申请中所占的比重从9%提高到44%,几乎占了半壁江山。而高收入国家发明专利份额从1997年的88%降低到2015年的53%,降低的份额正好是上、中等收入经济体增加的份额,下、中等收入和低收入国家申请专利所占份额占3%(其中低收入国家数量由于太少,被忽略),几乎没有变化。

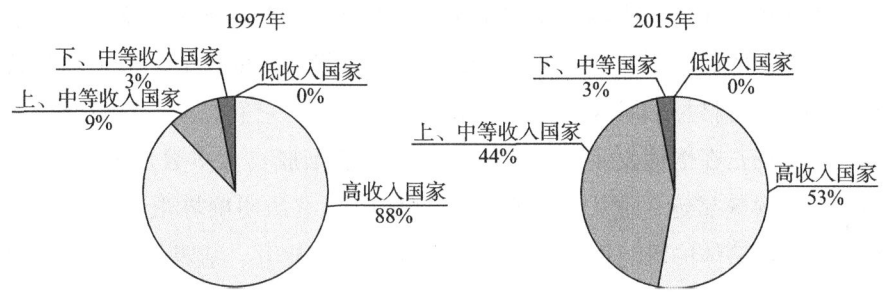

图5-3 各收入类型国家在全球发明专利申请中所占的比重
资料来源:产权组织统计数据库 https://www3.wipo.int/ipstats/index.htm?tab=patent。最后更新:2021年11月。

现实主义认为,权力政治是国际政治的本质,对国际秩序的形成起决定作用的因素是国家实力及国家间实力的对比。❶ 实力对比还是利益、观念和国际机制发生变化的先导。❷ 随着科技经济水平的提高,在国际规则制定中新兴经济体的话语权和影响力不断增强和扩大,❸ 新兴经济体已经成为知识产权国际秩序构建的一支重要力量,它们采取的立场和发挥的作用将对知识产权国际秩序构建产生重要影响。如果说TPP谈判表明这些国家在国际贸易和知识产权标准制定中仍然发挥间接作用的话,RECP谈判则显示它们的直接影响力,它们通过更坚定的意志来获得他们想要的东西。❹

---

❶ 金灿荣,戴维来,金君达,2004. 中等强国崛起与中国外交的新着力点[EB/OL]. http://www.aisixiang.com/data/89301.html [2020-09-09].
❷ 门洪华,2004. 大国崛起与国际秩序[J]. 国际政治研究(2).
❸ 吴志成,董柞壮,2016. 国际制度转型与中国的应对[J]. 当代世界(5).
❹ YU P K, 2017. Intellectual property negotiations, the BRICS factor and the changing north-south debate, the BRICS-lawyers' guide to global cooperation [M]. Cambridge:Cambridge University Press:148-79.

发展中国家整体实力增强和新兴经济体的崛起，正在改变世界的创新版图和知识产权国际格局，对知识产权国际秩序必将产生重大而深远的影响。

新兴经济体对知识产权国际格局影响的另一个重要表现是其立场的变化。在多边谈判中，知识产权曾是"一个展现南北国家清晰分野的领域"。以往文献在国际知识产权问题上，大多数情况下采用一种二元对立的静态划分方法，简单地把知识产权国际政治定义为发达国家与发展中国家两大阵营的对立和博弈。发达国家利用各种机制不断在全球寻求更为严格的知识产权保护，而发展中国家则要求更多的例外、排除领域和过渡期。[1] 这种非黑即白的简单划分方法正在受到来自新兴经济体的挑战。由于部分新兴经济体经济科技发展水平与发达国家日益接近，它们在国际知识产权保护上的立场正在悄悄发生改变，在有些领域逐渐脱离大多数发展中国家，而向发达国家靠近，原先发达国家与发展中国家的明确界限正在变得模糊。新兴经济体的崛起将有可能"使东西方、南北方、结盟与非结盟、发达与发展中的旧的分类过时"。[2] 例如，在 TRIPS 签订过程中和实施之初，新兴经济体对 TRIPS 标准强烈反对并进行了严厉批评，但在 TRIPS 实施 20 多年来，由于科技和经济水平的提高，新兴国家已经基本接受了 TRIPS 标准，不仅按照 TRIPS 标准修订国内法，在参与知识产权国际谈判和签订协议时，也把 TRIPS 作为基准。[3] 而许多中低收入国家则仍然对 TRIPS 标准持反对立场。应该说，在这一问题上，新兴经济体的立场与发达国家更为接近，而与落后的发展国家的立场相左。新兴经济体立场的变化使国际知识产权结构发生分化组合，对未来国际知识产权秩序必将产生重要影响。

需要特别指出的是，在新兴经济体崛起的大潮中，中国最为引人注目。目前中国的 GDP 在世界排名第二，新发明数量占全球总量的近七成，中国已经是名副其实的经济大国和知识产权大国，并且正在实施雄心勃勃的创新驱动战略和知识产权战略，向创新型国家和知识产权强国迈进。中

---

[1] FRÉDÉRIC J, BANNERMAN M, 2015. Tigers and dragons at the world intellectual property organization [M]. London: Palgrave Macmillan, Rising Powers and Multilateral Institutions: 219 – 237.

[2] OGUAMANAMC, 2013. Intellectual property in global governance: a development question [J]. Routledge, 14.

[3] 例如，中国一直将 TRIPS 作为中国国内立法、区域贸易协定和其他知识产权合作的基准。甚至在一些规定上已经超越了 TRIPS 的标准。

国科技和经济实力已经遥遥领先于其他发展中国家，甚至超过了部分发达国家，居于中等偏上的位置。在这种背景下，中国的立场和角色选择对知识产权国际秩序的构建产生至关重要的作用。因为无论中国站在发达国家一边还是发展中国家一边，都会使该阵营的力量明显增强，从而使国际知识产权秩序朝着更为有利于这一阵营的方向发展。可以毫不夸张地说，中国将成为知识产权国际秩序构建的一支决定性力量。

三、知识产权规则从国际化向全球化发展

如前所述，我国学者指出法律全球化与法律国际化是两个不同的概念，二者在主体、表征、保护的利益和对国家主权的影响等方面都存在不同之处。学者们认为二者并非同一概念，主要存在如下几个方面的区别。①主体不同：法律国际化的行为主体主要是民族国家，而法律全球化的行为主体除了国家之外，个人、跨国公司和政府间国际组织和非政府间国际组织都是重要的立法主体。②表征不同：法律国际化的表现形式主要是国际条约；法律全球化的主要表现则是全球法或者是跨国法，具有明显的非国家化特征。③保护的利益不同：法律国际化保护的是各个国家的国家利益，是各国为实现本国利益而采取的一种补充措施，以相关国家及其国民为主要的服务对象。而"全球化"的出发点是保护人类的共同利益，以及与人类共同利益不相违背的民族国家利益，以人类命运共同体为其服务对象。❶ ④对国家主权的影响不同：法律国际化被认为是国家主权的实现方式，与国家主权不矛盾，如果某个国家认为国际法律规则不符合本国的利益，那么该国际法律规则就不能在本国生效，对国家主权限制较小，而法律全球化对国家主权限制较大。

从上述几个方面进行考察，我们将会发现，当代知识产权法律正在从国际化阶段向全球化阶段转变。首先，从立法主体来看，在TRIPS签订之前，国际知识产权条约基本上是由政府通过谈判签订的，国家是知识产权立法主体，立法主体比较单一。而在后TRIPS时代，知识产权主体呈现多元化的趋势，除了主权国家之外，私人集团、非政府组织等非国家机构已

---

❶ 邓正来，2008. 作为一种"国家法与非国家法多元互动"的全球化进程——对"法律全球化"争辩的中立性批判 [J]. 河北法学（3）.

经成为知识产权国际立法的重要主体。其次，从表征来看，在 TRIPS 之前的知识产权立法形式主要是国际公约。但 TRIPS 之后，知识产权立法不仅体现为国际条约，跨国法和全球法也开始出现。"药品获取、保护人类健康和食品安全的协定不仅是对国际知识产权过度扩张的一种反应，而且是一种规制从知识创新的私有化获益最多的高度集中的跨国工业的超国家规则的一种形式。"❶ 再次，从保护利益来看，目前的知识产权立法虽然并未从全人类的利益出发来制定，仍以保护发达国家及其产业集团的利益为己任。但 TRIPS 的修订、WIPO 发展议程的开启、生物多样性公约的签订等都表明，知识产权规则正在从保护发达国家及其产业集团的利益向更广泛的全人类利益扩展。最后，从对国家主权的影响来看，知识产权国际公约的历史模式并不在于对域内法的控制，❷ 国家对知识产权标准设定保留了很大的自主权。国家可以通过条约保留条款或者不批准某些草案或公约使自己偏离国际知识产权框架。而在后 TRIPS 时代，一个国家必须实施一套共同的和扩大的知识产权标准，越来越多的标准变得具有强制性而不是宽容性。这一时期法律的一体化，主要体现为国内法遵从国际法，以及国内法与国内法之间的一致性。❸

总之，随着 TRIPS 的签订和在双边、多边和区域贸易协定中日益增加的 TRIPS-plus 条款，国际知识产权规则已不像开始那样设计得具有国际性了，这一体制已经变得具有全球性和某种超国家性。简·金斯伯格也观察到"超国家模式"的兴起发展。用英国著名法官罗宾·雅各布比较激进的话说："随着时间流逝，世界将会意识到，至少在知识产权领域，民族国家消亡的那一天。"

四、国际知识产权体制复杂化

国际体制是一套隐含的或者显明的原则、规则、标准和决策程序。在国际关系的某一个特定领域，围绕这些原则、规则、标准及决策程序，行

---

❶ HALABI S F, 2016. International intellectual property shelters [J]. Tulane law review, 90 (4): 903-972.

❷ 何隽, 2016. 迎接 TPP：反思 WTO 知识产权保护的进退得失 [EB/OL]. http://chinawto.mofcom.gov.cn/article/ap/tansuosikao/201608/20160801378644.shtml [2020-09-09].

❸ 吴汉东, 2013. 知识产权总论 [M]. 北京：中国人民大学出版社：328.

为者的期待得以汇聚。罗斯特兰等把国际体制的复杂性界定为"缺乏等级秩序的相互交错的甚至是不同制度的集合，缺乏中心的决策者和裁决者"。体制的复杂性以多个法律协定的存在为特征，这些法律协定由不同的参与者在不同的论坛创建并维持。❶

直到1993年，知识产权是一个单一的政府间国际组织——世界知识产权组织管理的独立的领域。1994年，TRIPS的签订使国际知识产权规则被纳入世界贸易规则当中，知识产权由世界知识产权组织单一管理模式进入WTO和WIPO双寡头管理模式。然而，不久以后，知识产权开始了令人眼花缭乱的议题联系和论坛转移。发达国家主要采取了"体制内"的垂直转移路径，从多边论坛转移到双边或区域论坛，而过去被认为欠缺体制转移能力的发展中国家也不甘示弱，采取了"体制间"的水平转移的路径，从WTO或WIPO转移到其他体制中，比较明显的诸如公共健康、人权及生物多样性体制。持续和加速的论坛体制转换活动很可能带来新的参与者，建立新的机构，形成新的问题领域。这些议题使知识产权与许多明显不同的国际体制相嵌套，它们一起形成了多模式、多场所的"集团公司体制"，或者一个由多边的、区域的和双边条约、软法性质的决议和声明，以及国家和非国家行为体竞争网络组成的"体制复杂性"。❷ 国际知识产权体制已经成为一个由许多新的行为者在新的结构下建立、操作和产生繁杂混乱的新规则。"这是比把TRIPS作为中心框架更加不便，更加混乱不堪的图片。"❸ 知识产权立法和管理体制进入"战国时代"。

具体来讲，知识产权国际体制复杂性的表现及其成因主要体现在如下几个方面。①知识产权客体范围不断扩张。继TRIPS将商业秘密和集成电路布图设计纳入知识产权保护范围之后，数据库、卫星广播、实验数据、遗传资源和传统知识等传统上不属于知识产权保护的对象也提出了知识产

---

❶ YU P K, 2007. International enclosure, the regime complex, and intellectual property schizophrenia [J]. Michigan state law review: 1-35.

❷ LAURENCE R H. Nesting and Complexity in the International Intellectual Property Regime [EB/OL]. https://scholar.google.com.au/scholar?hl=en&as_sdt=0%2C5&q=nesting+and+complexity+in+the+international+intellectual+property&btnG= [2020-09-09].

❸ GRAEME B D. The international intellectual property law system: new actors, new institutions, new sources [R]. American society of international law: proceedings of the annual meeting: 205.

权保护的需求。❶ ②参与主体多元。在后 TRIPS 时代，知识产权国际规则的立法主体不再局限于主权国家，日益增加的联盟、伙伴和跨国界网络已经在北方国家和南方国家以及二者之间出现。❷ 私人集团、非政府组织等非国家机构成为知识产权国际立法的重要主体。③涉及议题多样。TRIPS 开了在国际知识产权公约中，将知识产权与国际贸易挂钩的先河。在后 TRIPS 时代，这一"议题联系"策略呈现蔓延态势。现在，知识产权已经不仅被植入国际贸易体制，而且还广泛涉及人权、就业、公共利益、国际投资、生物多样性、遗传资源、传统知识、传统文化表达、地理标志保护、基本药品获取、互联网和新通信技术的标准、全球气候变化、可替代的创新模式、解决经济技术发展不平衡的方案等经济、文化和政治议题（图 5-4）。④利益集团分化。不同的国家在不同的问题上具有不同利益。随着知识产权客体范围扩张和议题范围的扩大，因为知识产权治理的议题不同，引发了不同国家之间的利益组合，不同的议题组合成不同的阵营，所有这些组合都具有很大的不确定性。发达国家与发展中国家也存在利益不一致的情况。例如，在地理标志问题上，同样作为发达经济体的美国与欧盟就存在明显的对立❸。印度虽是发展中国家，但印度同时也是电影生产大国，所以它非常关注对版权的保护。新西兰作为发达国家也同样强调遗传资源、民间文艺和传统知识保护。中国虽是发展中国家，但工业制成品、农产品和民间手工艺品的大量出口也促使其日渐关注海外知识产权利益。❹ 新兴经济体的崛起加剧了不同国家之间利益的重新分化组合，现代化的进程正在使原本较为统一的国家集团碎片化。❺

---

❶ 李俊，崔艳新，2015. 新一轮国际知识产权规则重构下的中国选择——以知识产权强国建设为目标 [J]. 知识产权（12）.

❷ YUP K, 2009. The global intellectual property order and its undetermined future [J]. The wipo journal, 1: 1-15.

❸ 詹映，2016. 国际贸易体制区域化背景下知识产权国际立法新动向 [J]. 国际经贸探索（4）.

❹ 刘彬，2016. 论中国自由贸易协定的"超 TRIPS"义务新实践 [J]. 厦门大学学报（哲学社会科学版）（5）.

❺ PETERD, 2002. Developing countries and international intellectual property standard - setting [J]. The journal of world intellectual property, 5 (5): 765-789.

第五章 知识产权法律全球化的政治和经济效应

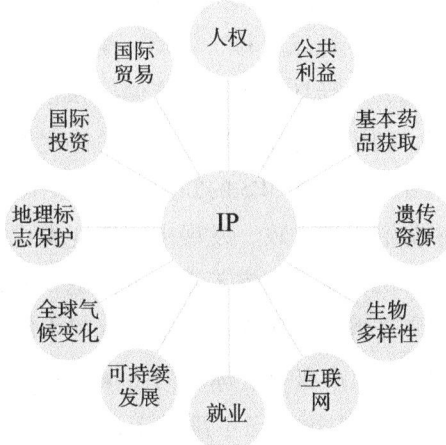

图 5-4 知识产权（IP）涉及议题的多样性

五、国际知识产权进程进入僵持阶段

由于在技术创新和技术使用之间的利益冲突，发达国家与发展中国家在知识产权领域的斗争从来没有停止过。在 TRIPS 之前，由于科技经济的巨大差距，发达国家在知识产权实力、知识产权的谈判能力方面相比发展中国家都具有绝对优势，知识产权国际规则制定呈现一边倒的局面，即发达国家主导了国际知识产权规则的制定。20 世纪 60 年代和 70 年代，发展中国家曾质疑在过去几十年形成的知识产权国际标准，寻求对国际版权体制和国际专利体制进行调整，但这两方面都没有成功。❶ 与此相反，美国和其他发达国家采取分而治之策略，成功发起 TRIPS 的谈判并最终制定了一部知识产权法典，把国际知识产权保护提高到前所未有的水平。

然而，发达国家与发展中国家围绕知识产权保护的博弈并未因 TRIPS 的达成而停止，反而愈演愈烈。由于 TRIPS 的实施并未有效阻止本国的产品被仿冒，发达国家逐渐对自己曾经引以为豪的 TRIPS 在执法方面的欠缺表示不满，试图在多边体制内提高国际知识产权执法标准，但是由于在多边体制内发展中国家数量众多，发展中国家的知识产权意识和能力增强，

---

❶ PETERD, 2002. Developing countries and international intellectual property standard - setting [J]. The journal of world intellectual property, 5 (5): 765-789.

发达国家在多边论坛提高知识产权保护标准的图谋屡屡受挫。于是发达国家故技重施，利用擅长的"论坛转移"策略，绕开世界贸易组织和世界知识产权组织等多边机制，选择具有相同政策偏好和相近利益诉求的国家开展知识产权复边谈判，利用双边或区域自由贸易协定把更高标准的知识产权新规则嵌入其中，寻求超出 TRIPS 的知识产权保护标准。

面对发达国家来势汹汹的进攻，发展中国家变得更加成熟和坚定。在知识产权问题上觉醒了的发展中国家不再节节败退，坐以待毙，而是在多边、双边论坛进行了卓有成效的防守和反击。发展中国家不仅成功阻止了发达国家在 WTO 提高知识产权执法标准的图谋，而且成功阻止了 TRIPS-plus 的实现。❶ 并且，发展中国家已不满足于被动防守，还在多个论坛对发达国家发起了进攻。首先，发展中国家在 WTO 和 WIPO 等多边体制内分别开启了"发展议程"。它使国际知识产权制度的模式发生了转换，从保护知识产权作为目的本身，或者说是作为维护国际贸易秩序的一个工具，转变为实现社会经济和文化发展目标的工具。否定了不论经济发展水平，采取相同保护水平和保护模式的做法，遏制了知识产权一味提高的趋势。其次，发展中国家团结一致要求对 TRIPS 的不合理条款进行修改，最终在药品获取等方面迫使发达国家作出让步。最后，发展中国家在将 TRIPS 重大披露问题与生物多样性公约联系起来取得了一定的成功，❷ 达成了《生物多样性公约》与《保护和促进文化表现形式多样性公约》。❸

不难看出，关于知识产权国际秩序新回合的较量与 20 多年前的那场谈判不可同日而语。一方面，发展中国家经济实力增强，知识产权实力和谈判能力提高；另一方面，发达国家相对衰落，领导能力下降。南北力量此长彼消，使知识产权的方向和进程再也不可能完全由发达国家主导，完全按照发达国家的意志建构，由发达国家随心所欲主导国际知识产权进程的历史将一去不复返。在后 TRIPS 时代，发达国家与发展中国家在知识产权问题的激烈博弈中可以说互有攻防，互有进退。发达国家的进攻主要在双

---

❶ 王淇，2016. 自由贸易协定知识产权谈判研究［J］. 科技促进发展（6）.

❷ YU P K, 2015. TRIPS wars: developing countries strike back［EB/OL］. https://papers.ssrn.com/sol3/papers.cfm?abstract_id=2671664［2020-09-09］.

❸ 李俊，崔艳新，2015. 新一轮国际知识产权规则重构下的中国选择——以知识产权强国建设为目标［J］. 知识产权（12）.

边和区域层面展开,而发展中国家取得的成果则主要在多边层面和与知识产权有关的其他论坛。但前者在注重双边和区域的同时,并未放弃多边和与知识产权有关的领域(如 FDI);后者在注重多边舞台的同时,也没有忽视双边和区域论坛。现在双方势均力敌,处于均势和胶着状态,任何一方要想取得明显的进步都非常困难。发展中国家在 WTO 和其他相关论坛中取得了一些成绩,并且在 WTO 和 WIPO 中确立了发展议程,但是这些进展是有限的,并且发展议程的落实也面临着重要的挑战。发达国家在 WIPO 和自由贸易协定中取得了一些进展,设定了一些 TRIPS-plus 标准,但是在 ACTA 和 TPP 中却遭遇重大挫折。随着发达国家 ACTA 的失利和美国退出 TPP,表明知识产权国际秩序步入一种僵持状态。国际知识产权规则和秩序正在孕育新的突破,期待破茧成蝶。

尽管发达国家在某些重要知识产权国际协定的受阻而遭遇暂时挫折,发展中国家在知识产权保护上的压力暂时得到缓解。但是,发展中国家也不能麻痹大意,应时刻警惕发达国家在多个领域的反扑。具体而言,下列几个动向需要我们密切关注:①TPP 死而复生。尽管因为美国的退出,TPP 没有如期生效,但是其他参与谈判的国家并未放弃,在日本等国的积极推动下,达成了没有美国参加的 TPP 修订版 CPTPP。尽管 TPP 中原有的许多知识产权条款在签署 CPTPP 协议时被搁置,但是 CPTPP 的知识产权章节所提供的保护标准仍然是目前贸易协定中最详尽且最先进的。不仅如此,CPTPP 成员国曾表示,如果将来某一天美国重返该协定,还会恢复当初达成的 TPP 标准。因此,关于 CPTPP 的动向及美国的态度,我们应当密切关注。②TTIP 的高标准威胁。尽管美国退出了 TPP,使发展中国家因 TPP 带来的知识产权压力暂时得到缓解,但是美国并未退出 TTIP,TTIP 所确定的知识产权保护标准将不仅超越 TRIPS,而且很可能超越 ACTA 和 TPP。[1] 对 TTIP 的谈判及其进展我们应当密切关注。③美国单边主义老调重弹。在中国加入 WTO 最初几年里,美国都没有对中国使用"301 条款",而 2017 年 8 月又高调宣布对中国进行"301 调查",并依据调查结果悍然发动贸易战,其意图和对未来知识产权发展的影响值得我们深入思考和研究。④知识产权与国际直接投资挂钩。目前,知识产权问题不仅是国际贸易条约的标配,而

---

[1] 詹映,2016. 国际贸易体制区域化背景下知识产权国际立法新动向[J]. 国际经贸探索(4).

且在国际投资条约中也越来越多地涉及知识产权问题。更重要的是，菲利普·莫里斯（Philip Morris）等私人投资者通过运用投资者与ISDS程序起诉未给他们提供优质知识产权保护和执法水平的外国政府，控制知识产权标准设定活动。❶ 这是不是发达国家为了设定知识产权新的保护执法标准，一种新的论坛转移？值得我们关注。

六、国际知识产权发展不确定性增强

目前，发达国家与发展中国家对当代的知识产权制度都有所不满。发达国家认为现有的多边条约提供的保护和执法水平对保护其日益增加的知识产权利益是不充分的，要求扩大保护范围、延长保护期限、加大执法力度。在多边程序之外的双边、复边和区域贸易协定正在威胁取消欠发达国家在许多国际条约中保留的有限的"政策空间"。同时，发展中国家对快速提高的知识产权保护水平阻止它们获取基本药品、知识、信息和通信技术和其他的一些关键的发展资源感到很失望，要求增加灵活性和弹性，并且要求对自身的优势领域进行知识产权保护。发展中国家的觉醒、力量的增强，使知识产权各方力量势均力敌，任何一方都不可能主导国际知识产权制度的发展。因此，知识产权发展前景扑朔迷离，很难判断。"国际知识产权体制正在迅速扩张，然而它正处于未来不确定的时刻。"❷

国际知识产权秩序未来发展的不确定性，由于以下几个方面的原因得以强化。①新兴经济体知识产权立场不明确。如前所述，新兴经济体在知识产权全球治理中发挥重要作用，但是由于新兴经济体经济发展水平介于发达国家和发展中国家之间，并且由于其区域间经济技术发展高度不平衡，这些国家既有加强保护的需求，又有灵活性和低保护的需求。它们在国际知识产权谈判中有时站在发展中国家立场，有时又与发达国家立场接近，呈现立场的摇摆性，新兴经济体立场的左右摇摆被余家明教授称为"精神分裂"。在不久的将来，如果这些新兴经济体在经济和科技方面成功

---

❶ YU P K, 2016. The investment-related aspects of intellectual property rights [J]. Am. UL Rev, 66: 829.

❷ YU P K, 2009. The global intellectual property order and its undetermined future [J]. The wipo journal, 1: 1-15.

赶超发达国家，它们会采取何种立场？是像过去的美国、日本等先行国家一样，主张高标准的知识产权保护？还是主张一条与现行知识产权模式不同的新模式？这些方面都存在很大的不确定性。正如有的学者指出的那样："尽管新兴经济体的知识产权保护在不远的将来毫无疑问会提高，但我们无法确定当这些经济体从知识产权弱保护跨入知识产权强保护的一边时，它们是否有兴趣维持现有的知识产权制度。也许这些知识产权的'新的支持者'希望建立能够反映他们的历史传统、文化背景以及社会经济条件的不同的制度。"②世界经济的不确定性。近年来，世界经济发展最大的特点是其不确定性。经济危机制造了严重的国内问题，使难以在国际层面达成政治妥协。尽管经济结构变化为企业、创新者、顾问、新创办企业和其他新来者提供了新的机会，公司规模的缩减也导致研发投资显著减少。❶金融危机以来的世界经济的不确定性，也为国际贸易体制增加了不确定性，进而增加了知识产权秩序的不确定性。③新兴经济体的发展前景不明确。前已述及，新兴经济体已经成为知识产权全球治理的重要力量，但是新兴经济体的经济发展不可能一帆风顺，而是存在各种各样的风险和不确定性，这也会影响这些国家未来知识产权对外政策。④发展中国家合作的不确定性。由于经济发展速度的不平衡，发展中国家的利益开始分化。在冷战时期，欠发达国家从印度和巴西领导的一个广泛的发展中国家联盟中获益，发展中国家表达它们观点的主要联盟是77国集团，但现在77国集团的重要性下降了。印度和巴西是否准备在知识产权问题上继续充当发展中国家的领导者不明确，中国能不能成为一个合格的领导者尚未可知，现代化的进程正在使原本更为统一的国家集团碎片化。❷例如，金砖合作是发展中国家合作的一个新的重要内容，但"金砖国家"在政治制度、宗教文化、历史传统方面的差异、在WTO层面上一些关键领域的分歧、难以搁置的现实问题（如中印边界争端）、不同发展道路的选择等方面都使金砖合作存在很大的不确定性。❸ ⑤特朗普的贸易保护主义

---

❶ YU P K, 2009. The global intellectual property order and its undetermined future [J]. The wipo journal, 1: 1-15.

❷ PETERD, 2002. Developing countries and international intellectual property standard - setting [J]. The journal of world intellectual property, 5 (5): 765-789.

❸ 吕有志, 2011. 论"金砖国家"的国际影响力及其制约因素 [J]. 国际展望 (3).

（逆全球化）。特朗普上台以后，在全球推行贸易保护主义，给世界经济和国际贸易发展带来很大的不确定性。2017年8月，美国高调宣布对中国发起所谓的"301调查"，时至今日，特朗普的知识产权政策仍不明晰，充满了不确定性。⑥参与主体的多元化也增加了国际知识产权秩序未来发展的不确定性。目前，知识产权全球治理的主体呈现多元化的趋势。在国内政策层面和通过跨国网络、公民社会团体和学术界都积极参与到政策前沿，对未来知识产权制度的发展发挥重要作用。然而，在这些领域的最重要发展是更大的公众——无论他们是消费者、教师、图书馆员、反全球化人士、艺术家、音乐家、网络设计师、软件工程师或者网络游戏师对知识产权问题增加的关注。当这些人的声音与政治活动家、专家学者及大型媒体相结合，知识产权争论的声调就发生了极大的转变。曾经认为不可能的，甚至是不可想象的，现在变得具有某种可能性。❶

尽管一些评论者认为发展中国家对TRIPS的复杂性和含义相当无知——至少在TRIPS签订过程中是如此，发达国家也同样对WTO及其许多协定的进展感到吃惊。国际知识产权体制正在进入争议的、不为人熟知的领域。在平等危机、权利人利益的不平衡和对社会福利（包括公共利益和发展问题）的不计后果的忽视面前摇摆。❷未来知识产权发展是"发展中国家成功应对发达国家的知识产权圈地运动，还是发达国家的圈地运动进一步加强并导致学者们所说的TRIPS 2.0，尚有待于观察"❸。

第三节　知识产权法律全球化的经济效应

本节在对知识产权法律全球化对技术创新、技术转让和FDI、国际贸

---

❶ YU P K, 2009. The global intellectual property order and its undetermined future [J]. The wipo journal, 1: 1-15.

❷ OGUAMANAM C, 2013. Intellectual property in global governance: a development question [J]. Routledge.

❸ YU P K, 2007. International enclosure, the regime complex, and intellectual property schizophrenia [J]. Michigan state law review, 1: 1-35.

易与世界福利的影响相关文献梳理和总结的基础上,探讨知识产权法律全球化的经济效应。

一、知识产权法律全球化对技术创新的影响

(一) 理论分析

知识产权制度产生和存在的一个主要理由就在于对技术创新的激励和保护。然而,从理论上讲,知识产权对技术创新而言是一把"双刃剑",既可能对技术创新起到促进作用,也可能对技术创新起到抑制或阻碍作用。

一方面,知识产权可以对技术创新起到促进作用。其主要原因在于:首先,知识产权赋予权利人在一定时期内对其创新成果的垄断权利,并因此而获得垄断利益,以弥补其为创新而付出的物质和智力投入,从而对创新起到激励作用;其次,专利申请需要充分公开申请专利的技术信息,这有利于技术信息的快速传播,从而促进在现有技术上的再创新;最后,知识产权通过授予权利人一定期限的垄断权利,让其获得垄断利益,从而使其可以获得更多的资金用于科技创新投入,进而增加科技创新。

对于知识产权对技术创新的重要作用,许多专家学者都有精彩论述。我国著名知识产权专家吴汉东教授对知识产权的技术创新功能给予了充分肯定。他指出:在国家创新体系中,知识产权为创新提供了重要制度支撑和基本法律保障。[1] "创新价值是知识产权法的价值灵魂,知识产权制度是制度创新促进知识创新的典范。"[2] 冯晓青教授也指出:知识产权制度是保护和促进技术创新的重要法律制度,对技术创新具有重要的激励与保障功能。[3]

但另一方面,知识产权也可能成为技术创新的障碍。首先,知识产权会增加他人获取知识的成本,从而抑制再创新;其次,权利人由于获得了垄断权利,他会为了尽可能最大化其现有创新收益而减少进一步创新的努

---

[1] 吴汉东,2015. 知识产权是创新发展的制度支撑和法律保障:解读《中共中央 国务院关于深化体制机制改革加快实施创新驱动发展战略的若干意见》 [EB/OL]. http://ip.people.com.cn/n/2015/0520/c396330 - 27031454.html [2020 - 08 - 08].

[2] 吴汉东,2014. 知识产权法的制度创新本质与知识创新目标 [J]. 法学研究 (3).

[3] 冯晓青,2013. 论知识产权制度对技术创新的促动作用 [J]. 河北学刊 (2).

力；最后，过强的知识产权保护还可能导致知识产权的滥用，造成"专利丛林""专利竞赛""专利蟑螂"等负面问题的产生，迫使企业将过多的资源用在专利诉讼上，从而减少对研发投入。

关于知识产权保护对技术创新可能产生的负面效应，也有不少学者做过深刻论述。亚当·杰夫在其《创新及其不满》一书中，向人们展示了专利保护的不断增强如何将专利制度从一个创新激励器转变为一个威胁创新的诉讼和不确定性发生器。❶ 德国马克斯·普朗克研究所（Max Planck Institute）发布的一套有关知识产权和竞争法的原则中写道：知识产权保护和执法的持续扩张与保护公共健康、环境、生物多样性、粮食安全、知识获取和人权等国际规则相冲突。同时，这种扩张通常与知识产权促进创新和发明的核心目标相冲突，而不是促进创新和发明。❷ 还有学者指出：在发达国家，过去30年左右知识产权宽度的扩张似乎对创新率没有任何积极影响。事实上，偶然还会有相反影响的证据。❸

（二）实证研究

鉴于学者们对知识产权创新效应在理论上存在难以弥合的分歧，许多学者对知识产权保护强度变化的创新效应进行了实证研究，但结论仍然是五花八门、莫衷一是，显然关于这一问题的实证研究并未丝毫弥合理论研究的分歧。

早期有关知识产权保护与创新的实证研究主要是通过调查研究的方式进行。这些研究认为：专利制度对创新的作用可能被夸大了，尽管专利制度即使对创新有激励效应，也只是局限于少数部门，并且对不同部门来说，对创新影响的程度也不尽相同。据调查研究结果显示：创新与专利制度没有必然的联系，如尽管19世纪末期的瑞士没有专利法，但瑞士却是当

---

❶ 亚当·杰夫，2007. 创新及其不满 [M]. 北京：中国人民大学出版社：12.
❷ VELÁSQUEZ G, BOULET P, 2017. The who "red book" on access to medicines and intellectual property – 20 years later [EB/OL]. https://www.southcentre.int/category/publications/policy – briefs/page/8/ [2020 – 07 – 10].
❸ DOSI G, STIGLITZ J, 2013. The role of intellectual property rights in the development process, with some lessons from developed countries: An introduction [C] // Laboratory of economics and management (lem), sant´anna school of advanced studies, Pisa, Italy.

时世界上最具创新活力的国家之一。❶ 曼斯菲尔德（Mansfield）曾向来自12个工业集团的100名代表就专利对发明的影响进行调查，但调查的结果是大部分代表认为，专利保护对发明基本没有影响或者影响很小。据调查研究发现：在保护知识财产的各类方式中，专利并非最有效的，有时商业秘密和时间的领先对企业的知识财产保护可能更重要。❷

除了上述调查研究之外，20世纪90年代以来，尤其是TRIPS签订后，有不少学者利用统计数据，通过建立计量模型对知识产权的技术创新效应进行实证分析。赫尔曼（Helpman）的实证分析认为，严格的知识产权保护扩大了发达国家在全球制造业中所占的份额，但这是以牺牲发展中国家的制造业为代价的，从长期来看，发达国家的创新率也将下降。❸ 埃德曼·莱（Edwin l. – c. lai）的研究发现加强知识产权保护对南方国家的作用与技术从北方向南方转移的渠道有关。即这种技术转移主要是通过FDI还是主要通过模仿进行的，如果是前者，则加强知识产权保护会增加南方国家的创新率；如果是后者，加强知识产权保护不仅不会使南方国家的创新率增加，反而会使这些国家的创新率下降。❹ 勒纳（Lerner）选取了60个样本国家，对这些样本国家150年时间内（1850—1999年）的专利制度改革影响进行分析，发现这些国家的专利保护水平的变化对本地的专利申请几乎没有影响，却使来自国外的专利申请增加了。布兰斯泰特等（Branstetter et al.）的研究同样发现专利保护水平与本地专利申请不相关，但与外国专利申请正相关。❺ 阿尔里德和帕克（Allred, Park）的研究认为专利保护对创新的影响是复杂的，与一个国家的发展水平和专利保护水平

---

❶ VRIES J D, SCHIFF E, 1972. Industrialization without national patents. The Netherlands, 1869 – 1912, Switzerland, 1850 – 1907 [J]. The economic history review, 25 (4): 745.

❷ COHEN W M, NELSON R R, WALSH J P, 2003. Protecting their intellectual assets: appropriability conditions and why U. S. Manufacturing firms patent (or not) [J]. Levine's working paper archive.

❸ HELLMAN E, 1993. Innovation, imitation, and intellectual property rights [J]. Econometric, 61 (6): 1247 – 1280.

❹ LAI L C E, 1998. International intellectual property rights protection and the rate of product innovation [J]. Journal of development economics.

❺ BRANSTETTER L, FISMAN R, FOLEY F, 2006. Does stronger intellectual property rights increase international technology transfer? Empirical evidence from U. S. firm – level panel data [J]. Quarterly journal of economics, 121 (1): 321 – 349.

有关。❶

我国也有不少学者对知识产权与技术创新的关系进行了定量研究。余长林等人的研究认为：技术创新与知识产权保护水平之间呈"倒U型"关系，知识产权保护如何影响创新取决于一个国家所处的经济发展阶段。❷王华的研究结果显示：尽管知识产权保护在一定条件下对技术创新有促进作用，但过强的知识产权保护将导致技术创新速率的降低。❸

从上述关于知识产权保护的经济学文献研究来看，专利能否促进创新、能否促进经济增长，并没有明确的证据，这显然与人们的通常认识相矛盾。究其原因，这可能是因为两者的角度不同。我们通常说专利激励和促进创新是从一个方面而言的，即仅是对创新者的影响，而经济学关于知识产权对技术创新和经济增长的研究是从总体上研究的，既包括创新者，也包括创新产品的使用者和模仿者。对创新者而言，知识产权当然有激励作用，但对使用者和模仿者而言，知识产权又会加大他们的成本，抑制技术的扩展，从而对技术创新和经济增长起到负向作用。由于这两方面作用的叠加结果不确定，知识产权对技术创新和经济增长的影响也具有不确定性。同理，对于整个世界而言，知识产权强保护对创新国家毫无疑问是有利的，会增加它们的技术创新、提高它们的经济福利，但是对于以模仿为主的发展中国家而言，知识产权使它们使用技术的成本增加，抑制后发优势，所以知识产权对整个世界技术创新的影响也具有不确定性。

二、知识产权法律全球化对国际直接投资和技术转让的影响

在乌拉圭回合谈判中，促使发展中国家接受 TRIPS 的一个重要原因是发达国家许诺向发展中国家进行更多的国际直接投资和技术转让，这被许多人视为是知识产权制度改革的核心收益。技术转让和国际直接投资不仅是发达国家与发展中国家之间一个隐含的交易，即如果发展中国家同意提

---

❶ ALLRED B B , PARK W G, 2007. Patent rights and innovative activity: evidence from national and firm – level data [J]. Journal of international business studies, 38 (6): 878 – 900.

❷ 余长林，王瑞芳，2009. 发展中国家的知识产权保护与技术创新：只是线性关系吗？[J]. 当代经济科学（3）.

❸ 王华，2011. 更严厉的知识产权保护制度有利于技术创新吗？[J]. 经济研究（2）.

高知识产权保护水平，发达国家将会给予它们更多的直接投资和技术转让。❶

那么，TRIPS 及其他知识产权协定的实施是否促进了 FDI 和技术转让呢？对于这一问题，学者们也进行了广泛而深入的探讨，但是就如知识产权对技术创新的影响一样，同样是众说纷纭。

(一) 理论研究

为了对跨国公司开展对外直接投资的原因和条件进行分析，英国学者邓宁（Dunning）提出了"国际生产折中理论"。❷ 邓宁指出，跨国企业只有在同时拥有所有权优势、区位优势和内部化优势这三种优势的条件下，才会进行对外直接投资，而知识产权保护对企业的这三种优势都会产生影响。在当今的知识经济时代，知识产权成为企业一种主要的无形资产，在一些科技企业中，知识产权这种无形资产的价值甚至已经超过有形资产的价值，因此拥有知识产权将会确立和增强企业的所有权优势。同时，随着知识产权法律全球化的发展和知识产权保护意识的增强，知识产权保护制度已经成为各国营商环境的重要内容，因此知识产权制度的完善程度也就成为国家区位优势一个影响因素。强化对知识产权的保护一方面，尽管能够使跨国企业的所有权优势和区位优势得到增强。但是，另一方面，由于强化知识产权的保护也能增强法律的确定性，对跨国公司对其知识产品的控制更为有力，从而导致跨国公司以技术许可取代国际直接投资，这又会削弱跨国公司的内部化优势。由于强化知识产权保护对跨国企业的三种优势，即所有权优势、区位优势和内部化优势影响方向不一致，因此强化知识产权保护对跨国企业国际直接投资的总效应结果就不明确。如果强化知识产权保护对所有权优势和区位优势的增强效应大于对内部化优势的削弱效应，则会导致国际直接投资增加；反之，如果强化知识产权保护对内部

---

❶ 在 TRIPS 的文本中，有不少规定提及技术转让。TRIPS 第 7 条规定："知识产权的保护和实施应有助于促进技术革新及技术转让和传播，有助于技术知识的创造者和使用者的相互利益，并有助于社会和经济福利及权利与义务的平衡。"第 66 条第 2 款规定："发达国家成员应鼓励其领土内的企业和组织，促进和鼓励向最不发达国家成员转让技术，以使这些成员创立一个良好和可行的技术基础。"

❷ 又称 OLI 理论，即所有权（ownership）—区位（localization）—内部化（internalization）优势理论。

化优势的削弱效应大于对所有权优势和区位优势的增强效应,则会导致国际直接投资的减少甚至取消。❶

有不少学者研究认为知识产权保护水平的提高对促进发达国家向发展中国家进行国际直接投资和技术转让的作用不大,甚至还可能产生负向作用。知识产权保护水平并不是决定 FDI 的最主要因素,中国在知识产权保护备受西方国家指责的情况下,吸收了大量国外直接投资的主要原因是中国庞大的市场、低廉的要素成本、优惠的外资政策、比较完善的基础设施等。❷ 文礼朋认为,知识产权保护水平的提高,对发展中国家培养自主创新能力和实现对发达国家的技术追赶弊大于利。❸ 罗冠男指出,知识产权法律全球化既不能产生对国际技术转移的促进作用,也不会使世界福利增加。❹

（二）实证研究

一些实证研究表明,东道国的知识产权保护水平对跨国公司的 FDI 和技术转让有积极影响,即加强知识产权保护可以促进 FDI 和技术转让。马斯库斯等认为,当技术进口国的专利保护水平在一定临界值之上时,技术进口国加强知识产权保护,会增加美国非附属公司的专利技术许可费。布兰斯泰特等（Branstetter et al.）的研究认为,美国增加了向实施专利权改革的国家的技术转移。❺ 加强知识产权保护会增加技术转移,鼓励创新。❻ 我国学者顾振华、沈瑶的研究表明：强化知识产权保护可能会增加技术转移。❼ 王平、田彬彬研究认为,如果其他方面的条件一定,加强知识产权

---

❶ 单晓光,许春明,等,2009. 知识产权制度与经济增长：机制·实证·优化 [M]. 北京：经济科学出版社：159.

❷ 左宗文,2015. 知识产权保护视角下全球价值链分工研究 [D]. 北京：对外经济贸易大学.

❸ 文礼朋,2008. 国际知识产权保护的加强对发展中国家技术追赶的影响 [J]. 武汉大学学报（哲学社会科学版）,2008（5）.

❹ 罗冠男,2011. 知识产权全球化背景下的国际技术转移——基于知识霸权的视角 [R]. 发展知识产权服务业,支撑创新型国家建设：2012 年中华全国专利代理人协会年会第三届知识产权论坛论文选编（第二部分）.

❺ BRANSTETTE L G, FISMAN R, FOLEY F, 2006. Do stronger intellectual property rights increase international technology transfer? Empirical evidence from U. S. firm – level panel data [J]. The quarterly journal of economics, 121（1）：321 – 349.

❻ 顾振华,沈瑶,2015. 知识产权保护、技术创新与技术转移——基于全球价值链分工的视角 [J]. 国际贸易问题（3）.

❼ 同❷.

保护可以促进对中国技术和资本密集型产业的国际直接投资。❶

与上述学者的研究结果相反，也有不少学者通过实证研究得出了知识产权保护对 FDI 和技术转让几乎没有影响，甚至是负面影响的结论。提高知识产权保护水平对国际直接投资没有什么影响。❷ 研究结果表明，加强发展中国家的知识产权保护并不能让发达国家向发展中国家进行更多的技术转让，也不能使发展中国家获得更多的国际直接投资。❸ 强化知识产权保护一方面，可能形成垄断势力，降低外资转移技术的意愿；另一方面，则可能导致外资更多地选择以许可的形式转移技术，而非通过对外直接投资的方式。❹

还有一些学者的研究认为，知识产权保护与 FDI 和技术转让的关系受许多因素的影响和制约，具有明显的国家特征和行业特征。对于东道国知识产权保护强度的变化，美国不同的行业表现出不同的敏感程度；❺ 实证研究表明知识产权保护对不同产业 FDI 决策的影响不同。❻ 知识产权保护对技术密集程度较高的行业影响较大。❼

三、知识产权法律全球化对国际贸易和世界福利的影响

知识产权与国际贸易存在天然的联系，在一定意义上可以说，国际知识产权制度的产生就是由于国际贸易引起的。发达国家推动制定 TRIPS 的一个冠冕堂皇的理由是减少因为知识产权保护不力给国际贸易造成的扭曲和障碍，通过严格的国际知识产权规则，来促进国际贸易的发展、增加世界福利。

尽管国际贸易与知识产权的关系源远流长，但是直到乌拉圭回合谈判达成 TRIPS 之前，二者的亲密关系一直都没有引起人们的重视。TRIPS 签订之后，国际贸易与知识产权的关系公开化，知识产权对国际贸易的影响

---

❶ 王平，田彬彬，2011. 知识产权保护对中国 FDI 质量的影响——基于行业层面的实证分析 [J]. 宏观经济研究（9）.

❷ 汪海粟，韩刚，2007. 知识产权保护与技术创新关联研究述评 [J]. 经济社会体制比较（4）.

❸ 余长林，王瑞芳，2009. 知识产权保护、东道国特征与外商直接投资：一个跨国的经验研究 [J]. 世界经济研究（10）.

❹ 左宗文，2015. 知识产权保护视角下全球价值链分工研究 [D]. 北京：对外经济贸易大学.

❺ 同❶.

❻ 同❷.

❼ 同❶.

也引起了学者们的关注。TRIPS 的实施及后 TRIPS 时代知识产权法律全球化的发展是否像 TRIPS 序言中所规定的那样"消除对国际贸易的扭曲和阻碍""确保行使知识产权的措施和程序本身对合法贸易不构成障碍";以及 TRIPS 第 7 条规定的:"并有利于社会与经济福利以及权利和义务的平衡。"学者们围绕这些问题对知识产权保护与国际贸易的关系及贸易效应进行了大量的定性和定量分析。本部分通过梳理这一领域的相关文献,来探讨知识产权法律全球化对国际贸易和世界福利的影响。

(一)理论研究

20 世纪 90 年代,有学者提出了市场扩张效应和市场势力效应理论来说明知识产权保护对国际贸易的影响。他们指出,由于这两种效应具有相反的作用,进口国知识产权保护制度对进口贸易的影响最终就取决于这两种效应的总效应。❶

徐元认为知识产权对国际贸易的影响还体现其作为贸易壁垒效应。知识产权的贸易壁垒效应可以表现在两个方面。一是由于知识产权保护不力造成的贸易壁垒。由于知识产权保护水平比较低,导致侵犯知识产权产品盛行,由于侵权产品不需要研发投入,因此其生产成本非常低,导致其价格远远低于知识产权产品,从而对知识产权产品的正常贸易造成障碍。二是因知识产权保护水平过高形成的贸易壁垒。知识产权保护水平过高,容易导致权利人滥用知识产权,从而对合法贸易构成障碍。与其他贸易壁垒不同的是,知识产权保护水平过高或过低都可能构成贸易壁垒。发达国家

---

❶ 所谓市场扩张效应是指进口国知识产权保护水平提高(如延长保护期限、增加保护品种、提高侵权惩罚力度等),会提高出口国创新产品在进口国市场受法律保护的程度。由于当地企业受到了对进口贸易产品的模仿限制,进口国企业模仿行为侵权概率的增加,模仿成本的增加将减少进口国企业的模仿行为。随着进口国模仿能力的抑制,将导致进口国对该产品的市场供给减少。供给减少的一部分由国内自主生产或替代产品供给,另一部分则由外部供给来弥补,即增加对国外创新产品的需求。这样出口企业有可能扩大对出口市场的贸易规模。这种由知识产权保护引致的进口增加效应即为进口国市场扩张效应。市场垄断效应是指当出口市场的知识产权保护加强时,由于进口国知识产权保护制度不断完善,保护力度不断加大,将提高出口国创新产品在进口国市场的垄断地位。由于不用担心潜在的侵权和模仿行为,企业采取减少销售、收取高价的方式维持市场支配力,因此进口的贸易规模相应减少。在垄断竞争市场条件下,出口国企业将减少产品销量,以便以更高的价格获得同样的利润。市场垄断效应意味着进口国知识产权保护制度的强化将减少出口国对该类产品的出口行为。柴江艺,许和连,赖明勇,2011.知识产权保护与我国进口贸易结构转变 [J].科技进步与策(5).

和国际知识产权公约往往关注由于知识产权保护的水平不够形成的贸易壁垒，而发展中国家则更多关注因知识产权保护的水平过高形成的贸易壁垒。❶

张夏准认为，TRIPS 的支持者声称的该协定可能给发展中国家带来的好处都没有实现，反而给发展中国家带来了很大的成本，这些成本主要体现在如下几个方面。①提高使用知识产权的成本；②TRIPS 在发展中国家的实施将导致更为广泛的垄断定价行为和跨国公司的其他约束性行为；③运行复杂的知识产权体系毫无疑问使发展中国家的人力资源成本增加；④发展中国家可能还不得不付出一些其他方面的成本；⑤由于发展中国家对发达国家的技术进行细微改进和模仿可能受到严格限制，发展中国家发展自身科技能力的空间被大幅压缩。❷

杨静认为，自由贸易协定中 TRIPS-plus 执法条款对国际贸易和福利产生诸多不利的影响。首先，严格的执法措施使经营者在国际贸易中检索知识产权时不得不更为谨慎，但国际贸易中的知识产权检索难以穷尽，侵权也非显而易见（尤以专利侵权为甚），这些都会增加交易成本进而影响交易效率。其次，强硬而严格的知识产权执法和监督体系还会威胁到发展中国家出口贸易。例如，美国 FTA 扩张海关的权利，规定海关有权主动终止涉嫌侵权货物的放行，却没有相关的规则用于规制势必会形成的知识产权壁垒；权利持有人地位的强化使其只要断言知识产权侵权就足以阻止合法竞争，从而阻碍货物的自由流通。❸

余永康（Peter K. Yu）研究认为，虽然知识产权保护和执行的更高标准可能是有益的，但不适当的标准可能会带来很大的问题，尤其是对发展中国家而言。第一，通过移植发达国家的高标准，TRIPS-plus 知识产权章节有可能忽视发展中国家的需求、国家利益、技术能力、机构能力和公共卫生条件。由于在经济条件、模仿或创新能力、研发能力和人力资本可得性方面的差异，在一个国家运作良好的创新模式可能不适合另一个国家的需要和利益。因此，对外国的知识产权标准不加质疑地采纳不仅不能带来

---

❶ 徐元，2012. 知识产权贸易壁垒研究［M］. 北京：中国社会科学出版社：20.

❷ 张夏准，郝正非，2002. 撤掉经济发展的梯子：知识产权保护的历史教训［J］. 国际经济评论（6）.

❸ 杨静，2013. 自由贸易协定知识产权条款研究［M］. 北京：法律出版社：228.

更大的创新动力、工业进步和技术转让,还可能为了处理新标准产生的问题而耗尽本国的社会经济和公共卫生资源。第二,以外国法律为标准的法律改革可能会加剧许多发展中国家严重的经济困境,因为新移植的法律将使发达国家和新兴国家的外国权利人通过诉讼或诉讼威胁摧毁当地工业。即使从长远来看这些新法律是有益的,许多落后国家可能没有足够的基础设施和技术基础在短期内利用这些法律创造的条件。第三,加强法律标准的协调,虽然可能有益,但剥夺了尝试新的监管和经济政策的宝贵机会。此外,制定多样化的规则可以促进法域之间的竞争,使不同法域能够自行决定它们希望采用的规则和制度。这样的决定反过来会使立法过程对当地人民更加负责。在数字时代,当政府或立法机构在没有令人信服的经验证据匆忙出台法律时,更加需要更多的尝试和竞争。第四,无论是否有意,含有 TRIPS-plus 的双边、区域和诸边协定可能要求比发达国家提供的标准更高级别的保护和强制执行标准。值得注意的是,这些协议中的知识产权章节忽略了发达国家谨慎引入的确保知识产权体系平衡的重要限制和例外。例如,在美国反规避条款中就规定有许多例外情况。如果缺乏限制的严格的反规避标准对像美国这样的知识产权强国都是无益的,怎么能保证这些标准对资源有限、保障措施和纠错机制不足的发展中国家有益?❶

李民诛(Minsoo Lee)指出知识产权改革对发展中国家的好处较小是一目了然。总的来说,发展中国家往往是知识产权的进口国,加强知识产权保护往往需要付出巨大代价。对于具有足够创新能力的发展中国家来说,知识产权保护可能带来诸如国内创新和技术推广等实实在在的回报,然而对于创新能力有限的国家,这只会给生产者和消费者带来额外的成本。此外,加强知识产权保护和贸易自由化会对发展中国家的收入分配产生负面影响。❷

(二) 定量研究

除了上述学者们的定性研究,也有不少学者对知识产权的贸易和福利

---

❶ YU P K, 2001. Realigning TRIPS – Plus negotiations with UN sustainable development goals [EB/OL]. https://papers.ssrn.com/sol3/papers.cfm?abstract_id=3251667 [2020-08-08].

❷ LEE M, JOSEPH D A, PARK D, 2018. Donghyun, intellectual property rights, informal economy, and FDI into developing countries [J]. Journal of policy modeling, 40 (5): 1067-1081.

效应进行了定量分析。学者们围绕市场扩张效应和市场垄断效应中哪种效应占主导地位,分析知识产权对贸易和福利的净效应及其影响因素。学者们的研究大致分为三种类型：即关于知识产权贸易效应的一般研究、含有知识产权章节或条款的 FTA 的贸易效应和知识产权保护对高新技术贸易的影响。同理论研究相似,学者们的研究结论并不一致。

1. 关于知识产权贸易效应的一般研究

马斯库斯的研究结果显示,强化知识产权保护产生的市场扩张效应要明显大于市场支配效应,因此强化知识产权保护能够使母国出口增加。❶ 马斯库斯等认为,在模仿威胁比较小的国家,市场垄断效应大于市场扩张效应;而在模仿威胁比较大的国家,市场扩张效应大于市场垄断效应。❷ 我国学者余长林的研究得出了类似的结论。❸ 杜安（Doanh）认为一国知识产权保护水平提高会导致国外生产商的垄断能力进一步增强,从而使该国从其他国家的进口减少。❹ 施炳展、方杰炜以 TRIPS 框架下发展中国家开展知识产权改革的准自然实验为背景,利用 1995—2016 年 34 个发展中国家从 194 个国家的进口贸易数据,考察发展中国家知识产权保护对其进口结构的影响。结果表明,加强知识产权保护提升了发展中国家的进口结构。❺

2. 含有知识产权章节或条款的 FTA 的贸易效应

近年来,由于新签订的 FTA 基本都含有知识产权保护的内容,学者们对含有知识产权章节或条款的 FTA 的贸易效应进行了研究。马斯库斯等的研究认为,含有知识产权条款的 FTA 的签订对总体贸易流量和高技术产品贸易有很显著的影响。❻ 坎比等（Campi et al.）为了分析含有知识产权章

---

❶ MASKUS K E, PENUBARTIM, 1995. How trade – related are intellectual property rrights？[J]. Journal of international economics, 39：227 – 248.

❷ RAFIQUZZAMAN M, 2002. The impact of patent rights on international trade：evidence from Canada [J]. The Canadian journal of economics, 35（2）：307 – 330.

❸ 余长林,王瑞芳,2009. 知识产权保护、东道国特征与外商直接投资：一个跨国的经验研究 [J]. 世界经济研究（10）.

❹ DOANH N K, 2007. Impacts of intellectual property rights on trade flows in ASEAN countries [J]. Journal of international and Area studies, 14（1）：1 – 15.

❺ 施炳展,方杰炜,2020. 知识产权保护如何影响发展中国家进口结构 [J]. 世界经济（6）.

❻ MASKUS K E, RIDLEY W, 2016. Intellectual property – related preferential trade agreements and the composition of trade [J]. Robert schuman centre for advanced studies discussion paper.

节的贸易协定是否及如何影响双边贸易流动,对 122 个国家在 1995—2013 年的进出口情况进行了考察。❶ 钱馨蕾、孙铭壕的研究发现:①加强知识产权保护不影响总进口,但对总出口有抑制作用;②知识产权保护水平提高会使发达国家对专利和商标密集型产品的进口增加,并能够增加版权密集型产品的出口;③含有知识产权规则的贸易协定对发达国家之间专利和版权密集型产品贸易可以起到促进作用,也可以促进发达国家对发展中国家专利和商标密集型产品的进口,但对发展中国家版权密集型产品的进口可能减少。❷

3. 知识产权保护对高新技术贸易的影响

由于高新技术产品往往是知识产权密集型产品,知识产权保护水平变化对高新技术产品贸易的影响可能更为明显。因此,近年来,有的学者开始关注知识产权保护水平变化对发展中国家或地区高新技术产品贸易的影响。马斯库斯等研究发现,更强的知识产权保护可以促进研发密集型行业的出口业绩。加强知识产权保护对研发份额高的国家和发达国家出口的影响最大。对于研发水平较低的发展中国家和新兴经济体,尽管敏感性水平较低,影响依然存在。此外,还有证据表明,在许多新兴经济体和发展中经济体履行了 TRIPS 义务的 2000—2005 年这段时间,知识产权保护与出口的正向关系变得更加明显。❸ 国内学者针对中国知识产权保护与我国的高新技术贸易作了一些定量分析,大多数研究显示:知识产权保护水平提高总体上比较显著地扩大了中国技术密集型产品的进口。❹ 例如,魏浩的研究发现,从整体上来看,中国国内专利保护水平提高会促进高新技术产品的进口。❺

---

❶ MERCEDES C, MARCO D, 2019. Intellectual property rights trade agreements and international trade [J]. Research policy, 48 (3): 531 – 545.

❷ 钱馨蕾,孙铭壕,2020. 知识产权条款对全球贸易格局的影响 [J]. 社会科学 (2).

❸ KEITH E M, LEI Y, 2018. Domestic patent rights, access to technologies, and the structure of exports [J]. Canadian journal of economics/revue canadienne d'economique, 51 (2): 483 – 509.

❹ 韩剑,冯帆,李妍,2018. FTA 知识产权保护与国际贸易:来自中国进出口贸易的证据 [J]. 世界经济 (9).

❺ 魏浩,2016. 知识产权保护强度与中国的高新技术产品进口 [J]. 数量经济技术经济研究 (12).

四、知识产权法律全球化经济效应的案例研究

(一) 巴西专利制度改革的技术创新效应

巴西于 1994 年 4 月 1 日签署了 TRIPS。为了履行 TRIPS 的要求，巴西于 1996 年通过了工业产权方面的立法，新的《巴西工业产权法》(第 9279 号法案) 于 1996 年 5 月生效。修改后的法律大幅提高了保护水平，达到了 TRIPS 规定的标准。例如，修改后的《巴西工业产权法》将制药化学品、化学合成物和加工食品纳入专利保护范围，而在 1971 年的《巴西工业产权法》中上述产品是不受专利保护的。修改后的法律准许向符合新颖性、创造性和工业实用性要求的转基因微生物授予专利。新的《巴西工业产权法》将发明专利的有效期从 15 年延长到了 20 年，并为国际驰名商标提供了更好保护。

新的《巴西工业产权法》的颁布提高了该国专利的保护水平，那么工业产权法的改革对巴西的技术创新活动产生了怎么样的影响呢？根据 WIPO 发展和知识产权委员会对巴西 1996 年工业产权法改革对创新影响的研究，巴西工业产权法的改革的确使巴西的专利申请量大幅增加，巴西专利申请数量从 1996 年的 8057 件增加到 1997 年的 16 235 件，2006 年达到高峰，申请专利 24 074 件（表 5-2）。然而，巴西专利申请量的增加主要是非居民申请推动的，居民申请量所占比重反而大幅下降。1996—1997 年，巴西非居民的专利申请量增加了 148%，而居民专利申请量的份额反而从 32.4% 立即下降到 17.0%（表 5-3）。不仅如此，非居民的专利申请大多是通过 PCT 途径提出的，而居民申请人通过 PCT 途径获得的专利较少，这表明居民获得的专利创新性程度较低。可见，尽管非居民历来在巴西的专利申请中占主导地位，但在 1996 年实施新的工业产权法之后，这一特征得到进一步强化（图 5-5）。

表 5-2　巴西进入国家阶段的 PCT 专利申请：居民和非居民所占比例

项目	1997 年	1998 年	1999 年	2000 年	2001 年	2002 年	2003 年
居民	0.5%	1.4%	0.9%	0.6%	0.5%	0.6%	0.7%
非居民	64.1%	73.4%	74.2%	74.7%	75.5%	80.6%	84.5%
项目	2004 年	2005 年	2006 年	2007 年	2008 年	2009 年	2010 年
居民	0.7%	0.3%	0.7%	1.0%	0.7%	1.8%	2.3%

续表

项目	2004 年	2005 年	2006 年	2007 年	2008 年	2009 年	2010 年
非居民	84.6%	84.9%	89.0%	87.6%	89.3%	89.3%	93.0%

资料来源：产权组织统计数据库：https：//www3. wipo. int/ipstats/index. htm? tab = patent。最后更新：2021 年 11 月。

表 5 - 3　巴西居民申请专利占比

项目	1990 年	1991 年	1992 年	1993 年	1994 年	1995 年	1996 年	1997 年	1998 年	1999 年	2000 年
总数	7 537	6 944	6 474	6 650	6 497	7 448	8 057	16 235	16 037	17 509	17 376
居民/总数	31.7%	33.4%	32.4%	36.5%	34.9%	36.3%	32.4%	17.0%	15.5%	16.1%	17.7%

项目	2001 年	2002 年	2003 年	2004 年	2005 年	2006 年	2007 年	2008 年	2009 年	2010 年	—
总和	17 204	16 022	17 704	19 272	20 005	24 074	21 825	22 917	21 944	22 686	—
居民/总数	19.3%	21.0%	20.8%	20.5%	19.5%	15.8%	18.4%	17.8%	17.9%	11.9%	—

资料来源：产权组织统计数据库 https：//www3. wipo. int/ipstats/index. htm? tab = patent。最后更新：2021 年 11 月。

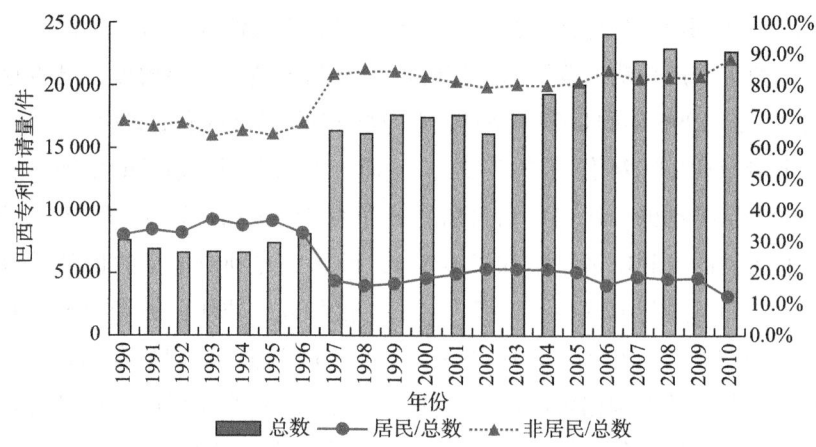

图 5 - 5　巴西的专利申请：居民和非居民的比例

事实上，非居民专利申请量所占的比重较高并不是巴西所独有的现象，这种情况在大多数发展中国家普遍存在（中国是个例外：自 2003 年以来，大多数专利都是由居民申请的，2010 年居民申请专利的比例为 74.9%）。[1] 可见，专利保护水平的提高，虽然可能使发展中国家专利申请

---

[1] ZUCOLOTO G, 2015. Intellectual property and social - economic development country study Brazil [EB/OL]. https：//www. wipo. int/ meetings/fr/doc_details. jsp? doc_id = 290258 [2020 - 07 - 08].

量的增加,但是并不一定提高发展中国家的本土创新能力。

(二) 知识产权法律全球化对公共健康的影响

在TRIPS签订之前,许多发展中国家,如印度、巴西、中国、阿根廷和埃及等,不授予药品专利权,有的国家尽管有相关立法,也只授予制药工艺专利,专利规则因国家而异。药品专利保护的缺乏不仅为这些国家仿制药产业的发展创造了有利条件,促进了这些国家的经济发展,而且使那些主要是自费支付药品国家的患者能够负担得起医药费用。然而,TRIPS的签订和实施使这种状况发生了根本变化。TRIPS要求所有成员方为所有领域的技术提供20年的专利保护期,药品产业与其他产业一样,采用相同的知识产权规则。这一规定使过去没有保护药品专利的国家不得不修改自己的专利法,为药品提供专利保护,这严重打击了发展中国家的仿制药工业,提高了药品的价格,造成发展中国家甚至发达国家的穷人获取药品困难,导致公共健康危机。

在TRIPS生效几个月后,卡洛斯·科雷亚(Carlos Correa)就曾指出:"TRIPS的通过毫无疑问是那些为了避免专有权利导致市场垄断而拒绝给予药品专利保护的国家作出的重大让步。现有信息显示,药品专利的全球化并未导致大公司对新药品研发投入的增加,发展中国家也没有收到更多的外国直接投资和技术转让。"❶ 到现在TRIPS生效已经25年了,有数据显示,世界药品研发投入和技术转让不仅没有增加,反而有下降的趋势。有学者指出:"原则上,专利制度是为了确保公众从发明中受益。然而,因为商业逻辑要强大于获取医疗保健的权利,不仅生活在发展中国家的人没有从发明中获益,在许多发达国家,专利也成为获取救命药品的障碍。至少在公共卫生方面,TRIPS引发的未解问题要多于解决方案。"❷ 具体而言,知识产权保护的强化给公共健康带来的问题主要表现在如下几个方面。

1. 药品价格上升、获取药品难度加大

TRIPS不仅要求不同发展水平的国家在知识产权保护方面采取相同的标准,而且要求不同的行业也采取相同的标准,要求世界各国要像对待其

---

❶ VELÁSQUEZ G, 2013. Seeking remedies for access to medicines and intellectual property [EB/OL]. https://www.southcentre.int/category/issues/social-development/ [2020-08-06].

❷ 同❶.

他产品一样给予药品专利保护。药品从被许多国家排除在专利保护之外到纳入专利保护之中,不仅导致药品专利申请数量激增,而且必然大幅提高药品价格。欧盟对 2000—2007 年制药行业的实践进行调查,发现一种药物最多可获得 1300 种专利保护或未决专利申请,而密集的药品专利毫无疑问会抬升药品的价格。例如,一个艾滋病患者使用仿制药治疗每年只需 60 美元,而如果使用专利药品,其费用则是 1 万美元或 1.5 万美元。一种治愈率近 100% 的丙型肝炎新药,一周疗程费用在美国是 8.4 万美元,在欧洲是 5.6 万欧元,而在一些发展中国家仿制药的费用不到 1000 美元(在某些情况下大约 600 美元)。用于治疗癌症和其他疾病的药品,以及被称为生物制剂的新型药物也存在类似的情况,许多这些药品在美国售价超过 10 万美元。❶ 针对特定药品的调查结果显示,不同制药企业都在利用专利垄断来提高药品价格和防止仿制药竞争。自 2012 年以来,1/3 的药品价格上涨超过 100%,如普瑞巴林(Lyrica)上涨 163%、依那西普(Enbrel)上涨 155%、阿达木单抗(Humira)上涨 144%、甘精胰岛素(Lantus)上涨 114%。

　　药品专利保护不仅使药品价格大幅提高,而且还可能导致制药企业滥用专利制度,过度申请专利和延长专利保护期限。2018 年,美国非营利药品获取与知识倡议组织(I-MAK)发布了一篇名为《专利过长、价格过高:药品专利如何延长垄断及哄抬药品价格》的报告。该报告对在美国最畅销的 12 种药品的专利申请情况进行了调查分析,发现生产这些药品的企业提交了数百件专利申请,其中大多数专利申请都获得了授权,并且其垄断期扩展至远超过美国专利法律所规定的 20 年的保护期。根据该报告的数据,平均而言,在美国排名前 12 的热销药品中,就每种药品而言,药企提交的专利申请数量为 125 件,其中 71 件获得专利权。全球最畅销药物阿达木单抗(2017 年全球销售额为 180 亿美元)的出品方艾伯维公司(AbbVie)提交了 247 项专利申请。不仅如此,制药企业还想方设法通过各种途径延长专利保护期限。有的制药企业试图为其药品获得 38 年的专利保护——这几乎是美国专利法规定的 20 年垄断的 2 倍。赫赛汀曲妥珠单抗(Hercep-

---

❶ KHOR M, 2016. The right to development: 30 years on [EB/OL]. https://www.cetri.be/The - Right - to - Development - 30 - Years? lang = fr [2020 - 08 - 06].

tin）是由罗氏公司和基因泰克公司出品的一种抗癌药物，该药物于 1985 年首次申请专利，但目前其正在申请的专利可将其专利权延长至 2033 年，垄断期可能长达 48 年。❶

药品价格的上升自然会增加购买药品的成本，加大药品获取的困难。一项研究发现，2003—2011 年，哥伦比亚因实施"数据独占性"规则增加了 3.96 亿美元的药品支出，到 2025 年，专利期限的延长将使哥伦比亚的药品支出增加 3.29 亿美元，而药品消费却减少 7%。其他国家的研究也显示了类似的结果。澳大利亚和美国研究人员的一项研究估计，如果 TPP 得以实施，由于每人每年的治疗费用将从 127.22 美元增加到 501 美元，越南政府可以为艾滋病患者提供抗反转录病毒治疗的人数比例将从 68% 下降到 30%。❷

目前，世界上 1/3 的人口无法定期获得基本药物，在某些发展中国家，这一比率达到了一半人口的水平。2019 年联合国艾滋病规划署发布关于全球艾滋病流行的报告显示：2018 年年末，共 3790 万本应接受逆转录病毒治疗的人中，只有 2330 万人得到治疗，仍有 1460 万人没有得到治疗，而这一数字在 2012 年是 680 万人。对于发展中国家的穷人来说，这一问题更为严重，根据世界银行的数字，目前有 10 亿人生活在极度贫困（每天不到一美元），而这些人口恰恰正遭受最严重的健康问题。❸ 不像发达国家那样由私人或公共的医疗保险公司承担，他们的医药支出需要由个人承担。药品价格的上涨直接影响了这些穷人对药品的支付能力，威胁他们的基本人权。

知识产权保护的增强，不仅使药品支出成为发展中国家的沉重负担，即使是在非知识产权净出口国的发达国家，如加拿大和澳大利亚，TRIPS-plus 标准对获得药品也会产生负面影响。澳大利亚采用 TRIPS 和 AUSFTA 中商定的知识产权要求，已经产生明确的净成本，建议政府避免在未来的

---

❶ 润桐专利检索，2018. 美国药企滥用专利制度扩大药品垄断并哄抬药品价格 [EB/OL]. http://ipr.mofcom.gov.cn/article/sjzl/gj/tsbg/201808/1925150.html [2020-09-09].

❷ CORREA C M, 2015. Intellectual property in the trans-pacific partnership: increasing the barriers for the access to affordable medicines [M]. Berlin: Springer.

❸ VELÁSQUEZ G, 2019. Medicines and intellectual property: 10 years of the WHO global strategy [J]. SSRN electronic journal.

协议中纳入知识产权，除非总体净效益可以证明。❶

正是意识到现行的专利保护制度与TRIPS对整个制药行业，尤其是对医药行业的重大影响。英国知识产权委员会在其2002年的报告中，建议各国"确保其知识产权保护制度的运行不与他们的公共卫生政策背道而驰，知识产权制度应当与这些政策保持一致并且支持这些政策"❷。

2. 制药行业创新减少

人们通常认为，对大多数行业而言，专利并非获取创新回报的重要途径，但制药行业是一个明显的例外。众所周知，在TRIPS达成的过程中，医药产业代表发挥了重要的作用。如果没有医药行业的有效游说，该协议可能永远不会达成。但是，尽管由于知识产权保护的加强，导致药品专利申请量激增，但制药行业的创新并未随之增多，甚至还有证据显示随着保护水平的提高，制药行业的创新反而在减少，只有少数新药是在TRIPS生效后开发的。根据卡洛斯·科雷亚的说法："在TRIPS协定实施后，授予药品专利成为世界各国的普遍做法，药品领域的创新反而下降了。"2006年，世界卫生组织知识产权、革新与公共卫生委员会在其发布的一份报告中指出："没有证据证明发展中国家实施TRIPS协定将促进对二期和三期疾病治疗药品的研发。"舍勒在2004年发表的一份研究报告预测，在发展中国家，因TRIPS实施导致的新药的开发的增长将非常小。事实上，以被批准上市的新药数量来衡量，后TRIPS时期一个重要特征是药品创新持续下降。图5-5显示，从1994—1999年的6年时间里，平均每年批准上市的新药数量是44.6种，而从2000年（当TRIPS在发展中国家变得可执行）至2014年，平均每年批准上市的新药数量为27.5种，后者不足前者的2/3。❸ 无独有偶，根据法国普雷斯克里尔最近6年发表的数据（图5-6），发现在过去10年引入法国市场的构成"重要医疗进步"的药物的数

---

❶ CORREAC M, 2017. Intellectual property in the trans – pacific partnership: increasing the barriers for the access to affordable medicines [M]. Berlin: Springer.

❷ VELÁSQUEZ G, 2019. Medicines and intellectual property: 10 years of the WHO global strategy [J]. SSRN electronic journal.

❸ VELÁSQUEZ G, 2002. Vaccines, medicines and COVID – 19 [M/OL] // VELÁSQUEZ G. Medicines and intellectual property: 10 years of the who global strategy. https://link.springer.com/book/10.1007/978 – 3 – 030 – 89125 – 1 [2021 – 11 – 15].

量从 2007 年的 14 种，减少到 2016 年的 5 种。❶

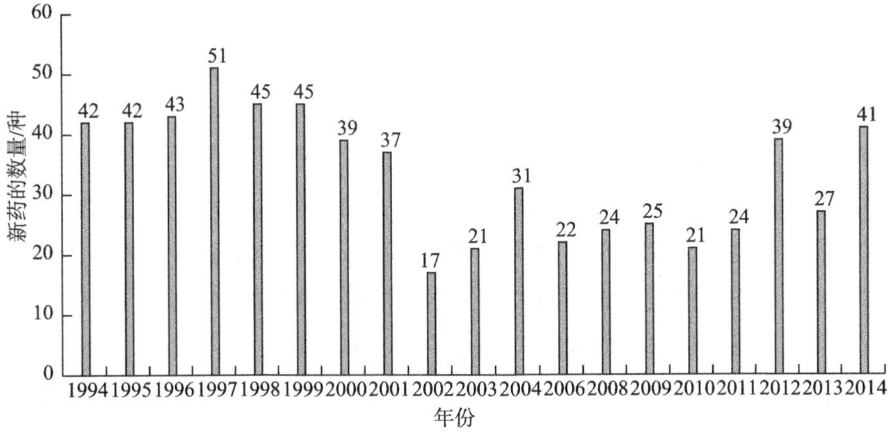

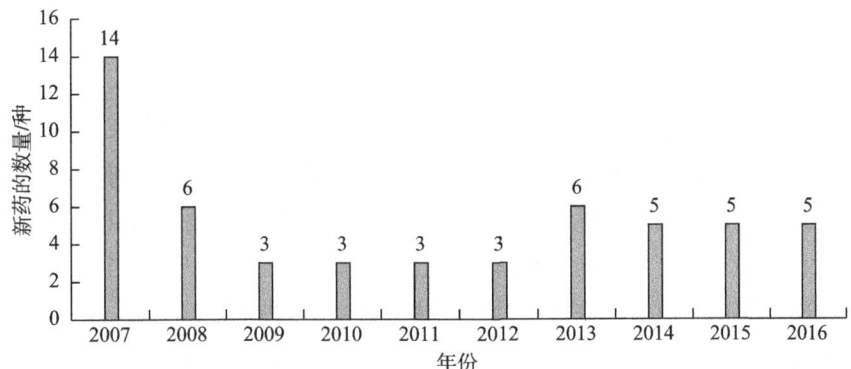

图 5-5 制药行业创新：1994—2014 新药品

资料来源：CORREA C C, 2016. Innovation and the global expansion of intellectual property rights: unfulfilled promises [EB/OL]. https://www.researchgate.net/publication/306374694_INNOVATION_AND_THE_GLOBAL_EXPANSION_OF_INTELLECTUAL_PROPERTY_RIGHTS_UNFULFILLED_PROMISES [2021-11-15].

图 5-6 法国市场"重要医疗进步"药物数量

资料来源：Germán Velásquez. Seeking Remedies for Access to Medicines and Intellectual Property. https://www.southcentre.int/category/issues/social-development/，访问日期：2020 年 8 月 6 日。

制药行业不仅创新数量下降，创新质量、创新结构及创新效率也有所

---

❶ VELÁSQUEZ G, 2002. Vaccines, medicines and COVID-19 [M/OL] // VELÁSQUEZ G. Medicines and intellectual property: 10 years of the who global strategy. https://link.springer.com/book/10.1007/978-3-030-89125-1 [2021-11-15].

下降。据有关调查显示,绝大多数新药物是"类似产品",治疗方法并非更好,但一般都比较昂贵。例如,一个学术期刊注意到新一代抗精神病药由医生系统开具,但事实证明这些药物在药效上不超过前一代药品,但价格却是前一代药品的 10 倍以上。美国国立卫生研究院的数据显示,从 1989—2000 年的 12 年时间里,只有 15% 得批准药物是真正的创新。在创新结构方面,有些疾病由于患病人数较少,制药公司无利可图,因此治疗这类疾病的药品研发往往被制药公司所忽视,尤其是在发展中国家普遍存在的疾病的药物研发。统计资料显示,1975—1999 年,只有 1.1% 的新治疗产品是为被忽略疾病研发的。2001—2011 年,只有 4 种新的化学药品是针对被忽略疾病的(3 种针对疟疾,1 种针对腹泻),占该期间 336 种化学药品的 1%。❶ "药品专利和测试数据保护的加强及向发展中国家的延伸对阻止新药品开发效率下滑没有任何作用。事实上,自 1950 年以来,以通胀调整后的价格计算,每 10 亿美元用于研发的资金产生的获得批准的药物大约每 9 年减少一半,下降约 80 倍。"❷

五、结论与启示

从上述理论和实证研究中,我们可以得出如下结论和启示。

第一,知识产权法律全球化的经济效应不明确。从上述理论分析和文献考察中,我们可以看出,强化知识产权保护的经济效应并不像发达国家所宣称的那样:促进国际贸易、国际投资、技术创新和技术转让,提高世界福利,事实上无论是从理论研究,还是定量分析,迄今为止并没有明确的结论。知识产权法律全球化的经济影响需要权威机构的评估,发展中国家在制定本国的知识产权政策和法律时,也应当建立在理性分析和科学评估的基础上,不能跟着感觉走。

第二,知识产权法律全球化的经济影响具有明显的国家特征。知识产权对不同国家的影响是不同的,与一个国家经济发展水平、市场规模、模

---

❶ VELÁSQUEZ G, 2002. Vaccines, medicines and COVID - 19 [M/OL] // VELÁSQUEZ G. Medicines and intellectual property: 10 years of the who global strategy. https://link.springer.com/book/10.1007/978 - 3 - 030 - 89125 - 1 [2021 - 11 - 15].

❷ VELÁSQUEZ G, 2013. Seeking remedies for access to medicines and intellectual property [EB/OL]. https://www.southcentre.int/category/issues/social - development/ [2020 - 08 - 06].

仿能力，以及相关的制度环境等因素密切相关。一般来讲，经济发展水平越高、市场规模越大、模仿能力越强、相关制度越完善，则知识产权保护水平提高越可能产生积极效果。否则，知识产权经济效应不明显，甚至可能为负。因此，全世界不应当施行一个统一的知识产权标准，应当允许各国根据本国的实际情况设计适合本国的知识产权制度。作为发展中国家，应当认识到在促进技术创新和经济发展方面知识产权只是众多政策中的一种，不是唯一的政策，还有其他很多因素，如基础设施、国内产业水平、教育、培训和创新体系等，这些因素都会影响一个国家实现自身的社会经济发展目标。因此，发展中国家应该制定综合性的政策，并注重政策之间的协调。

第三，知识产权保护的经济效应还具有明显的行业特征。加强知识产权保护，对有些行业而言，可能促进创新、贸易、投资和技术转让，而对另一些行业而言，其影响可能微乎其微，甚至是负影响。因此，发展中国家要充分权衡提高知识产权保护水平的收益和成本，实行差异化的知识产权制度，对不同行业制定不同的发展战略。例如，药品研发的周期不断延长，而有些电子产品的生命周期在不断缩短，因此专利保护期的长短应当区别对待，区别不同的行业采取不同的保护期，不应当采取"一刀切"的做法。又如，由于东道国知识产权保护水平的强弱变化对跨国公司直接投资的产业分布产生一定的影响，进而对东道国利用外资的规模和水平造成影响。因此，发展中国家可以利用知识产权保护的行业特征来引导外资流向，改善利用外资的质量。❶

第四，知识产权法律全球化对发达国家和发展中国家的影响不同。如前所述，随着知识产权法律全球化的发展，发达国家和发展中国家不断提高知识产权保护水平，但在这两类国家中，知识产权保护水平提高的推动力量有所差异，前者主要是由国内各个行业（即制药、娱乐、计算机程序、半导体）的内在需求引起的，而后者主要是由于外国政府和产业施加

---

❶ 余长林，王瑞芳，2009. 知识产权保护、东道国特征与外商直接投资：一个跨国的经验研究［J］. 世界经济研究（10）.

的胁迫和压力,而不是当地需求的结果。❶ 这在一定程度上,决定了知识产权保护水平的提高对发达国家与发展中国家影响不同。对少数发达国家而言,可能利大于弊,对其他发达国家和大多数发展中国家而言,可能弊大于利。到目前为止,大多数知识产权的专利仍然掌握在发达国家手中,很显然,在发展中国家加强知识产权的保护将使拥有全球大量知识产权的发达国家从其研发和其他创新活动中获得更多收益。❷ 对发展中国家的影响总体是不利的。这种不利影响可能表现在如下几个方面。①知识产权保护水平提高,增加发展中国家的支付的许可费,增加成本;②将发展中国家锁定在价值链的低端;③形成知识产权贸易壁垒,阻碍发展中国家技术含量较高的产品的出口;④使一些技术难以获取或者获取成本提高。

第五,既然知识产权与创新和经济增长从经济学上没有明确的关系,为什么无论是发达国家还是发展中国家都如此重视知识产权呢?为什么许多国家都制定了本国的知识产权战略,把对知识产权问题的重视程度提高到了前所未有的高度呢?

笔者认为可能的原因有以下几个方面。①直觉错误。从直觉上来看,知识产权保护让创造者可以获得一定期限的垄断权,获得一定的利益,从而激励他们从事创新活动。但事实上,大多数发明创造可能并不是来自这种经济利益的激励,而是在作出发明之后才产生的保护需求。②视角的差异。我们通常对知识产权的作用或功能的认识基本上是站在创新者的角度来考虑的。经济学对知识产权的作用则是从整体上进行分析的。一般而言,知识产权对创新者肯定是有益的,对技术领先或者创新国家也应当是利大于弊的,因此对创新者和创新国家来讲,知识产权制度毫无疑问是非常重要的。但是,如果从整体来分析,既考虑创新企业,也考虑模仿企业;既考虑发达国家,也考虑发展中国家,知识产权的作用就不确定了。因为知识产权保护对创新企业有利,但对模仿企业不利,对发达国家有利,而对发展中国家不利,对创新企业和发达国家带来的福利有可能被给

---

❶ VELÁSQUEZ G, BOULET P, 2017. The who "red book" on access to medicines and intellectual property – 20 years later [EB/OL]. https://www.southcentre.int/category/publications/policy – briefs/page/8/ [2020 – 07 – 10].

❷ LEE M, ALBA J D, PARK D, 2018. Intellectual property rights, informal economy, and FDI into developing countries [J]. Journal of policy modeling, 40 (5): 1067 – 1081.

模仿企业和发展中国家带来的损失抵消了,因此知识产权保护对创新和经济活动的总的效应是不确定的。③政治原因。从微观层面(企业和产业层面)来讲,知识产权的创造者无疑会从强知识产权保护中获得更多的激励和利益,他们当然主张知识产权的高水平保护,而知识产权的使用者则可能从知识产权强保护中蒙受损失。但是,由于前者是少数从事研发创新的大型企业,数量较少,它们更容易组织起来,并通过游说政府,实现自己的政策主张。而后者数量众多,比较分散,组织起来的成本较高,因此,他们的观点难以转化为政策和法律。从宏观层面(国家层面)来看,知识产权高水平保护无疑对发达国家有利,增加它们的竞争力和福利,而让发展中国家则遭受损失。道理跟微观层面有相似之处,发达国家数量较少,容易组织起来,结成联盟,而发展中国家数量众多,难以结成有效的联盟,并且发达国家有领导核心(美国),发展中国家则缺乏这种核心,因此,发达国家主张加强知识产权保护的声音成为主流。

第六,发达国家并未履行自己的承诺。尽管在乌拉圭回合谈判中,为了让发展中国家能够尽快接受 TRIPS,发达国家承诺会向发展中国家提供更多的投资和转让更多的技术,并且在 TRIPS 中也有相关的规定。但是,从 TRIPS 签订之后的实际情况来看,发达国家并未履行自己的承诺,即使从总体上而言发展中国家吸引的外国直接投资和技术转让有所增加,这些投资和技术也主要流向了经济技术水平比较高的发展中国家,而对于大多数落后的发展中国家而言,没有取得什么进展,正如英国知识产权委员会在其报告中所说:"发展中国家之所以接受 TRIPS 协定,一方面是因为在农产品、初级产品和纺织品服装等领域的市场准入;另一方面是因为TRIPS 协定可以鼓励更多的国际投资和技术转让。迄今为止,除了纺织品和服装贸易的自由化之外,所有这些期待的利益并没有明显被实现。研究显示,更高的知识产权标准促进了中等收入国家和新兴经济体的跨国交易,但是,对于最不发达国家,却几乎没有什么改进。"[1]

马金尔卡(Mashelkar)也指出:"有非常有力的证据显示当第三世界

---

[1] PRUSA T J, 2010. Private rights and public problems: the global economics of intellectual property in the 21st century, the peterson institute for international economics [J]. Journal of international economics.

需要的时候，技术转让并未发生。1990年的《蒙特利尔破坏臭氧层物质管制议定书》与确保发展中国家公平获取受知识产权保护的氯氟烃（CFC）替代物的承诺相冲突。1992年的《生物多样性公约》要求通过技术合作公平和平等地使用基因资源，但它的技术性规定并未引起注意。1994年的TRIPS要求向最不发达国家转让技术，但是这一规定很少转变为行动。"[1]

第七，国际社会需要更加关注国际技术转让规则。在当今时代，科学技术成为第一生产力，发展中国家要想实现持续发展，其发展必须建立在技术进步的基础上。在知识产权保护日益严格的背景下，发展中国家获取技术的成本和难度有加大的趋势，因此如何有效地实现发达国家向发展中国家的技术转让成为发展中国家实现发展的关键。但是，目前的情况是，一方面，知识产权国际保护规则不断向前推进；另一方面，却鲜有国际技术转让规则出台。尽管TRIPS在第66.2条规定了技术转让问题，但由于该规定过于原则，缺乏强制效力，从目前来看，该规定没有什么效果，发达国家也没有采取更多措施鼓励他们的公司和机构转让技术。此外，该条只适用于最不发达国家似乎限制过度，因为最不发达国家吸收外来技术的能力本来就非常低下。因此，笔者认为，TRIPS中第66.2条的规定并不能很好地解决向发展中国家转让技术的问题。显然，TRIPS重点关注的是知识产权保护问题，而不是技术转让问题，并且大多数技术掌握在私人手中，[2]因此国际社会应当更多关注国际技术转让问题，制定与国际知识产权保护规则相匹配的国际技术转让规则，把发达国家技术转让规则化、义务化、强制化，实现国际知识产权保护和国际技术转让的协调与平衡。发展中国家需要对包括知识产权制度在内的多种制度进行改革，而发达国家则应当切实履行国际责任，增加向发展中国家的国际投资和技术转让。

---

[1] MASHELKAR R A, 2002. Intellectual property rights and the third world [J]. Chemical business.

[2] WORLD HEALTH ASSEMBLY, 2006. Report of the commission on intellectual property rights [EB/OL]. https://www.researchgate.net/publication/248809047_Integrating_Intellectual_Property_Rights_and_Development_Policy [2020-09-09].

第六章 我国参与知识产权全球治理的战略对策

随着中国经济快速发展和参与全球化程度的加深，中国已经站在了全球治理的台前，积极参与知识产权全球治理不仅是维护我国经济利益的客观需要，而且是建设知识产权强国的题中应有之义，同时也是实施创新驱动战略和知识产权战略的必然要求。目前，知识产权全球规则正处在变革与重构的十字路口，这对正在积极参与全球治理的我国是一个难得的机遇。我国应当把握历史机遇，在知识产权全球治理中发挥积极协调者的角色，推动国际知识产权规则朝着公正合理的方向发展，为建立平衡有效的国际知识产权秩序贡献自己的力量。

一、加强对知识产权法律全球化问题的研究，尤其是跨学科研究

目前，我国正在从被动适应向主动制定国际经贸规则转变。但是，与积极参与国际经贸规则制定以维护国家利益的强烈需求相比，我国参与制定国际经贸规则的能力尚显不足，其中一个重要原因是对有关重大国际现实问题的理论和政策缺乏深入研究，导致我国无法掌握话语权。基于这一现实，习近平总书记在第 27 次中央政治局集体学习时指出要"加强对全球治理的理论研究"。知识产权法律全球化和知识产权全球治理是当今国际社会的一个重大现实问题，成为影响全球国家利益分配和国际政治经济秩序的一个关键因素。我国要积极参与知识产权全球治理，有效协调主要国家知识产权的国际谈判，充当知识产权全球法律标准的引领者，首先必须加强对知识产权法律全球化的研究，对知识产权法律全球化有一个深刻的认识，才能掌握话语权和扩大影响力。

笔者认为，我们目前应该加强如下几个方面的研究：①知识产权法律

全球化发展规律。通过对知识产权法律全球化发展历史与现状的研究,揭示知识产权法律全球化的发展规律和机制机理,理解知识产权法律全球化背后真正的推动力量,预测知识产权法律全球化的未来发展趋势。②知识产权法律全球化的政治经济效应。知识产权法律全球化既是国际政治经济力量博弈的结果,同时也是塑造国际政治经济格局的重要影响因素。要深入研究知识产权法律全球化对不同类型国家及产业所产生的政治经济影响,包括对发达国家和发展中国家的影响,尤其是对新兴国家的影响。既关注消极影响,也要关注积极影响。❶ ③经济科技发展水平的国际比较。开展中国和有关发达国家科技经济发展水平的比较研究,有助于我们从国际视野来对中国进行观察,搞清楚我国在世界经济和科技版图中的位置,为我国国际知识产权战略提供实证基础。④合理的国际知识产权法律模式研究。美国等发达国家不顾发展中国家国内发展的差异性,在全球推行一刀切的知识产权保护模式,忽视了发展中国家的需求和实际情况,遭到了发展中国家的抵制。到底什么才是公正合理的国际知识产权秩序?什么才是知识产权全球治理的合理模式?既能够起到激励创新保护创新的作用,又能够顾及各种发展水平国家的利益,实现全人类的可持续发展,这是我们需要深入研究的问题。⑤相关国家的立场研究。像其他大多数国际规则一样,知识产权标准不是在真空中形成的,而是主要谈判方经过斗争达成妥协的结果。因此,中国在国际知识产权体制中发挥什么样的作用也取决于欧盟、印度、日本、韩国、瑞士、美国和其他国家发挥什么样的作用。❷ 我们对这些国家参与国际知识产权体制和在 WTO 和 WIPO 中的角色研究越深入,我们对知识产权国际体制发展趋势的认识就会越清晰。⑥中国

---

❶ 例如,对于加入 WTO,我国刚开始对 TRIPS 持批评态度,认为其是有利于发达国家而损害发展中国家的一个协定。但随着时间的推移,我国对 TRIPS 的态度发生了变化,认为 TRIPS 是基本符合我国发展阶段的协定,并把它奉为我国国内立法和参与国际谈判的基准。这说明我国当初对 TRIPS 及我国经济科技发展状况研究不足,尤其是没有用发展的观点来看问题。例如,TRIPS 给我国带来的影响是什么?是否符合我国的利益?总之,尽管人们争论中国、印度和其他新兴经济体从 TRIPS 引致的知识产权改革中获益多少,但很难否认 TRIPS 已经对这些国家的经济发展和技术进步作出了贡献。对 TRIPS 影响的研究要全面,不仅要研究消极影响,也要研究积极影响。因此,当政策制定者和评论者热衷于批评在双边、区域和复边协定中 TRIPS-plus 条款的负面影响的同时,他们也不应该忽视这些协定的潜在的积极影响。

❷ YU P K, 2011. The middle kingdom and the intellectual property world [J]. Oregon review of international Law, 26: 62-209.

的对策研究。在新的国际国内背景下,在知识产权国际秩序的建构中中国应当秉持怎样的立场?如何提升中国的话语权和地位?如何从中国立场、中国视角提出符合中国利益的知识产权全球治理模式和路径?这些问题的回答对我国参与知识产权治理都有重要的实践意义。

随着知识产权保护的持续扩张和知识产权国际体制复杂化,仅关注知识产权制度本身不可能完全解释知识产权的保护程度。❶ 在进行上述研究的时候,要注重跨学科方法的运用。我国著名知识产权法学专家吴汉东教授认为知识产权具有多元属性,倡导对知识产权进行多维度解读。❷ 目前,国外参与知识产权法律全球化研究的既有来自法学领域的学者,也有来自经济学、政治学、国际关系领域的学者。他们从不同的领域和视角对知识产权法律全球化问题开展跨学科研究,并取得了丰富的研究成果。这些研究成果不仅直接促使 TRIPS 的形成和签订,而且对发达国家推行其知识产权全球战略都发挥了重要指导作用。与国外对知识产权法律全球化问题研究已经成为学术热点形成鲜明对比的是,我国学者对知识产权法律全球化问题研究尚显薄弱。迄今为止,我国学者对该问题的研究仍然主要局限于法学领域,基本上属于跟踪性质的研究,很少有原创性、前瞻性的研究成果。理论研究滞后的直接后果是我国在国际知识产权规则制定中无法掌握话语权。所以,我国在知识产权全球治理中未能起到引领的作用,没有发挥作为一个经贸大国和知识产权大国应当发挥的作用。

用一种整体的观点并且采取跨学科的视野来说明不属于知识产权但与知识产权有关的广泛的领域是非常重要的。我们越能从跨学科和整体上来讨论知识产权问题,这种讨论越有益。❸ 因此,我国学者必须提高认识,主动作为,从法学、经济学、政治学等角度对知识产权法律全球化问题及其对我国的影响与对策等问题进行深入研究。通过对上述问题的跨学科研究,深入挖掘国际知识产权制度形成的政治经济根源、深刻认识知识产权法律全球化的实质、科学估算知识产权法律全球化对我国产生的影响、正

---

❶ YU P K, 2007. International enclosure, the regime complex, and intellectual property schizophrenia [J]. Michigan state law review, 1: 1 - 35.

❷ 吴汉东, 2011. 知识产权的多元属性及研究范式 [J]. 中国社会科学 (5).

❸ YU P K, 2009. The global intellectual property order and its undetermined future [J]. The WIPO journal, 1: 1 - 15.

确把握知识产权法律全球化的基本规律和发展趋势，为我国应对知识产权法律全球化和参与知识产权全球治理提供坚实的理论基础和科学的政策依据。❶

二、制定我国参与知识产权全球治理的总体战略

如前所述，虽然我国正在积极参与国际规则的制定，我国的知识产权国际影响力也不断得以扩大，但与知识产权实力强大的发达国家相比，我国目前尚未形成体系化的知识产权国际战略，知识产权国际战略不明确。❷

国家知识产权战略实质上就是国家为了在知识经济和全球化时代的国际竞争中取得有利地位而制定的一种国际经济竞争战略。因此，知识产权战略与其说是国内发展战略，不如说是国际竞争战略。有关国家的知识产权战略从战略的制定到战略的实施，从战略的形式到战略的内容、从战略的目标到战略的举措，无不体现了这一点。❸因此，国家的知识产权战略必须充分体现出国际性质，不能体现出国际战略则是不完整的或者存在重大缺陷的战略。纵观世界各国参与知识产权全球治理，许多国家都有明确的战略和策略。美国是运用知识产权战略最熟练的国家，日本和韩国也都在有关知识产权国际谈判中积累了比较丰富的经验，逐渐形成了一套比较成熟的机制和做法。❹

《国家知识产权战略纲要》颁布十余年来，我国的知识产权事业突飞猛进，已经从昔日的知识产权小国迅速转变为名副其实的知识产权大国。但是，我国的知识产权战略在制定之初，主要是一种国内战略。❺一是我国的知识产权事业还刚刚起步，知识产权实力有限，还处于一种防守状态，战略的主要目标和宗旨主要是利用好知识产权制度促进本国的创新发展；二是我国的总体对外政策具有一定的内向性，对国际问题考虑不足，

---

❶ 徐元，2015. 后 TRIPS 时代知识产权法律全球化的新特点及我国的对策 [J]. 国际贸易（6）.

❷ 谢小勇，2016. 知识产权强国建设国际合作战略研究 [J]. 科技促进发展（4）.

❸ 徐元，于洪平，2014. 新形势下实施外贸知识产权战略的思路与对策 [J]. 中国软科学（5）.

❹ 杨静，朱雪忠，2014. 中日韩 FTA 谈判知识产权议题：基点、展望与策略 [J]. 中国软科学（8）.

❺ 《国家知识产权战略纲要》主要关注的是国内问题，涉及的知识产权国际合作部分的内容非常有限，仅战略措施的最后一条属于知识产权领域的对外交流合作的内容，而在序言、指导思想和战略目标、战略重点、专项任务等部分几乎未提到知识产权国际合作。

对参与知识产权全球治理并未有更多的反映。随着我国经济快速发展、参与全球化的深入和国际地位的提高，我国发展的总体战略已经从关注国内发展向国际国内并重转变，原有知识产权战略越来越暴露出在指导我国知识产权对外交往和知识产权谈判方面的缺陷。❶ 在这种背景下，中国的知识产权战略也应当进行适当的调整，中国的知识产权战略和注意力要从主要关注国内向国内和国际并重转变。

在各国的知识产权战略中，有一个有趣的现象，即知识产权国内战略和知识产权国际战略的"错位"现象。发达国家一般实行"外紧内松"的战略，而发展中国家尤其是新兴经济体则实行"外松内紧"的知识产权战略。所谓"外紧内松"，就是在国际上主张知识产权保护的最大化，实行最严厉的知识产权保护，最高的知识产权标准，但在其国内则主张知识产权的创造者和使用者、私人利益和公共利益的平衡，并且制定了完善的实现利益平衡的法律制度，但当其将国内严格的知识产权保护标准向国际和其他国家推广的时候，却将有助于实现利益平衡、防止知识产权滥用的相关法律有意无意地留在了国内。所谓"外松内紧"，就是在国际谈判中强调知识产权制度的灵活性和政策空间，主张实行适度的知识产权保护，在国内，出于激励创新和来自国内创新企业的压力，主张加大知识产权保护力度，实行更为严格的知识产权保护标准。前者以美国为典型，美国签订的 FTA 中的知识产权标准很多已经超过了其国内的法律标准。后者以中国、印度和巴西等新兴经济体为代表。❷ 可以预见，在未来的很长一段时间里，我国都会采取这一策略。由于我国在知识产权战略方面采取"内紧

---

❶ 在同一年与两个发达国家（瑞士和冰岛）的自由贸易协定的内容大相径庭，表明我国没有一个明确的战略。

❷ 我们认为，中国目前实行的是一种"内紧外松"的知识产权战略。在国内，在知识产权的政策、立法、执法等环节不断加强知识产权保护。事实上接受了 TRIPS-plus 标准，在许多方面甚至已经远远超过 TRIPS 标准。我国在知识产权政策方面，提出了建设知识产权强国的宏伟目标，对发明创造给予各种形式的支持和奖励；在立法方面，不断提高知识产权立法标准，在许多方面已经远远超越了 TRIPS 标准（声音商标、惩罚性赔偿等方面）；在司法和执法方面，进行知识产权司法体制改革、设立知识产权专门法院，不断加强行政执法力度，已经形成了知识产权保护的高压态势。与此同时，我国学术界也开始从对 TRIPS 的批评转向对 TRIPS 的支持，有的学者甚至走得更远，主张接受 TRIPS-plus 标准。部分企业也主张加强知识产权的保护。但在国际上，我国目前仍然坚持发展中国家的基本立场，主张国际公约的灵活性和政策空间。巴西的知识产权政策同样具有这一特点，巴西国内专利局寻求"较强"的专利政策，但在多边论坛，巴西代表团主张更为灵活的专利政策。

外松"的策略，知识产权的国内战略和国际战略必然存在差异甚至冲突，如何实现国际战略与国内战略的协调是我国知识产权总体战略应该关注的一个重要问题。

三、构建体现中国立场的价值理念和话语体系

在国际秩序的建构中，理念与话语的重要作用不可忽视，话语权的争夺已然成为国际政治的重要特征。法国社会学家福柯提出了"话语即权力"的著名论断。❶ 奥努弗认为个人通过一定的规则使用语言，话语演绎出规则，规则造就社会秩序。国际话语权的本质，是以非强制和非暴力的方式使他人的思想和行为发生改变，并使一个国家的主张和理念转变为世界性的主张和理念。❷ 由于理念与话语在国际秩序建构中的重要作用，近年来，包括理性选择制度主义、社会学制度主义和历史制度主义三个理论流派在内的新制度主义正在发生一场观念和话语的转向，甚至诞生新制度主义的第四个流派——"话语制度主义"。❸ "话语性制度主义"以理念和话语作为政治行为和制度分析的核心地位，提出了解释制度变迁的新思路。❹ 国际话语权是大国建构国家身份定位的重要手段。外交理念话语权实现的标志是话语最终演变为国际规范，并进一步成为国家间行为的基本准则。掌握话语权的国家可以影响其他国家的观念和行为，影响国际议程的设定。❺ 正是因为这个原因，习近平同志指出，全球治理体制变革离不开理念的引领。

在知识产权全球治理中，除了国际知识产权规则本身的谈判之外，发达国家与发展中国家之间的理念和话语的博弈也很激烈。发达国家在长期推动知识产权法律全球化的实践中，已经形成一套完整的理念和话语体系。它们强调，在知识经济时代，经济发展必须依靠创新，知识产权是激

---

❶ 孙晓，2016. 和平共处五项原则的话语权分析——兼论当代中国外交话语权的发展 [J]. 教学与研究（10）.

❷ 陈伟光，王燕，2016. 全球经济治理中制度性话语权的中国策 [J]. 改革（7）.

❸ 维维恩·施密特，马雪松，2016. 认真对待观念与话语：话语制度主义如何解释变迁 [J]. 天津社会科学（1）.

❹ 沈燕培，2017. 理念、话语与制度变迁——话语性制度主义介评 [J]. 安徽师范大学学报（人文社会科学版）（3）.

❺ 同❶.

励和保护创新的制度安排,因此,加强知识产权保护能产生更多的创新成果,从而促进经济发展。知识产权保护有利于发展中国家吸引外资和引进先进技术,而知识产权保护不力,则导致假冒和盗版泛滥,对国际贸易造成扭曲。发达国家还在 TRIPS 中树立"知识产权是私权"的观念,而私权是神圣不可侵犯的,以此来为其推行统一的高标准的知识产权保护寻找理论上的根据。不仅如此,发达国家还给进行技术模仿的发展中国家贴上"海盗""小偷""剽窃者的天堂"等标签,从而显示知识产权保护的合法性和正当性。此外,发达国家到处提供免费的培训和服务,到发展中国家讲学布道,无非是为了让自己的理念为发展中国家接受,使得其自身的理念成为国际社会的共识,从而为其将自己高水平的知识产权标准向全球推广扫清思想上的障碍。

发展中国家对现行的国际知识产权标准的道德性和规范性标准持怀疑态度。它们逐渐认识到许多知识产权标准被采纳不是因为它们在道德上有吸引力或者可以增进经济效率,而是因为它们有发达国家的政治和经济力量的支持,以及强大的利益集团的游说。❶ 近年来,在与发达国家的斗争中,发展中国家也逐渐构建了自己的知识产权理念和话语体系。发展中国家指出,影响创新的方式有很多,知识产权仅是其中之一,需要其他政策的配合。知识产权保护是一把"双刃剑",一方面,有保护和促进创新的功能,但也可能限制知识的扩散和传播,知识产权保护过度会阻碍创新。知识产权保护必须与本国的经济发展阶段相适应,才能促进本国的经济发展。发达国家自身在知识产权保护宽松的环境下依靠模仿实现了经济的发展,现在在坚持让发展中国家建立严格的知识产权保护制度,适用与发达国家相同的知识产权保护标准,是"撤掉发展的梯子"的行为。知识产权保护是一种新的"圈地运动","当前主要由 WTO 和 WIPO 推行的,在全球范围内重新界定知识产权全球标准的运动是一种信息封建主义。❷ 知识产权保护不足会阻碍国际贸易的发展,但知识产权保护过度同样会造成国际贸易的障碍。知识产权保护必将加大发展中国家的发展成本,抑制发展中

---

❶ YU P K, 2011. The middle kingdom and the intellectual property world [J]. Oregon review of international Law, 26: 62 – 209.

❷ 朱雪忠,杨静,2017. 中国知识产权话语策略研究:基于话语与秩序相互建构的视角 [J]. 中国软科学(5).

国家的后发优势。知识产权是私权的观念，忽视了知识产权的公共政策属性，知识产权的根本目的不是保护私权，保护私权只是手段，而非目的，其最终目的是促进经济和社会发展。发展中国家还给发达国家贴上"知识霸权""知识卡特尔""生物海盗""第二次圈地运动"等标签，来表明发达国家加强知识产权的不合理性。此外，发展中国家还将知识产权与发展、人权、公共健康、公共利益、生物多样性等广泛的问题联系起来，为自身采取更为灵活的知识产权政策寻找根据。

尽管近年来发展中国家知识产权话语能力得到大幅度提升，并且依靠话语改变了某些国际知识产权规则的发展路径，但总体而言，在知识产权国际舞台上，发达国家牢牢掌握着话语权。发达国家擅长占据知识产权国际谈判的道德制高点，将自身利益伪装成具有道义的法律条款向发展中国家输出。[1] 发达国家知识产权保护最大化政策的观点居于正统地位，而发展中国家知识产权保护最小化的观点则被认为是异端邪说。[2] 由于我国加入国际社会时间短，理论储备和经验不足，我国在不少方面还没有话语权，甚至处于"无语"或"失语"状态，我们设置议题的能力、参与和主导规则制定的能力仍比较弱，在国际上的声音还比较小，还处于有理说不出、说了传不开的境地，面临严重的话语缺失和"话语逆差"问题。[3] 我国在国际经贸规则制定中的话语权与我国科技经济在国际上的地位不相符。因此，构建我国知识产权理念和话语体系，提高我国知识产权国际话语权是我国参与知识产权全球治理的重要内容。

笔者认为，我国知识产权理念和话语体系的建构，一方面，应当以我国参与全球治理的理念为指导；另一方面，要善于从我国传统文化中汲取营养。

第一，以我国参与全球治理的理念为指导。目前，在参与全球治理的过程中，我国政府和领导人提出了一系列顺应世界发展潮流的思想、理念

---

[1] 王淇，2016. 自由贸易协定知识产权谈判研究 [J]. 科技促进发展 (6).

[2] FRÉDÉRIC M J, SERRANO O, BURRI M, et al., 2017. Rising economies in the international patent regime: from rule – breakers to rule – changers and rule – makers [J]. New political economy, 23 (3): 1 – 19.

[3] 张文显，2017. 推进全球治理变革，构建世界新秩序 [EB/OL]. http://www.iolaw.org.cn/showNews.aspx? id = 60547 [2020 – 09 – 09].

和观点,在国际话语权建设方面取得了不小的进展。例如"建设人类命运共同体""利益共同体""合作共赢""共商、共建、共享""开放、包容、普惠、平衡、共赢""正确义利观""亲诚惠容"等新话语,这些新话语正在形成具有一定中国特色的全球治理话语体系,并且已经受到国际社会的广泛关注和接纳,有些正在得到国际社会的认可和支持。❶ 我国参与全球治理的理念与参与知识产权全球治理的理念二者是一般与特殊的关系,参与知识产权全球治理是我国参与全球治理的一个重要组成部分,因此参与知识产权全球治理应以参与全球治理的理念和原则为指导。因此,知识产权理论界应当深入研究中国政府参与全球治理的理念和原则,总结参与全球化和国际秩序建构的思想和理念,厘清中国的总体的国际秩序观,形成知识产权国际秩序观,指导我国参与知识产权全球治理的实践。我们还要深入研究这些理念与知识产权制度的关系,❷ 如"共商"与各国知识产权水平差异性的矛盾,"共享"与知识产权的独占性的关系。在制定知识产权对外战略和谈判中加以借鉴和吸收,形成中国参与知识产权全球治理或者知识产权国际秩序建构的理念和原则,以指导具体的知识产权谈判。

第二,从我国传统文化中汲取营养。习近平主席多次强调指出:中华传统文化是中华民族的突出优势,是我们最深厚的软实力。❸ 要积极发掘中华传统文化中积极的处世之道和治理理念与当今时代存在的共鸣点,努力为完善全球治理贡献中国智慧和中国力量。❹ 在知识产权理念方面,我们可以充分发挥我国传统文化的优势。中国传统文化博大精深,中华文明中积极的处世之道和治理理念与当今时代之间存在着诸多共鸣点。❺ 我国的传统文化与知识产权制度有很多相融的地方。知识产权的本质是利益平衡机制,中国的传统文化中"阴阳平衡""中庸"等思想在本质上与其有

---

❶ 第71届联合国大会通过决议,把中方提出的"共商、共建、共享"原则纳入"联合国与全球经济治理"决议中。此前联合国有关机构通过的决议也曾纳入中方提出的"一带一路"建设、人类命运共同体理念等内容。其中有关"一带一路"倡议的相关决议得到193个会员国的一致赞同。

❷ 例如,共商与各国知识产权水平差异性的矛盾,共享与知识产权的专有性的关系都需要我们深入研究。

❸ 习近平论中国传统文化——十八大以来重要论述选编[EB/OL]. http://news.xinhuanet.com/politics/2014-02/28/c_126206419.htm[2020-09-09].

❹ 习近平在中共中央政治局第二十七次集体学习时的讲话。

❺ 张幼文,2016. 中国推进全球治理的基本主张与深远影响[J]. 毛泽东邓小平理论研究(5).

相通性。中国博大精深的传统文化很可能为中国和世界的知识产制度的未来发展提供洞见，为解决国际知识产权体制中最棘手的问题提供一些有益的启示。❶ 例如，儒教文化强调和谐、平衡和社会责任，是否可以在专有利益和公众获取需要之间建立一种平衡？"和为贵"的处世之道和儒教文化解决争端的方式是不是可以为目前在知识产权领域诉讼爆炸，以及持续发生的所谓的版权、专利和"商标蟑螂"问题提供新的定纷止争的路径？儒教文化注重美德、仁慈和家庭观念是否有助于减少发达国家与发展中国家在知识产权领域的冲突？儒教文化是否可以为日益受欢迎的开源、自由文化和获取知识运动提供重要的洞见？"穷则独善其身，达则兼济天下"是否可为居于垄断地位、获取垄断利益的国家和跨国公司进行利益分享和技术转移提供激励？"滴水之恩，当涌泉相报"的感恩思想是否可为遗传资源的开发利用和惠宜分享提供启示？中国文化历来崇尚"和而不同"的理念是否可以为建立灵活性、差异性的知识产权国际制度有所启示？这些都需要我们进行深入研究。

基于以上分析，建议国家有关部门重点立项对我国总体外交理念和传统文化与知识产权理念和话语权的关系进行深入研究，为构建我国知识产权理念和话语体系创造理论基础。

四、进一步完善国内立法，建立平衡有效的国内知识产权制度

国际谈判离不开国内治理的优化，❷ 国内制度的完善是国家参与全球治理的前提，是国家参与国际制度建设的国内基础。❸ 发达国家在知识产权制度国际化方面，不管是传统的《巴黎公约》的签署，还是当代的TRIPS的制定，都是在本国已经形成了一个完善的体系化的知识产权制度基础上，将本国的知识产权制度和规则逐步渗透到全球和其他国家中去。而与此不同，发展中国家自己没有形成体系化的知识产权制度。遗传资源、传统知识和民间文艺为什么没有形成统一的国际规则？其中一个重要原因就是自己本身没有形成成熟的体系化运作规则，所以在制度推广的时

---

❶ YU P K, 2015. Intellectual property and confucianism [M]. Cambridge: Cambridge University Press: 10.
❷ 王淇, 2016. 自由贸易协定知识产权谈判研究 [J]. 科技促进发展 (6).
❸ 吴志成, 董柞壮, 2016. 国际制度转型与中国的应对 [J]. 当代世界 (5).

第六章　我国参与知识产权全球治理的战略对策

候面临很多障碍和难题。

我国参与知识产权法律全球化的进程，从一开始是一个法律移植的过程，主要是一种被动立法，是一种所谓的地方化的全球主义路径。❶ 现在我国要积极参与知识产权国际秩序建构，贡献中国方案，意味着我们要实现从法律引进向法律输出转变，即我国参与知识产权法律全球化的进程，要从地方化的全球主义向全球化的地方主义转变，这对我国的知识产权法律制度提出了更高的要求。我国必须进一步完善国内立法，为我国参与知识产权全球治理打下国内基础。

我们认为，目前我国要重点制定和完善以下领域的知识产权法律。①继续完善专利法、商标法和著作权法等知识产权单行法律，改进知识产权归属制度和知识产权审查制度。顺应知识产权一体化的立法模式，研究制定中国知识产权法典。②研究制定商业秘密法。自从 TRIPS 在国际公约中明确承认商业秘密的知识产权属性之后，商业秘密立法受到许多国家的重视，对商业秘密单独立法正在成为立法趋势。美国、欧盟都已经制定了商业秘密法，❷ 印度也在为商业秘密立法作准备。目前，我国的商业秘密主要通过《中华人民共和国反不正当竞争法》和《中华人民共和国民法典》等其他法律保护，缺乏商业秘密的专门立法。我国应当进行商业秘密专门立法的可行性调研工作。③规制知识产权滥用的立法。要进一步完善知识产权反垄断和公平竞争等方面的法律法规，以及强制许可制度对知识产权滥用行为形成强有力的制约手段。④对外经贸活动中知识产权保护立法。建立知识产权侵权国际调查和海外维权机制，形成高效的国际知识产

---

❶ 法律全球化有两种不同的形式：地方化的全球主义和全球化的地方主义。前者是指国际组织的条约、规则为国内所接受，转变为对国内具有法律约束力的规则。后者是指一国或一个地区范围内通行的法律制度在全球扩散。由美国发起和主导的知识产权全球化运动，其实是美国国内立法的实质延伸，属于全球化的地方主义路径。朱景文，2001. 比较法社会学的框架和方法 [M]. 北京：中国人民大学出版社：567-570. 郑万青，2005. 知识产权法律全球化的演进 [J]. 知识产权（5）.

❷ 2017 年 7 月 13 日，欧盟知识产权局发布名为《通过商业秘密和专利保护创新：欧盟公司成功的决定因素》的报告。该报告发现，在大多数欧盟成员国中，商业秘密比专利更受欢迎，对大型公司更是如此。调查显示，52.3%的被调查公司使用商业秘密，然而只有 31.7%的公司使用专利。对于大型公司来说，69.1%的公司使用商业秘密，52.8%的公司使用专利。对中小企业来说，51.2%的企业使用商业秘密，30.4%的企业使用专利。而据美国某知名咨询机构发表的统计数据表明，科技公司大约 60%的创新成果最先是以技术秘密方式存在。

权风险预警和应急机制,针对进口贸易建立境内知识产权保护制度。⑤满足新经济和新技术的发展需要,建立和完善大数据、基因技术、人工智能等新业态新领域知识产权制度。⑥加强对我国优势领域的知识产权立法,及时研究制定传统文化和传统知识等领域的保护办法。

中国知识产权制度的完善,有几个方面需要注意。第一,充分考虑我国的发展阶段和不平衡性。理论和实践都证明,知识产权保护水平并非越高越好,也非越低越好,而是要与本国的科技经济发展水平相适应,这样才能促进一国的经济发展。知识产权保护并非越严越好,过于严格的知识产权保护反而可能对科技创新和经济发展造成障碍。不少发达国家都已经开始反思知识产权保护水平过高可能对科技创新和经济发展造成的不利影响。例如,欧盟委员会目前正在考虑如何增强知识和科技创新,尤其是研究成果、科学信息和教育资源的扩散的策略,以抵制现有知识产权文化给公共科学带来的威胁。在美国,当前过度的知识产权保护不断引发激烈的公众争论和对其高昂的社会成本的反对。最近的迹象显示美国司法部门和国会都希望采取减弱因为较低的非显而易见标准而导致的专利激增的影响。[1] 目前,一方面,我国与发达国家还存在较大的差距,发展中国家的基本属性并未根本改变,并且存在严重发展不平衡的问题;另一方面,我国的知识产权立法已经完全符合国际标准,在某些方面已经超过国际标准,如果国内企业有知识产权强保护的需求,通过加强知识产权的执法基本可以满足需求。因此,在知识产权国内立法中,不可盲目追求高标准,尤其是不宜主动提高标准,即使需要提高保护标准,也可以作为国际谈判的要价,在国际经贸谈判中获取其他利益。此外,如前所述,中国国内地区之间和行业之间的技术水平和知识产权发展状况存在较大的差异,这一方面为我国的知识产权法律制定提出了重要的挑战,同时也为我国的参与知识产权全球治理创造了条件。因为如果我们在科学论证的基础上,充分考虑我国的发展阶段和发展不平衡的客观现实,全面听取各利益相关方的意见,制定一个平衡有效的知识产权国内制度,那么这种制度也必将是国际所需要的。

---

[1] OGUAMANAM C, 2013. Intellectual property in global governance: a development question [J]. Routledge: 78.

第二,应当充分利用国际规则的灵活空间。现在的国际知识产权环境与过去相比,已经发生了很大的变化,知识产权国内制度要受国际约束更为严格,一个国家不能随心所欲制定本国的知识产权制度,但是这并不意味着知识产权的国内制度没有任何的自主空间。国际知识产权公约虽然加强了其对国内法的约束力,但也留下了灵活的政策空间。一国完全可以在遵循知识产权国际最低标准的前提下,针对本国的实际情况,采取一些灵活性的措施。例如,TRIPS 仅规定了各成员方要采取最低保护标准,并未规定该协定之外的知识产权保护范围。该协定也没有要求国家对所有的产业提供相同范围和力度的保护,只要在本国和外国权利人和不同类型的产业之间不构成歧视,成员方可以自由地采取立法措施对有利于本地的产业提供额外的保护。我国知识产权领域存在较大的行业差异,不同行业对知识产权的依赖程度不同,我国可尝试对不同行业部门实行差异性的知识产权保护政策,通过国际知识产权制度允许的自主空间和灵活的执法措施,实现对不同产业适用不同的知识产权保护水平的目的,使知识产权保护制度更好地适应我国不同行业发展的需要。❶

第三,注重知识产权政策与其他政策的协调。现在知识产权制度不再是一个封闭的系统。知识产权制度中形成的原则、标准、规则和价值已经对许多其他制度,包括贸易、农业、健康、环境、教育、文化、竞争、言论自由、民主和法治产生很大的影响。同时,其他领域制度的发展对知识产权制度也产生很大的影响。因此,把知识产权法律和政策作为更大的"信息生态系统"的众多构成要素之一,用整体的观点来看待知识产权制度的发展非常重要。❷ 马斯库斯认为,加强发展中国家的知识产权保护尽管是必要的,但仅加强发展中国家知识产权保护对建立推进技术创新和经济发展的有效条件来说还是远远不够的,❸ 知识产权政策目标的实现有赖于其他公共政策(主要包括科学技术、产业经济、文化教育、对外贸易等方面的公共政策)的配合,政府应当建立和完善促进知识创新与利用的政

---

❶ 沈国兵,2011. 与贸易有关知识产权协定下强化中国知识产权保护的经济分析 [M]. 北京:中国财政经济出版社.

❷ YU P K, 2007. International enclosure, the regime complex, and intellectual property schizophrenia [J]. Michigan state law review, 1: 1-35.

❸ 同❷.

策体系。❶ 对于提高创新能力的目标而言，提高知识产权保护水平是必要的但不是充分的条件。知识产权制度需要在一套能优化知识产权保护效率的综合的和内在协调的政策措施下加强。这些政策措施包括进一步的企业结构性改革、贸易投资自由化、促进新技术商业化的金融和创新制度、为建立吸收和发展技术的人力资源的教育机会的增加、在中国市场维持有效竞争的规则的具体化。❷ 总之，要想充分发挥知识产权制度激励创新的功能，不能孤立看待知识产权制度，而要充分考虑与其他制度的关系，考虑到知识产权制度与其他相关制度的协调，建立一个良好的创新生态系统。❸

五、处理好与各种类型国家的关系，发挥好"桥梁"作用

如前所述，在参与知识产权全球治理中，中国的最适宜的角色定位是"积极协调者"，即在知识产权全球治理中坚持发展中国家的基本立场，维护新兴市场国家和发展中国家的共同利益，同时在发达国家与发展中国家之间发挥桥梁作用。这一角色定位意味着中国知识产权外交必须首先处理好三个层次的关系：即与美国等发达国家的关系、与新兴经济体的关系、与其他发展中国家的关系。

笔者认为，在处理与这三种类型国家的关系中，我们应当秉持"坚持合作、避免对抗"的原则，发挥"桥梁"作用。具体而言，对于发达国家，我们要求同存异、避免成为对抗者；对于新兴经济体，我们要合作共赢、避免成为竞争者；对欠发达国家而言，我们要普惠包容、避免成为新的欺凌者。❹ 在这三个层次的关系中，我们认为尽管中国与发达国家的关

---

❶ 这主要指文化教育政策、产业经济政策、科学技术政策、对外贸易政策等。作为政策决策主体的政府，其任务是发挥知识产权的政策导向作用，建立促进知识创新与利用的政策体系。吴汉东，2011. 知识产权的多元属性及研究范式 [J]. 中国社会科学（5）.

❷ YU P K, 2007. International enclosure, the regime complex, and intellectual property schizophrenia [J]. Michigan state law review, 1: 1–35.

❸ 同❷.

❹ FRÉDÉRIC J, BANNERMAN M, 2015. Tigers and dragons at the world intellectual property organization [M]. London: Palgrave Macmillan, Rising Powers and Multilateral Institutions: 219–237. YU P K, 2011. The middle kingdom and the intellectual property world [J]. Oregon review of international law, 26. YU P K, 2011. The middle kingdom and the intellectual property world [J]. Oregon review of international Law, 26: 62–209. 高孝义. 2017-08-16. 中国高铁知识产权保护体系亟待建构 [N]. 检察日报, 003.

系很重要,但处理好与其他发展中国家(包括新兴经济体及其他发展中国家)之间的关系更加富有挑战性。

在与发达国家的关系方面。由于科技经济实力的差距,我国总体上一直处于防守地位,这种关系短期内不会发生很大的变化。并且目前我国的国内立法已经完全达到了国际公约要求的水平,尽管发达国家可能对我国的执法仍存不满,但发达国家对我国的知识产权立法应该不会有过多的要求。今后,随着中国技术创新能力的增强,技术水平的提高,中国知识产权的立场会发生调整和变化,但这种变化会使我国与发达国家的立场和利益越来越接近,共同语言会越来越多,因此尽管在其他方面的冲突可能增多,但在知识产权方面的冲突会逐渐减少。此外,经过多年的斗争,在处理与发达国家的知识产权纠纷方面我们已经积累了丰富的经验。因此,在与发达国家的知识产权冲突中,我们只要以国际公约为基准,主张一定程度的灵活性,据理力争,就不会出现大的问题。

我们认为,在今后一段时间里,与新兴经济体的知识产权关系将是我们应当关注的一个重点。一方面,我国与新兴经济体科技经济发展水平比较接近,尤其是我国与新兴经济体有许多共同的特征,在目前的国际知识产权谈判中,立场和主张比较接近,❶ 是我国参与知识产权全球治理的需要团结的主要力量;另一方面,我们也应该注意到,由于经济科技水平比较接近,也最容易产生竞争,在国际经济与贸易领域产生知识产权方面的冲突,并且随着我国与新兴经济体之间经贸活动交往的增加,这种冲突也会日益频繁,❷ 与新兴经济体已经发生的和潜在的知识产权冲突必须引起

---

❶ 但由于包括我国在内的新兴经济体发展速度不同,他们的科技经济水平也会拉开距离,进而可能导致知识产权保护方面的立场和主张发生分化。

❷ 据报道,2009 年以来,中国已经成为印度、巴西、俄罗斯、南非等新兴市场国家最主要的贸易伙伴。中国企业在国际市场上遭遇的知识产权纠纷,也随之从发达国家扩展到新兴市场。例如,印度已成为我国对主要经济体投资增速最快的市场之一。随着我国企业在印度投资布局的逐步展开,相关的专利布局也需提到议事日程上来。近年来,我国企业频频在印度市场遭遇专利纠纷。例如,在 2014 年,小米手机刚刚打开印度市场并略有斩获时,随即遭遇爱立信公司的专利侵权诉讼;2016 年,以拍照、影像功能见长的 OPPO 手机和 VIVO 手机又在印度市场遭遇杜比实验室提起的专利侵权诉讼。毫无疑问,专利诉讼会影响我国企业对印度市场的开拓。因此,进入印度市场前,我国企业必须重视专利布局。相关数据显示,我国企业在印度提交专利申请并不活跃。根据《印度知识产权年报》(2015—2016 财政年度),印度受理的外国专利申请中,来自美国的专利申请量占 35%,日本的专利申请量占 14%,我国企业在印度共提交 1655 件专利申请。其中,华为公司提交了 648 件专利申请,约占我国企业在印度专利申请总量的 40%。李晨, 2012. 知识产权烽火燃至新兴市场 [EB/OL]. http://news.sciencenet.cn/htmlnews/2012/8/267638.shtm [2020-09-09].

我国的密切关注。处理好与新兴经济体的知识产权冲突，淡化竞争关系、强化合作共赢，不仅是我国更好地参与知识产权全球治理的需要，而且对国际知识产权秩序的良性发展有重要意义。

六、鼓励和支持非政府组织参与知识产权全球治理

知识产权法律从国际化向全球化发展，意味着知识产权问题也正在从政府管理向全球治理转变。治理与全球治理和国家统治与政府管理最主要的区别在于：国家统治与政府管理主要依赖于国家和政府的权威和强制，而治理与全球治理则主要依靠公民及公民社会。❶ 全球治理重要特征之一是治理主体的多元化。除了政府机构之外，跨国公司和各类非政府组织在全球治理中发挥的作用也越来越重要。保罗·海因贝克指出："尽管民族国家仍然是国际事务的基本组织原则，但它们正日益与非政府利益相关者、公民社会和企业共同承担着全球治理责任"，而且，后者的崛起"也许是当代全球治理挑战最具创新、最有争议且最具有改变游戏规则意义的应对方式"。❷ 我国学者也指出："经济一体化没有消除民族主义，民族国家是一体化运动最主要的决定者。但更大的决定者是受一体化运动影响的有关国家的国内社会力量。"❸ "非国家主体的崛起已经根本改变了"世界政治的本质。"❹

近代以来，非政府组织在推动知识产权法律全球化进程中发挥举足轻重的作用，常常成为决定国内知识产权法律和国际知识产权协定内容甚至成败的重要因素。众所周知，20世纪七八十年代美国知识产权与贸易联系制度化就是美国的知识产权委员会❺成员企业及其行业协会积极动员和游

---

❶ 今天，知识产权的全球治理已经不能由单一国家或者某个国际机制单独来实现，而是由国家、跨行业全球国际组织、地区性国际组织或政治安排、行业内组织、跨国公司及其联盟等多层级交叉的立体网络实现的。德克·梅斯纳，约翰·汉弗莱，赵景芳，2006. 全球治理舞台上的中国和印度 [J]. 世界经济与政治（6）.

❷ 联合国开发计划署，中国国际经济交流中心，2013. 重构全球治理——有效性、包容性及中国的全球角色 [EB/OL]. http：//www.undp.org/content/dam/china/docs/UNDP [2020 - 09 - 09].

❸ 门洪华，2011. 国际政治经济学导论 [M]. 北京：北京大学出版社：241.

❹ 联合国开发计划署，中国国际经济交流中心，2013. 重构全球治理——有效性、包容性及中国的全球角色 [EB/OL]. http：//www.undp.org/content/dam/china/docs/UNDP [2020 -09 -09].

❺ 由12个首席执行官（代表制药业、娱乐业和软件工业）组成。

说的结果。而美国的《禁止网络盗版法案》《保护知识产权法案》被迫搁置的原因也是由于私人力量的反对。❶ 私人部门不仅决定了国内知识产权法律的命运，知识产权制度的国际化也一直是在发达国家利益集团的干预下演进。❷ "TRIPS 的主要内容由美国的跨国公司拟定，谈判过程主要由跨国公司（通过其政府）控制，这早已不是什么秘密。"如果说 TRIPS 的成功是私人部门推动的结果，ACTA 和 TPP 的相继受挫则主要是由于来自私人部门的反对。尽管发展中国家普遍反对 ACTA，但 ACTA 的失败却不是发展中国家反对的结果，因为主要的发展中国家并未参与其中，无法阻止 ACTA 的通过。实际上在抵制 ACTA 的运动中，扮演关键角色的是近年来在发达国家内部形成的反对强化知识产权保护的新兴力量，他们掀起的一场反对 ACTA 的社会运动导致 ACTA 被欧洲议会否决，并注定了其死亡的命运。❸ 美国退出 TPP 虽然是与总统更替直接相关，但非政府组织的反对发挥的作用不可低估，多家反对 ACTA 的政治联盟组织抗议活动在阻止国会在"跛鸭会期"对协定进行表决方面发挥了很大的作用。❹

知识产权本身就是一个利益平衡机制，要建立平衡有效的知识产权制度，该知识产权制度应当反映各个利益团体的诉求，因此建立平衡有效的国内和国际知识产权制度，离不开非政府组织等各种利益团体的积极参与。印度灵活的知识产权制度由于能够很好照顾到国内有关部门的利益而受到人们的称赞，其中一个原因就是：在印度，学者和法律实践者已经与跨国活动网络建立了广泛的联系，从而促进一个更为灵活的专利机制。在印度，意识形态和许多投票者已经限制了寻求更强专利保护的能力。❺ 因此，在我国培育非政府组织，建立和完善非政府组织表达诉求的机制和渠道，不仅可以使它们的利益诉求得到合理的维护，而且可以使我们的政策

---

❶ 詹映，2014.《反假冒贸易协定》（ACTA）的最新进展与未来走向［J］. 国际经贸探索（4）.

❷ 吴汉东. 吴汉东谈全球化背景下的知识产权［EB/OL］. http://www.1000thinktank.com/ztbd/1190.jhtml［2020-09-09］.

❸ 引领这场运动的力量包括网络黑客组织、盗版党、绿党以及电子前沿基金会（EFF）、无国界医生组织（MSF）等公民权利团体。除了上述组织之外，发达国家的一些知识产权学者也对 ACTA 发出质疑的声音。

❹ 贾浩，2016. 美国与"跨太平洋伙伴关系协定"：解析、影响与前景［J］. 美国研究（5）.

❺ FRÉDÉRIC M J, SERRANO O, BURRI M, et al., 2017. Rising economies in the international patent regime: from rule-breakers to rule-changers and rule-makers［J］. New political economy, 23(3): 1-19.

更加符合实际情况，更加科学合理，从而更好地促进经济发展，这既是我国国内经济发展的需要，也是适应知识产权从国际化向全球化转变，积极参与知识产权全球治理的需要。

我国的非政府组织起步比较晚，再加上政策和体制的限制，我国的非政府组织在数量、能力、本身素质及其社会影响方面，都同西方发达国家（甚至同某些发展中国家，如巴西、印度、菲律宾等）有着较大差距。尤其是我国非政府组织国际话语影响力不强，缺乏具备全球视野和目标，能够与全球公民社会开展对话与合作，并能在某些问题和领域对全球公民社会治理活动产生影响的非政府组织。据统计，全球约6万个非政府国际组织或国际论坛机制，有中国人介入并发挥作用的不足3%。❶ 这样，就使得我国的公民社会的视野和活动主要局限于国内，较少参与和顾及全球公民社会的活动，在国际非政府组织集会的讲坛上几乎听不到中国的声音。知识产权国际谈判的情况也大抵如此。

针对我国知识产权外交中非政府组织功能薄弱的问题。《关于新形势下加快知识产权强国建设的若干意见》指出：要拓宽知识产权公共外交渠道，加强国内知识产权服务机构和产业联盟与国外有关机构的交流与合作。因此，加强我国非政府组织在知识产权全球治理中的地位和作用刻不容缓。第一，在国内层面，可采取自上而下的顶层设计和自下而上的民主立法相结合的方式，构建"党委领导、政府负责、社会协调、公众参与"的国内治理机制，形成四方有机合作、良性互动基础上的网络治理结构。❷ 从政府的"独角戏"转变为各方参与的"交响乐"。❸ 第二，培育国内的公民社会。国内公民社会是发展全球公民社会的基础，也是切实推进全球治理的保障。❹ 要在国内层面的治理中，有意识地培育公民社会，让他们有机会参与国内的知识产权治理活动，提升公民的公共精神和参与能力，在这一过程中，积累经验，提高能力。第三，建立国内公民社会参与全球

---

❶ 王文，2016. G20：中国主导全球治理的首轮探索——来自智库层面鲜为人知的故事与思考［EB/OL］. http：//www. rdcy. org/Display news. php？ id = 24447 ［2020 - 09 - 09］.

❷ 吴汉东，2015. 国家治理能力现代化与法治化问题研究 ［J］. 法学评论（5）.

❸ 王淇，2016. 自由贸易协定知识产权谈判研究 ［J］. 科技促进发展（6）.

❹ 德克·梅斯纳，约翰·汉弗莱，赵景芳，2006. 全球治理舞台上的中国和印度 ［J］. 世界经济与政治（6）.

知识产权治理的渠道和途径。应当借鉴发达国家经验,为我国知识产权行业协会及中介机构参与知识产权国际对话创造和提供更多的条件和渠道,使他们的意见和诉求能够通畅地得以反映和体现,从而提升我国知识产权文化国际传播的成效。❶

七、多重机制互动,为知识产权全球治理贡献中国方案

目前,我国的参与知识产权全球治理主要在这样几种机制或者平台展开:国内自由贸易区(国内机制)、FTA(双边和小多边机制)、"一带一路"(准多边机制)、世界贸易组织和WIPO(多边机制)。为了实现国内知识产权制度和国际知识产权制度的互动,更好参与知识产权全球治理,我们有必要深入研究这几种机制在我国参与知识产权全球治理中的功能与作用。

首先,多边机制仍然是我国参与知识产权全球治理的优先选择。一方面,我国仍然是发展中国家,与发达国家相比,我国处于弱势地位,而一般认为多边机制对弱国是有利的;另一方面,多边机制既有发达国家也有数量众多的发展中国家,发达国家尽管在谈判能力、经济实力等方面具有优势,但发展中国家具有数量优势,因此,双方在多边机制中的博弈结果必然对居于中间地位的我国有利。因此,我国应该在国际场合坚持多边机制优先的原则。

其次,FTA是我国参与知识产权全球治理的重要途径。尽管多边机制是我国的优先选择,但多边机制成员众多,发达国家与发展中国家立场各异又势均力敌,多边谈判陷入僵局,短期内难以形成突破。在这种情况下,通过FTA设定知识产权国际标准已经成为一条重要途径。过去,由于发达国家主要通过FTA来设定知识产权强保护的标准,给发展中国家的知识产权带来很大的压力,因此,包括我国在内的发展中国家对FTA设定知识产权标准有一种先天的抵触情绪,认为这种途径对发展中国家不利。现在我们应当重新认识这种途径,其实FTA这种途径应该是中性的,发展中国家完全可以通过签署FTA设定对自己有利的知识产权标准。

再次,"一带一路"是形成中国方案的重要舞台。"一带一路"倡议与

---

❶ 谢小勇,2016. 知识产权强国建设国际合作战略研究 [J]. 科技促进发展(4).

中国自贸区战略有密切的联系,两个具有相同的历史使命和战略背景,都是党中央为了调整我国经济结构,转变增长方式,适应国际政治经济新形势,打破欧美政治孤立和经济封锁而提出的重大倡议和战略。但另一方面,"一带一路"倡议相对于自贸区战略也存在明显差异:第一,与 FTA 相比,"一带一路"涉及国家众多,更接近于多边;第二,"一带一路"成员复杂多样。"一带一路"沿线既有发达国家,也有新兴经济体,还有发展中国家。各国经济发展水平、科技创新能力差异较大;第三,中国倡议和主导。❶ "一带一路"的差异性和复杂性对我们是挑战也是机遇,虽然增加了协调各方知识产权立场的难度,也为我们寻求更加具有包容性和有效性的知识产权规则创造了条件。"一带一路"的知识产权规则更容易被全球接受,进而上升为全球规则。因此,我国应当以"一带一路"倡议为引领,推动更加平衡有效的知识产权国际保护体制的形成。❷

最后,国内自贸区是联结国际制度与国内制度的重要纽带。自 2013 年 9 月上海自由贸易试验园区挂牌成立至今,中国目前设立和建设的自贸区数量已经扩大到 21 个,形成了从点到线、再从线到面的空间战略布局。自贸试验区是连接国内发展战略和国际开放战略的纽带,也是国内制度和国际制定转换的试验场。作为制度建设的"试验田",自贸试验区的建设也为中国加强知识产权保护的制度实践提供了良好的试验平台。我国应当通过自贸区对有关知识产权规则进行先行先试,然后再将其进一步纳入有关的 FTA 谈判甚至多边谈判之中,逐步推动国内规则的国际化。❸

这几种机制并不是独立的,而是有着密切的内在联系。我们应该深入

---

❶ 中共中央办公厅、国务院办公厅发布了《关于构建开放型经济新体制的若干意见》,对构建开放型经济新体制提出了总体要求,其中要求"坚持自主开放与对等开放,加强'走出去'战略谋划,实施更加主动的自由贸易区战略,拓展开放型经济发展新空间"。事实上,在我国已经签署和正在商谈的自贸协定中,我国主动倡议的不多,如 2020 年年底达成协议的 RCEP 就是东盟十国发起的。因此,以"一带一路"倡议为指南,布局全球自贸区网络,实施更为主动的自贸区建设,是引领国际自贸区发展的基础。陈淑梅,2015. "一带一路"引领国际自贸区发展之战略思考[J]. 国际贸易(12).

❷ 吴汉东,2017. "一带一路"战略下知识产权保护的中国选择[J]. 人民论坛(3).

❸ 2013 年 9 月 29 日,我国建立了中国(上海)自由贸易试验区。上海自由贸易试验区的定位之一,就是要营造市场化、法治化、国际化的营商环境,主动与国际经贸规则接轨,实行"准入前国民待遇和负面清单"。通过在试验区内先行先试,进行压力测试,把握底线。通过上海自由贸易试验区的先行先试,后来在《中韩自贸协定》中,将"准入前国民待遇和负面清单"作为协定的内容写了进去。这种通过国内自由贸易试验区先行先试的模式是一种创新。

研究这几种机制之间的关系，形成这几种机制的有效衔接，加强这几种机制的协同与互动，"充分发挥国内制度创新和国际制度创建的双向促进作用"❶，不断形成符合我国利益的知识产权原则和规则，将我国国内自贸区在知识产权方面形成的制度创新成果沿着点、线、面的路径转化为国际标准，在知识产权全球治理中为世界贡献中国方案。其一般路径是：把国内自贸区中的制度创新成果首先在FTA（点）中进行压力测试，然后进一步推广到"一带一路"（线），最终成为WTO和WIPO规则（面），上升为国际知识产权标准。应当注意的是这条路径不是线性的，而是交叉的、网状的。国内自由贸易区的制度创新有两个来源，一是来自内部，即为解决国内面临的体制机制问题，在国内自贸区进行试点、实验，找出解决方案；另一个是来自外部，即在FTA、"一带一路"和多边谈判中面临的新议题、新问题，在自由贸易区进行压力测试。❷ 当然这只是一般的路径。在实践中，也可以直接由国内自贸区的制度创新作为我国在多边机制中的提案，也可以不经过国内自贸区，将在FTA和"一带一路"中创新方案直接提交多边机制，甚至也可以直接在多边机制提出新的方案。并且FTA、"一带一路"和多边机制可以互相成为新议题的来源，互相成为制度创新的源泉，在各种机制中的新议题、新制度，互相影响、互相借鉴，共同推动中国方案走向世界标准。

---

❶ 吴汉东，2017. "一带一路"战略下知识产权保护的中国选择［J］. 人民论坛（3）.

❷ 国务院印发的《关于加快实施自由贸易区战略的若干意见》要求，继续深化自由贸易试验区试点。上海等自由贸易试验区是我国主动适应经济发展新趋势和国际经贸规则新变化、以开放促改革、促发展的"试验田"。可把对外自由贸易区谈判中具有共性的难点、焦点问题在自由贸易试验区内先行先试，通过在局部地区进行压力测试，积累防控和化解风险的经验，探索最佳开放模式，为对外谈判提供实践依据。

后　记

本书终于要出版了！此时此刻，课题申请、书稿写作和出版过程中的一些人和事又浮现在眼前，仿佛就在昨天。

本书是我主持的国家社科基金项目"知识产权法律全球化的国际政治经济学分析及对策研究"的研究成果。尽管在课题申请时想象力丰富，并踌躇满志，但真到课题写作时则常感到知识贫乏，力不从心。但无论如何，课题最终还是完成了，也顺利通过评审验收。尽管仍有很多不理想之处，但也已经尽力了。这里，首先要感谢的就是国家社科规划办，他们提供的不仅是物质上的资助，更重要的是精神上的支持！

本书一部分研究内容是我在澳大利亚国立大学访学期间完成的。澳大利亚国立大学位于澳大利亚首都堪培拉，堪培拉是一个很特别的首都和城市，也是极少让我"心动"的一个城市。在堪培拉的访学生活给我留下了深刻的印象，许多人和事至今历历在目，难以忘怀。在堪培拉，我既经历了课题刚开始写作时找不到方向时的迷茫和绝望，也经历了经过努力找到出路时的柳暗花明和豁然开朗，一年的访学生活让我开阔了眼界，丰富了阅历，领略了异国风情，收获颇丰。感谢国家留学基金委的资助，感谢访学导师 Peter Drahos 教授和 Susan Sell 教授的指导和帮助！

课题的申报和完成都是在恩师吴汉东教授的关怀和支持下完成的，书稿完成后他又在百忙之中欣然为本书作序。恩师对我的学术研究和工作一直给予无私的支持和帮助，有幸成为他的学生真是人生的一大幸事。感谢恩师的鼓励、关照和支持！

本书出版也得到了大连海事大学法学院的大力支持，感谢学院领导和同事对我的学术研究和日常生活方面的关照和帮助！

本书的顺利出版离不开知识产权出版社李小娟编辑的辛苦劳动。在本书出版过程中，深切感受到李编辑的专业、敬业、耐心和友善，我提的各种要求，她都会尽力答应，这让我的出书过程感到非常愉快。虽从未谋面，但从屏幕都能感受到李编辑的温柔、美丽、知性和善良！感谢李编辑的辛苦付出和耐心！

要感谢的人还有很多，难以一一罗列，总之，感谢所有帮助过我的人！正是因为有了你们，我才能在困难面前不轻易退缩，不断前行！

最后，还要感谢一下自己，感谢自己的努力！感谢自己对知产的热爱！